保阪正康

昭和史、二つの日

語り継ぐ
十二月八日と
八月十五日

山川出版社

昭和史、二つの日

語り継ぐ十二月八日と八月十五日

第一部
十二月八日を語り継ぐ

宣戦の詔書

天佑ヲ保有シ万世一系ノ皇祚ヲ践メル大日本帝国天皇ハ、昭ニ忠誠勇武ナル汝有衆ニ示ス。

朕茲ニ米国及英国ニ対シテ戦ヲ宣ス。朕ガ陸海将兵ハ全力ヲ奮テ交戦ニ従事シ、朕ガ百僚有司ハ励精職務ヲ奉行シ、朕ガ衆庶ハ各々其ノ本分ヲ尽シ、億兆一心国家ノ総力ヲ挙ゲテ征戦ノ目的ヲ達成スルニ遺算ナカラムコトヲ期セヨ。

抑々東亜ノ安定ヲ確保シ、以テ世界ノ平和ニ寄与スルハ、丕顕ナル皇祖考、丕承ナル皇考ノ作述セル遠猷ニシテ、朕ガ拳々措カザル所、而シテ列国トノ交誼ヲ篤クシ、万邦共栄ノ楽ヲ偕ニスルハ之亦帝国ガ常ニ国交ノ要義ト為ス所ナリ。今ヤ不幸ニシテ米英両国ト釁端ヲ開クニ至ル、洵ニ已ムヲ得ザルモノアリ。豈朕ガ志ナラムヤ。中華民国政府曩ニ帝国ノ真意ヲ解セズ、濫ニ事ヲ構ヘテ東亜ノ平和ヲ攪乱シ、遂ニ帝国ヲシテ干戈ヲ執ルニ至ラシメ、茲ニ四年有余ヲ経タリ。幸ニ國民政府更新スルアリ帝国ハ之ト善隣ノ誼ヲ結ビ、相提攜スルニ至レルモ、重慶ニ残存スル政権ハ、米英ノ庇蔭ヲ恃ミテ兄弟尚未ダ牆ニ相鬩クヲ悛メズ、米英両国ハ残存政権ヲ支援シテ東亜ノ禍乱ヲ助長シ、平和ノ美名ニ匿レテ東洋制覇ノ非望ヲ逞ウセムトス。剰ヘ与国ヲ誘ヒ帝国ノ周辺ニ於テ武備ヲ増強シテ我ニ挑戦シ、更ニ帝国ノ平和的通商ニ有ラユル妨害ヲ与ヘ、遂ニ経済断交ヲ敢テシ、帝国ノ生存ニ重大ナル脅威ヲ加フ。朕ハ政府ヲシテ事態ヲ平和ノ裡ニ回復セシメムトシ、隠忍久シキニ弥リタルモ、彼ハ毫モ交譲ノ精神ナク、徒ニ時局ノ解決ヲ遷延セシメテ、此ノ間却ツテ益々経済上軍事上ノ脅威ヲ増大シ、以テ我ヲ屈従セシメムトス。斯ノ如クニシテ推移セムカ、東亜安定ニ関スル帝国積年ノ努力ハ悉ク水泡ニ帰シ、帝国ノ存立亦正ニ危殆ニ瀕セリ。事既ニ此ニ至ル、帝国ハ今ヤ自存自衛ノ為蹶然起ツテ一切ノ障礙ヲ破砕スルノ外ナキナリ。

皇祖皇宗ノ神霊上ニ在リ、朕ハ汝有衆ノ忠誠勇武ニ信倚シ、祖宗ノ遺業ヲ恢弘シ、速ニ禍根ヲ芟除シテ、東亜永遠ノ平和ヲ確立シ、以テ帝国ノ光栄ヲ保全セムコトヲ期ス。

昭和十六年十二月八日

御名御璽

第1章

歴史になっていく十二月八日

かつて日本が米英に対して開戦をした日から、もう七十年という月日が経ちました。この七十年という時間は、あの戦争を同時代史として歩んできた世代が歴史の舞台から退場し、次の世代、そしてその次の世代が社会の中枢にさしかかっていることを意味します。太平洋戦争に従軍した兵士の皆さんも、八十代から九十代となり、まもなく戦場体験者から直接証言を聞くということもできなくなります。そうなると、次の世代は紙や映像に記録されたものに拠ることになります。

あの戦争と同時代に生きてきた我々世代が、次の世代にそれをどう伝えていくか。世代交代の端境期にこそ、語り継ぐことの大切さをもう一度考え、昭和十六年十二月八日の真珠湾の日と、昭和二十年八月十五日の終戦の日についてお話ししてみたいと思います。

日本の真珠湾攻撃の日から七十年を迎えた二〇一一年は、テレビや新聞などでもさまざまな太平洋戦争に関する特集がありました。でも、この七十年という時間というのは、例えば五十年というのと何が違うかと考えると、やはり世代の交代なのだと思うのです。

つまり、開戦五十年の頃はまだ戦争体験を共有している世代が社会のなかに大きなウェイトを占めていたいわば同時代史であったのに対し、七十年になると彼らはごく少数で、まさにあの戦争が歴史のなかの事象へ移行しつつある時期に当たります。

作家の山崎豊子さんが、以前『大地の子』の取材で中国へ行っていたときに、当時総書記だった胡耀邦さんと面会されています。昭和六十年頃の話ですが、対談のなかで歴史をめぐる話になり、山崎さんは「中国の靖国批判の険しさ」について質問されたんですね。

それに対して胡耀邦さんはこう答えたそうです。

「中国は八カ国侵略を受けてから八十五年経って、ようやくその記憶が薄れて来たが、中日戦争からはまだ四十年しか経っていない。あと四、五十年ぐらい経たなければ、淡々とした気持になれないことを考えてほしい」

胡耀邦さんの言葉はつまり、私たちは日中戦争のような一九三〇年代の出来事をまだ歴史として考えてはおりません、それが歴史になるにはまだしばらく時間がかかります、という意味なんですね。

胡耀邦さんが例にあげた八カ国侵略というのは、一九〇〇年のいわゆる義和団事件のことです。清朝末期、北京や山東省などに次々と欧米列強が進出してきて、キリスト教を布教したり租界地を開いていきました。それに反発して列強を追い出そうという動きが周辺で生まれ、そのなかでも山東省で起こった義和拳教という、新興宗教といったら怒られるかもしれませんが、伝統的な信仰を核とした勢力が北京へ押し寄せます。彼らは「扶清滅洋」、清を助けて西洋を滅ぼすをスローガンに、列強八ヵ国の大使館や教会などを襲ったわけです。

日本も含めた列強の八ヵ国はそれぞれ軍隊を出してそれを鎮圧するのですが、義和団が相当に暴れたので、西欧側では文明を否定する非人間的、暴力的な中国人民の暴動、という認識になってしまったのです。

でも、それから八十年ほどの時間が経つにつれ、義和団事件の本質は単なる無知蒙昧な暴動というものとはかなり違うということが分かってきたそうです。実は反植民地という高邁な政治思想のもとで行われた抵抗運動という性格でもあったことが、それだけの時間を経たことでようやく分かってきたんだ、ということも山崎さんは指摘されています。

中国などでは三世代替わってようやく歴史になる、つまり当事者の思惑を過ぎて理解が変わることで史実になるといいます。それがそのまま我々に当てはまるとは言いませんけど、私たちは真珠での出来事を七十年たった今、歴史に移行しつつあるこの事実をそのなかでどう位置づけたらいいのか、考えることは大切なことだと思うのです。

総力戦研究所は戦争を止められたか

真珠湾ということについては、さまざまなかたちで我々のなかに記憶されています。その際に、大きく分けてアカデミズムとジャーナリズムという二つの柱があり、それらは手法や事実の伝え方を含めてかなり大きな違いがあります。

ジャーナリズムについてまず考えると、その伝え方にはいささか乱暴なところがあります。例えば、ある新聞記者が僕に急に電話をかけてきて、「今年は真珠湾七十年ですけど、何か面白い話ありませんか」という。いわゆる野次馬的な発想ですね（笑）。

さらには歴史的なテーマに関してもセンセーショナルに取り上げる傾向があります。僕もメディアにはお世話になっているので言いにくい話ですけど、新聞社間、テレビ局間の競争が激しいということも背景にあります。だから、すぐ「何かネタありませんか」ということになって、史実としてどうこうという話は後回しにして、とにかくワーッと大きく取り上げられるようなものはないですか、という発想になりがちなんです。これは、どの媒体にも共通しています。

ですから、往々にしておかしな史実を掘り出してきて見せたりすることも少なくないんですね。

ひとつ例をあげれば、開戦時に総力戦研究所というものがありました。これはいわば陸軍のシンクタンクで、開戦直前の昭和十六年の夏頃なんですけれども、アメリカと戦争したら日本は負ける、というレポートをまとめたんです。

これを、もし当時の日本の指導者だった東條英機らが読んでいたら、あんな戦争など起こらなかったはずだ、という記事が以前にどこかの新聞で出たことがあります。確かに外形的にはそういう視点も成り立つでしょうけど、総力戦研究所というものの実相を知っている人からすると、見方は全然違ってくるのです。

言い方が悪くなるので最初に謝っておきましょう。どんな組織にも、コミュニケーションがうまく取れず周囲から浮いてしまって「ちょっと休んでいてください」と言われてしまう人がいて、休養のために用意されているポストがあったりします。まあ、有り体にいえば上の人からしたらうるさくて扱いにくい非常識な部下、とでもいいましょうか。当時の総力戦研究所というのは各省庁などにいたそういうタイプの人間を、そこに行って好きにやっていろと、体よく追いやったというのが実態だったといわれています。

放り込まれた寄せ集めの彼らは自分たちなりにプロジェクトを立てて対米戦争のシミュ

レーションをやるわけですが、その研究の結果、アメリカと戦争をやったら勝てないと、そういう結論をまとめたということなんですね。

ところで、その研究（シミュレーション）の際に用いられた資料（データ）がどういうものだったのか、という点が重要なんです。例えば石油や鉄などの詳しい資料の提供を、陸軍を通じて他の管轄省庁に求めようとしても、当時の企画院をはじめどの組織もほとんど協力してくれないわけです。

対米戦の研究なんだから、総力戦なんだからといって海軍にも詳しい重油の備蓄量などのデータを出してくれと頼んでも、海軍だって一切協力しなかったんです。そんな実態ですから、結局彼らは自分たちで推測したデータを使用せざるをえず、そうして対米戦のシミュレーションをしたら日本が負ける、という結論が出たということなんですね。

でもそれは、言ってしまえば不確実なデータに基づいた作文だと酷評されています。ですから、総力戦研究所が出した結論を当時の政治指導者たちがちゃんと読んでいれば戦争は起こらなかった、と解釈してよろしいものなのかどうか。どちらかというと、しっかりしたデータに基づかないレポートであったがために、さほど重視されなかったと考える方が自然だと思いますけど、いかがでしょうか。

淵田美津雄と酒巻和男の真珠湾

この類いの例は、ジャーナリズムにはかなり存在します。真珠湾の場合でも、センセーショナリズムのなかで取り上げられてきた経緯があります。

ただ、ジャーナリズムの手法を生かして歴史に埋もれていた事実を発掘した、評価に値する仕事ももちろんあります。比較的最近の労作と言えるものをいくつか紹介しておきたいと思います。

真珠湾攻撃に参加した軍人たちについては、これまでに多くの著作や自伝が著されてきました。そのなかでも攻撃の中核を担った航空隊の第一次攻撃隊長だった淵田美津雄さんの手記が二〇〇七年に出ました。『真珠湾攻撃総隊長の回想　淵田美津雄自叙伝』(講談社)という本です。

淵田さんは昭和五十一年に他界していますが、生前書きためていた手記が数十年ぶりに見つかり、NHKの元ディレクター、中田整一さんが編集した形で出版されました。

この淵田さんの回想を読むと、驚くようなことがたくさん書かれているんですね。彼が戦後、洗礼を受けてクリスチャンとなり、渡米して自分が真珠湾攻撃の攻撃隊長だったことを明かしながらアメリカ各地を伝道して歩いていたことはこれまでも知られていました。

僕はその本の推薦文を頼まれて書いたこともあってよく読んだのですが、なぜ彼がキリスト教に改宗したのか、そのくだりがとても強く印象に残りました。戦後、彼は東京裁判の証人として呼ばれます。その頃のある日、東京・渋谷の通りを歩いていたら、アメリカ人から聖書を読んでみませんかと声をかけられ、聖書を手にとるのです。

いきなりだったら受け取らなかったでしょうけど、淵田さんにはその前にある伏線があったんです。彼は戦後の一時期、捕虜として収容所に入っていました。そのときに仲間の日本人捕虜に対してとても献身的なアメリカ人の看護師さんに会うのです。彼女の献身ぶりは仲間内でも有名だったそうですが、あるとき、淵田さんが彼女にどうしてそんなに献身的になれるのか、聞いたんです。

看護師さんはアメリカで生まれたのですが、彼女の父と母は宣教師として日本に来て、なんと日本の官憲に逮捕され、残酷な拷問を受けて死んでしまった、という身の上話をしたのです。それならば、なおさら日本人を憎んでいるだろうに、なぜこんなに日本人に対して献身的になれるのかと、淵田さんはさらに聞いたそうです。

彼女の答えはこうでした。日本人が自分の両親になぜそんなことをしたのか？　それは日本人がイエス・キリストを知らないからだ。だから、日本人にキリストの存在を教えてあげたい。やさしく日本人に接して、そうすることで少しでも日本人にキリスト教のことを知ってもらいたい、という話を淵田さんにしたんですね。

その体験があったものだから、淵田さんは、渋谷の路上で手にした聖書をむさぼり読むんです。それでクリスチャンになることを決意したんですね。かつて自分が率いた真珠湾攻撃で三千人ものアメリカ兵の命が奪われたことについて、一体自分がしたことは何だったのか、と考えたことが改宗のきっかけだったと淵田さんは告白しています。

ただ僕は、このエピソードが感動的だとか、人間の尊さだとかというふうには思いません。

キリスト教の持っているヒューマニズムの話は、よく耳にするものです。キリストを知らない人たちはかわいそうだ、だからこの教えを広めるために一生懸命尽くすんだ、という彼らの使命観を否定するつもりはありません。それはそれで一つの生き方でしょう。僕は自分がクリスチャンでないからかもしれませんが、ちょっと引いた眼で見ると、彼らの姿勢は傲慢と裏表の関係にあるのではないかと思うんですね。ひねくれてる、と言われたらそうかもしれませんけど。

つまり、アメリカという国が持っているヒューマニズムというのは、傲慢と隣り合わせのヒューマニズムなのではないかということです。だから徹底的で、妥協がないんですね。

ですから、そんなことでお前は改宗したのかと、淵田さんに猛反発した海軍の仲間たちの気持ちもわからなくはないんです。真珠湾攻撃時の攻撃隊長だったということで海軍の中で出世したし、誇らしげに勲章をいくつも貰っておきながら……ということですね。

僕はこの淵田美津雄の回想録を読みながら、同じ真珠湾攻撃に参加しながら数奇な人生を送ったもう一人の人物のことを、思い出さずにはいられませんでした。

真珠湾攻撃は機動部隊から発進した航空機だけでなく、潜水艦によるものもありました。特殊潜航艇とよばれたものです。この特殊潜航艇というのは全長二十四メートルの小型の潜水艦で二人乗り、二本の魚雷を装備したものです。海上の空母から発進させる航空攻撃に連動する格好で、大型の潜水艦にこの特殊潜航艇を積み込んで真珠湾沖まで運び、そこからこの特殊潜航艇を発進させ、湾内の敵艦船を沈めるという計画だったんです。計五隻、乗員十名で出撃したんですが、座礁したり敵の爆雷にやられたりして結局九名が戦死、唯一生き残って捕虜になったのが酒巻和男海軍少尉でした。

当時、彼も含めた十名が特殊潜航艇で出撃したのに、新聞では九軍神として大報道されました。つまり酒巻さんだけは捕虜になってしまったのでそれを引いているんです。一隻に二名ずつ乗っていたはずなのにどうして九軍神なのかと、訝った人も当時いたんじゃないでしょうか。

酒巻さんはアメリカの収容所に捕虜として収容されます。戦後の昭和二十三年、日本に一時的に帰って来たときに『捕虜第一号』(昭和二十四年)という本を出します。これはGHQの統治時代に出たものですから、もちろん反米的な内容ではありません。

酒巻さんのことで忘れてはいけないと思うのが、捕虜になった彼に対する日本社会の冷たさです。

戦後、彼はある弱電関係の会社で働くようになって南米に住んでいたんですが、帰国した折りに一度会って話を聞いたことがあります。聞きたかったのは捕虜第一号というものが戦後の日本社会でどのような扱いを受けたのか、ということですが、そこはやはり口が重くなって語ろうとはしませんでした。

当然彼は軍人でしたから、それはそれは厳しい扱いを受けたはずで、家族や親戚も含めて大変苦しい思いがあったはずです。彼が終戦直後に出した本はもう赤茶けてボロボロになっていますけど、こういう本こそ復刊させるなどして後世に伝承していくべきなんじゃないかと思います。

彼の手記のなかには、ほう、アメリカって凄いなあと思わせるところがいくつも出てくるんです。

収容所では、捕虜になった酒巻さんに対して使役が命じられます。でも、もしその使役の内容がお前の祖国や日本軍にとってマイナスになると考えるなら、お前はその使役を拒否することができる、といわれるんですね。

例えば今日の作業は針金で有刺鉄線を作れと命令されます。これは何に使うのかと酒巻さんが問うと、日本兵の収容所で脱走させないためのものだという。そういう目的のものは自分は拒否する、と酒巻さんが答えると、それが認められるのです。もっとも使役を拒否して兵舎に戻ると銃を持ったアメリカ兵に殴られたりしたことはあったそうですけど、とにかく拒否することはできたというんです。

そういったエピソードを読むと、なるほどアメリカの方に一日の長があるのかなとも思えてくるんですね。

話がそれてしまいましたが、最近のジャーナリズムによる真実の発掘という意味では、太平洋戦争中のアメリカ軍で活躍した日系人部隊の実態について、深く掘り下げたものとして『棄民たちの戦場』(二〇〇九年)もあげておきたいと思います。書いたのは天皇のご学友としても知られる元共同通信記者の橋本明さんです。

日系人部隊に参加した人たちもかなり高齢で、存命の方も少なくなっているようです。彼らは太平洋戦争というよりも主にヨーロッパ戦線に投入されました。敵国人でもあった彼らは、アメリカへの忠誠心を試されるべく、ほとんどがかなり過酷な戦場に追いやられました。そこで戦って大勢の死者が出る訳ですが、そのことによって彼らのアメリカへの忠誠心が理解され、アメリカ人として認められるようになっていくんです。

自分の祖国と今、自分が住んでいる国が戦争になったとき、そのアイデンティティをどこに求めるべきか、日系人子弟たちがその葛藤をどう乗り越えようとしたか、丹念に取材されています。

日本人の「戦争の記憶」

今度はアカデミズムによる真珠湾の記憶について考えてみることにします。面白いことに、これはおおざっぱにいうとはっきりと二つに分かれます。

一つは演繹的な歴史観とでもいいましょうか、日本軍国主義、日本帝国主義がアメリカ帝国主義との戦争に進んだというかたちでの解釈が先行した捉え方です。戦後になって戦前期の日本を振り返る際に、この解釈先行型の歴史観がアカデミズムの場で主流派を占めてきたともいえます。

こういった見方に立つ人たちからすると、史実はさして問題ではなく、帝国主義を歩んだ日本はいずれアメリカ帝国主義とぶつかって真珠湾攻撃という選択をすることになったのだ、という解釈の範疇で、あの真珠湾の日を捉えようとします。

この解釈先行型にはもう一つありまして、これは唯物史観的なものとは違って新自由主義的とでもいいましょうか。要するに、日本だけが悪いんじゃない、アメリカのルーズベルトは真珠湾攻撃を知っていて日本に攻撃させたんだ、という解釈ですね。

このルーズベルトは知っていた、という類いの話はこれまでたびたび出版されてきました。今のところそれは史実と断定できませんので、伝説とでもしておきますけど、〝ルーズベルトは知っていた〟伝説の起源は一九四〇年代後半のアメリカにあります。

第二次世界大戦が終わった当時のアメリカでは、自由社会にもかかわらず隠されていたり、戦時下であったため伏せられていた事実などがジャーナリズムによって次々に掘り起こされ、そういった本が数多く出版されました。

そのなかで、共和党寄りの新聞や雑誌などが、ルーズベルトは日本が真珠湾を攻撃してくることを知っていた、という内容の記事を書いたりするようになったんです。まあ、共和党の民主党攻撃のために意図的に作られたもので、いくつもあるんですけどそのなかで一番有名なものが、ルーズベルトは知っていた、という話なんですね。

そのまとまった本が戦後すぐにアメリカで出版されています。それが一種のネタ本になって、日本でもたびたび引用されてきました。

ルーズベルトが真珠湾攻撃を知っていたという話は、日本はアメリカにはめられた、だから日本は悪くない、という見方をしたい人たちにとっては願ってもない根拠になりますから、いまだに一部では根強い人気があります（笑）。

でも、アメリカの政党間の争いのなかに出てきた一種のプロパガンダ的な話の一つをこちらが取り出して、それを根拠に我々は悪くない、というのはいかがなものかと。そのような伝説の背景ということも、私たちは知っておく必要があると思います。この本にはこう書いてあるじゃないか、という姿勢では、史実の半分しか見ていないということにもなりかねません。

こうした解釈先行型の対極に位置するのが、徹底的な史実の検証というあり方です。僕はこれまでいろいろな資料を読んできましたけど、日本とアメリカということでいえば、アメリカの方がこうした史実の徹底的な検証をやってきているように思います。

新しいアプローチとして、真珠湾がどのように人々に記憶されているか、ということを研究しているものも出てきています。あの真珠湾という出来事が、次の世代や社会、さらにはもっと新しい世代においてどう記憶されていくのか、言い換えれば、記憶という枠組みのなかで真珠湾を捉えるというものです。記憶というのはもちろんその時の政治状況によっても変化しますから、それがあの日から七十年も経つなかでどのように変わり、理解されてきたのか。こうした研究が最近、日本でもアメリカでもかなり増えてきているように思います。

例えば、イギリス人はあの第二次世界大戦をどう記憶しているのか、ロシア人はどうなのか……。これは面白いといったら失礼ですが、そうやって見ていったら世界中に広げていけます。それを史実の記憶ということに限って、テーマにとりあげて検証していたりするんですね。

それをやったアメリカの学者さんがいますので、その論文にある一節を紹介したいと思います。これは『記憶としてのパールハーバー』（細谷千博、入江昭、大芝亮編・二〇〇四）という大部の著で、太平洋戦争について日米の国民がどう記憶しているかを日米の学者たちが調べた内容です。そのなかでアメリカ人研究者はこう指摘しています。真珠湾攻撃（一九四一年十二月七日）は、一九九〇年以降アメリカ国民にますます流布するようになっていて、むしろそこには文化・政治現象の多様化がはじまっていると。

第二次世界大戦を経験していない世代でも、真珠湾攻撃は9・11と並ぶ「集合的記憶」がつくられているというのです。反対に日本はその記憶が薄れ、むしろ〈ヒロシマ・ナガサキ〉への集合的記憶が強くなっている、と考察しています。つまり、日本人の真珠湾の記憶は、他国の人々のそれと比べても独特なんですね。一言でいうなら、他動的なかたちによる記憶という特徴なのです。

それは、農村などの共同体のなかで伝承されていなかったことが新たに記憶されて混乱している、ということだと思います。どういうことかというと、戦前は在郷軍人会とか政府の枠のなかで記憶が限定されていたというのです。

村史や町史などを調べると、地域の共同体が国家と極めて一体化、つまり何人が出征して武勲を立てたとか、神社にその碑がある、というかたちで、共同体のなかで独自に解釈をしている。つまり村史の書き方が変わってきている、というようなことが指摘できるのです。国家的な理解がそれぞれの共同体に直接入っていかずに、むしろそれを押しのけるようなかたちで「死んだ兵士達は……」という碑の書き方になっているのを見ても「他動的」、つまり天災のような受け止め方があるということになります。

僕も、これは面白い見方だなあと思いました。本当なら、こういうことは私たちがやらなきゃいけないことなんですけどね。共同体のなかで戦争の記憶が継承されているかというと、それが実は国家のそれと違った形になってきている、ということなんです。

同書はさらに、日本人が自分たちに都合の良い歴史解釈をするようになったという見方もしています。日本の戦後社会は経済的豊かさというものを獲得しましたね。そして物質的な充足感は得られたけれども、まだ精神的な充足感は得られていないところがあり、どうしてオレたちの国はこんなにいろんな国から批判されなきゃいけないんだ、オレたちの国だけが悪いのか、という声が出てきます。

真の豊かさというものが歴史的な精神の充足をも必要とするなら、歴史的な豊かさを得られないが故に過去を否定するような理解はしたくない……。つまり豊かさに呼応するかたちの、歴史の捉え方が出てきたということです。

国際社会の中で時間と距離がどんどん縮まってきていますね。その単一化のなかで、それぞれの国が自分たちの持っているオリジナリティー、あるいはナショナリズムが国際社会の中で刺激される、ということが一方で起こってきます。そうすると、自分たちは何なんだろうという問いかけが生まれてきます。その問いかけからくる史実を見る目、真珠湾を見る目があらたに生まれてきた、との見方もできるわけです。

こうして考えると、昭和天皇の存在に触れざるを得ません。昭和天皇が亡くなった後の歴史の視角、つまり真珠湾から太平洋戦争をも含めて、これは僕の表現になりますが、昭和天皇という存在がなくなって過去の歴史になったことにより、昭和天皇への遠慮も同時になくなったんですね。それで新しい解釈が出てくるようになったという見方です。僕も昭和天皇のことをいろいろ調べましたが、昭和天皇が本当は戦争をしたくなかったんだということは事実だと思います。じゃあどうして裁可したのかということになるでしょうけど、それはいろんな制度的な問題も含めて論じなきゃいけませんから別の機会にします。

いずれにしろ、昭和天皇が存在しなくなったことで、いろんな見方が出てきたということはあると思います。

真珠湾についての心理を自己分析してみると、いろんな意味でマイナス要素は多いけれども、それはアメリカの側に立ってのマイナス要素ではないか、客観的な立場で考えたらかならずしも日本が悪いわけではないというような、安らぎを求めたい心理が日本人にあるのかな、とも思います。もちろんこの心理は、歴史とは無縁のものです。

真珠湾についても、ルーズベルトは日本の電報を全て解読して攻撃してくるのを本当は知っていたんだとか、日本は罠にはめられたんだという話がたびたび出てきます。そういう話のどれを選択して真実だと考えるのはそれぞれの個人の問題だと思います。しかし客観的に考えれば考えるほど、僕はあの戦争に対しては正当化できることよりも自省すべきことのほうが多々あると思います。

「徴兵拒否」は日本にもあったか

アカデミズムの立場から調査、論述されたもののなかにも、最近読んでとても興味深かったものがありますのでいくつかあげてみましょう。

先に紹介した日系人部隊の話にも関連してくるものですが、戦前のアメリカでは日本人移民向けの日本語新聞が三十紙以上もあったことをみなさんご存知だったでしょうか。それらが日米開戦後、どのようになっていったかを詳しく調査したのが、『「敵国語」ジャーナリズム　日米開戦とアメリカの日本語新聞』（水野剛也、二〇一一年）という本です。

それによりますと、日本の真珠湾攻撃と同時に連邦政府やＦＢＩなどが次々に日本語新聞を発禁ないしは発行不許可にしていきます。その結果、開戦後も発行し続けられたのはたったの三紙に絞られます。どうして三紙だけが生き延びられたのかというと、日系アメリカ人はアメリカ人である、という理解、方針で編集することで発行を許されたんですね。これも、これまであまり取り上げられることのなかったテーマを、実証的に分析した労作といえるのではないでしょうか。

もう一つ、これも最近出たもので、『反戦のともしび――第二次世界大戦に抵抗したアメリカの若者たち』（二〇一〇年）という本があります。

アメリカでは、ベトナム戦争の時に徴兵拒否した人たちが多くいたことはよく知られています。でも、第二次世界大戦、太平洋戦争の時にも徴兵を拒否した青年たちというのが大勢いたんですね。

彼らは戦争そのものに行くのが嫌だといって、もちろん逮捕されるわけですけれど、彼らは確信犯で、信念として戦争に行って戦うことを拒否したのです。その実態について、アメリカ人研究者が徴兵拒否者たちの証言も含めて調べて書いたものなんです。

この本によれば、第一次世界大戦時には約四千人、第二次世界大戦の時には四万から六万人に及ぶ兵役拒否者がいたといいます。彼らの多くはクエーカー教徒のようなキリスト教のなかでも平和主義教派に属する人たちで、「悪に抵抗するなかれ」という聖書の一節を重視して、銃を持つことを拒否します。

アメリカの兵役法では、そういった特定の宗派に属する人たちの良心的兵役拒否者の存在を認めていて、戦闘に参加しない「非戦闘員」という形で軍務につかせるとか、民間の代替作業に就かせるような格好になっていたんですが、中には代替作業すらも一切拒否するという人たちも少数ながらいて、その場合には逮捕されてしまうのです。

第二次世界大戦の兵役拒否者のうち、一切の協力を拒否して逮捕、投獄された人たちは六千名もいたということです。ちなみにそのほとんどは、エホバの証人だったともいわれているそうですが。

では日本は当時どうだったのかというと、もちろん兵役拒否なんてことはまったく認められていませんでした。では徴兵されて、それでもどうしても軍隊にいるのが嫌だとなったときにどうしたか？　これは調べていけば分かるんですが、簡潔に言えば三つの方法しかありませんでした。

まず合法的な方法として、わざと自分の足を銃で撃ったりする自傷行為や、病気になったりすることがあります。大けがをしたり病気になれば戦えませんからね。残るのは非合法な方法で、要するに逃亡です。逃亡すれば罰せられるし、故郷にいる親族まで恥だとして社会的制裁を加えられますから、逃亡した人の例というのはみんな口をつぐんでしまい、表に出てこなかったということがあります。最近になって、そういった逃亡経験を語る体験談などが見られるようになりました。

最後の手段は何だと思いますか。それは、自殺です。

つまり、日本ではアメリカのように、自分は信念として兵役を拒否します、などということはまったくありえない選択だったのです。こういった日本とアメリカの違いということも、あの真珠湾を通して浮かび上がらせることもできるんですね。

私がずっと追いかけていたテーマで、でも途中でやめてしまった、あるエピソードがあります。それは関東近県に住むあるプロレタリア作家なんですが、徴兵を逃れるため、実際は生きているのに死亡したことにして、死亡届を母親に出させたのです。それで、ちゃんとお葬式までやっているんですよ。戦後も彼は生きているんですが、法律的には死亡しているので、まあ名無しの権兵衛みたいな存在になっちゃった。

それで戦後何年か経ったときに、戸籍を戻すことにしたんですね。もちろん本人がやるわけにはいかないから、人の手を借りたり、いろいろな紆余曲折がありまして……と、当の本人や肉親に会って話を聞いたことがありました。

僕も最初は、何か信念があっての行為だったんだろうと思って聞いていたんですけどね。ところが何度も会って聞いているうちに、この人の「死んでしまえば兵隊に行かなくて済む」という考え方の中には別の意味があることがわかってきたんです。

例えば財産の問題とかもそうですけど、要するに死んだことにしてしまえばいろんなことにメリットがあったからそうした、ということで、兵隊に行きたくないというのはそのなかの一つの理由に過ぎなかったのです。

彼は戦後に女性と結婚して子どももできます。自分が死んだままだと結婚届けも出せないし、そうしたら子どもまで名無しの権兵衛で学校にも行けない……、というのが戸籍を戻す理由だったというわけなんです。

少しずつ彼の背景がわかってきたときに、僕は何か不思議な感じがしましてね。兵役に就きたくないという信念があったのなら僕は彼の行為も大変立派なものだと思いますけど、話を聞いているうちに、どうもこれは信念じゃないんじゃないかと思ったのです。

ですから、日本では本当に兵役を信念で拒否したという人たちというのは、アメリカの例に比べたら本当に数が少なかったんじゃないかと思います。先の『反戦のともしび』を読んでいくと、日本ではどうしてそういったことが行われなかったのか、という問いかけが出てくるところが、新しい発見なんですね。

解明が足りない開戦への決定過程

ジャーナリズムにしてもアカデミズムにしても、あの戦争のことについてはまだまだ分析が足りないていないところがあるんじゃないかと思います。

僕がどうしてもこだわっていることがあります。それは、戦前にあった政策決定機関の一つでもあった、大本営政府連絡会議のことです。

当時の国策の最高意思決定機関として御前会議というものがあったことはいうまでもありませんが、その一歩手前に大本営政府連絡会議というものがありました。統帥権、統治権を持つ天皇に代わり、大本営と政府の代表者が集って国策を決めていたところです。

この大本営政府連絡会議のことを調べれば調べるほど、僕は腹が立って仕方がないんです。出席している人を見ると、まず大本営からは参謀総長、これは杉山元ですけど、さらに参謀次長の田辺盛武も入ります。海軍からは永野修身軍令部総長、伊藤整一軍令部次長の四名です。

次に政府からは、東條英機首相、嶋田繁太郎海相、東郷茂徳外相、賀屋興宣蔵相、鈴木貞一国務相といった顔ぶれで、常時六、七名の閣僚が出席していました。このメンバーで、昭和十六年の七月から十月ぐらいまでの期間に、真珠湾攻撃すなわち対米英蘭開戦をするということを決定していったのです。つまり、政治と統帥のほんの十数名で、日本の行く末を左右する重大な国策を決めていたことになります。

もちろん、この大本営政府連絡会議で決定されたことは、御前会議で確認します。御前会議では天皇が臨席して、閣僚たちから説明を受けます。

この御前会議で、天皇が政府に対してああせい、こうせいとはいわないんです。当時の立憲君主制の下では、臣下の者が決めたことに天皇は拒否しないという態度を、昭和天皇がとっていたということもあります。ただ、それはそれで制度上の問題でもあったわけですが。

ですから事実上の最高意思決定機関は大本営政府連絡会議となるわけで、そこに関わったのがたったの十数名ということに、あらためて驚きます。

メンバーはそれぞれ自分の役所を代表して出席しています。戦争か和平かを決める十六年七月、八月、九月という期間、この固定された少数のメンバーで連日のように会議をやっていれば、議論の方向がある一定のところへ流れて行ってしまうような現象が起こってくるのではないでしょうか。

僕はそのことこそ徹底的に解明していかなければいけないと思っているんですけど、この十数名の人間関係のなかで、あの数ヵ月間、ずうっと顔を合わせて戦争をするべきか、しないべきかを議論していた空間に、日本的な一種の空気みたいなものができあがっていったのではないか、と思うんです。

もちろんその一端は『杉山メモ』や御前会議の記録を読めばある程度はわかります。が、この十数名のなかで開戦に踏み切るところまで達したときの感情や論理、それぞれのメンバーと出身官庁の間の感情や論理、そういったことをもっと研究してみようという若い人が出てきてくれたら、と思うんですね。何かそこに、日本的なといいますか、寄り合いのムラ社会のような構図があるような気がするんですね。こういうことも、アカデミズムによる史実の解明が必要とされる所以なんです。

日本のケースと、例えばアメリカが当時どのように情報を共有しながら政治の意思決定をしていたのか、というかたちで比較してみるといいかもしれません。

アメリカは、日本の外務省からワシントンの駐米大使館に届く極秘電報を全て解読していて、それに目を通す権限を与えられていたのは七名だというんですね。大統領はもちろん、陸軍長官や海軍長官、国務長官といったメンバーでした。その七名で構成されているアメリカの会議と、さっきの日本の大本営政府連絡会議を比べてみると面白いんです。

昭和十六年十二月八日の真珠湾攻撃は大成功します。この日の様子を東條の秘書官が日記としてつけています。それを読んでみますと、この日の夜七時から、首相官邸で連絡会議のメンバーと中華料理の祝宴を開いているんです。大蔵大臣とか海軍大臣などは呼ばれていませんけど、秘書官のメモにその宴会でのやり取りが残っています。

このとき、東條はお酒も入ってとても上機嫌で、どうだ見たか、これほど秘密を守れる我が内閣はいかにすぐれているか、と自慢げに話しているんですね。これでルーズベルトは失脚するだろう、なんてことまで話していたと、秘書官のメモにはあります。

ここが重要なところですけど、東條は極秘裏に進めた真珠湾奇襲攻撃が外部に漏れなかったことを最も評価しているのです。つまり、このメンバーしか開戦の極秘情報を知らずに、実際に外へは一切漏れなかったということです。まあ、国家機密を守る側からすれば、確かにすばらしいことなんでしょうけれども。

では、アメリカの七名の場合はどうだったんでしょうか。

もちろんそれも国家機密ですから、日本の極秘電報を解読していたことまで知っている人は少なかったかもしれません。しかし、当時日本との交渉相手だったコーデル・ハル国務長官の書いた手記などを読んでみますと、国務省のスタッフが何人もこのことに関わりながら議論している様子がわかります。長官、ここはこうやったらいいんじゃありませんか、という風に、かなり自由にディスカッションしているんです。

日本側でもそういった多様なディスカッションがあったかというと、ないんですね。陸軍大臣が陸軍次官に、海軍大臣が軍務局長に聞いたりするぐらいはありましたけど。つまり、日本側では本当に限られたメンバーでしか、開戦に関する情報を共有していなかったということになります。

このような、閉鎖的な空間で戦争することを決定していくということの怖さというものを、私たちは真珠湾攻撃への過程で知っておく必要があるんじゃないでしょうか。

それはアカデミズムが検証すべきだとか、いやジャーナリズムの仕事だとかという話ではないんですね。もちろん文献史料をもとにアカデミズム的な手法で検証することも大事でしょうけれども、大本営政府連絡会議の各メンバーたちはどのように自分たちの組織の意見を代弁しながら開戦に傾いて行ったのか、という人間心理的な視点などは、ジャーナリズムの手法によっても十分に検証することができるんじゃないでしょうか。

当時の御前会議については、かろうじてそういった検証がなされてきてはいます。ただ残念なことに、そこに出席していた各代表者たちの内面的なところにまでは検証がなされていないんです。そこまで突っ込んでみないと、あのような無謀な国策がどうして決定されたのか、ということの本質はわからないんじゃないかと、僕は思いますね。

例えば、旧ソビエト連邦の書記長だったミハイル・ゴルバチョフは、なんで自分の国の社会主義体制に終止符を打とうとしたんでしょうか。もちろん、彼はその問いに対してずっと答えていませんし、今なお自分からは話そうとしていません。

実は彼のお爺さん、そして彼の妻のお爺さんは二人とも、スターリン時代に弾圧を受けて粛清されているんですね。ゴルバチョフ本人はそんなこと一切話していませんけど、身内の人間が粛清されて殺されたことへの恨みが、ゴルバチョフを共産主義体制の否定に向かわせた一つの原動力になったのではないか、という分析があるんです。それを聞くと、なるほどなと思います。

僕がいいたいのはそういう視点が大事じゃないかということなんです。御前会議や大本営政府連絡会議に出席していたメンバーたちの、心理状態にまで入って分析していくというのはそういうことなんですね。

ハル国務長官を例にしたアメリカの場合だと、彼らはディスカッションしていますから、ハル個人の感情みたいなものが直接的に国策決定に影響を与えたとはいえません。

じゃあ東條はどうして真珠湾攻撃を諒解したのかと考えます。東條の決心というのは意外にオープンなんですね。戦争などというものはやってみないとわからないじゃないか、というのが彼の持論でしたから。

あの戦争を決定した十数名の心理にまで踏み込むには、それぞれの普段の生活も含めて分析していくことが必要でしょう。限定された人間たちによって戦争が決められたんですから、彼らはその私生活も含めて克明に解剖されるべきなんです。

そういうやり方の研究というのは、これまで邪道扱いされてきたんですね。でも僕は全然邪道だとは思いません。例えばどうして海軍大臣の嶋田繁太郎は天皇に正確な内容を伝えなかったんだろうとか、そういう見方で個々のメンバーの人としての個人史や来歴、といったこともあのときの決定に影響を与えているんだと思えるんです。つまり彼らの人生史を掘り下げていくことから見えてくるものもあるんじゃないか。だから僕はそういう手法の研究を邪道だとは思わないのです。

それは、自分にとっても仕事の積み残しです。真珠湾から七十年という時間が経った今、こういった新しい視点で考えてみたいんですね。

政治指導者の劣化

さっき幾つかご紹介した最近の本も、その意味で今までになかなか出てこなかった新しい視点による検証です。開戦でアメリカの日本語新聞が弾圧されて数紙だけになってしまったとき、残った新聞がどういうことを日本人移民たちに伝えていたのか。そして日系人部隊に参加した人びとは、どういう思いで祖国の敵になったアメリカ軍の軍人になる選択をし、ヨーロッパ戦線でどのように戦ったのか。

それらを読むと、七十年も経つのにまだまだ我々の知らない「真珠湾」があったんだな、と思います。

二〇一一年三月十一日に東北大震災と原発事故があった後に、ある鼎談をしました。もちろんテーマは当時の菅直人政権の震災対応でしたけど、そのときに、菅内閣と戦前の大本営政府連絡会議にはどこか共通点がある、という話が出て、今でも印象に残っています。

決まった顔ぶれの中だけで物ごとが決められていったところなどもそうですよね。戦前の連絡会議が持っていた日本的な特質のようなものは、戦後の社会のあちこちにかたちを変えて存在し続けてきたんじゃないでしょうか。このことも私たちはきちんと検証しなければいけませんが、開戦に流されていったあの時の空間と、大震災に直面した菅内閣の対応ぶりの空間がどうもよく似ていたように思えます。

時間をもっと巻き戻せば日露戦争のころも、もちろん決まった顔ぶれの政治指導者たちの間で物ごとが決まるところは同じです。でも、そこにはただ状況に流されていくことにきちんとモノがいえる人がいてバランスを保つことができたんですね。

例えば、児玉源太郎は開戦する際に、我々は刀を抜くが政治の側はそれを鞘に納めることを考えてくれ、といっています。そういうバランス感覚というものが、太平洋戦争の開戦を決めたあの連絡会議にはないんです。

東郷茂徳外相などが鞘に納めることを主張しても、そんなこと考えなくてもいい、と突っぱねられてしまうんです。まあ、そもそも東郷さんには開戦する日付すら、一週間前まで教えられていなかったんですからね。

日本が百年に一度というような未曾有の危機に出会うときにはいつも、なぜか劣化した指導者がリーダーなんです(笑)。逆に日本という国は、劣化した人が指導者になったときに大変な国難が起こるのかもしれませんけど、よりによって……という感じがします。

一国の指導者というものには、その時代の国民の意識レベル、それが上だとか下とかではないけれど、国民の意識全体を代弁する能力が必要なんです。あのときの東條さんに、軍人すべての意識を代弁する能力があったのかといえば、それはなかったと思います。菅さんも同じでしょうけど。

菅さんを含めて当時の内閣閣僚が会見したときに、「しっかりと……します」という言葉をよく使っていました。どんな状況を語る時にも、ついその「しっかりと……」が無意識に出たんでしょうけど。

私たちは言葉というものを無数に持っていますから、状況によって言葉を使い分けることができるというのは、その人の能力です。なのに「しっかりと……」という決まりきった言葉しか吐けないということは、まず書物を読んでいないということです。だから語彙が頭にストックされていないんですね。

もう一つは、人と同じ次元で議論したことがないから、言葉が頭のなかで練られていないということもあるかと思います。

語彙が貧しいのは、当時の東條英機や嶋田繁太郎もそうなんです。東條の言葉というのをずっと見ていくと、本当に限られた言葉しか使っていません。

東條の口癖はまず、自分はたいした男ではない、というものです。そんなこと、誰でも知ってますけど（笑）。

そして、陛下に叱られながら自分は国民の前に一歩出て指導している、国民は私が白といえば白、黒といえば黒になる、それは私が優れているのではなく陛下が優れているんだ、ともうそればっかり東條さんは繰り返していました。

この国の未来の指導者が彼らのように劣化しないためにも、あの戦争がどう始まり、どう終わったのか。そして終わったあと、そのことを日本人は七十年間どう考えてきたのか、を次の世代に語り継いでいかなくてはならないと、僕は考えています。

第2章

「開戦の責任」と十二月八日

一九九〇年代のことでしたけど、アメリカのテネシー州というところに三週間ほど滞在したことがあります。テネシーワルツなどで知られる南部の州です。余談ですが、テネシー州というのは南北戦争のときに途中で南部から北部に日和ったといわれていまして、南部からすれば裏切り者扱いをされている州なんです。

それがテネシー州の負い目にもなっていて、その後の第一次世界大戦ではアメリカで最大の義勇兵を送り出したりもしています。死者も多かったのです。

そこに行ってみたら、黒人の人が話しかけてきたんです。どうやら私のことを中国人だと思って（笑）。私が日本人だと話したら向こうが驚いて、生まれて初めて日本人を見た、中国人と似てるな、と驚かれました。

彼は続けて、「日本人に会ったら絶対に背中を見せるなって、オレの親父がいつも言ってたよ」という。それで僕に、「お前、その意味知ってるか」って聞くんです。

僕が、それはパールハーバーのことを言ってるんじゃないの、と答えたら、その彼は「ああ、そうか」と。なんで自分のお父さんがそう言ったのか、その意味を彼は知らなかったんです。そのくらい知っておけよとその時は思いましたけど。

日本人には背中を見せるな、などという言い伝えがアメリカで流布された裏には、やはりあの真珠湾が当時のアメリカ国民に与えたインパクトがいかに大きなものだった、ということがあるんだと思います。しかも、それはだまし討ち、汚い日本というイメージと不可分になっているんです。

だからアメリカ人には、真珠湾のことについて話したがらない傾向があるんですね。昔、アメリカ人の戦争体験者にインタビューしたときも、真珠湾について聞こうとするとちょっと嫌そうな顔をされて、そんなことよりガダルカナルの戦いのことを聞けよ、と言われたことがあります。数人の取材体験でしかないからそれでみんなそうだとはいえませんが、やっぱりいい思い出じゃないということなんでしょう。

一九四一年十二月七日、日本軍に真珠湾を奇襲されたときのアメリカ世論の沸騰の様子はかなりのものだったと伝えられています。

ワシントンにある日本大使館の前には、報道を聞いた群衆が殺到して押すな押すなの状態で、門を壊して大使館の敷地に雪崩をうって入ろうとするほどでした。警備にあたる騎馬警官らが排除しようとしても、殺気立った群衆は耳を貸しません。

そのとき、騎馬警官が大声で怒鳴りました。

「お前たちが日本人をここでぶん殴ったら、同じことをアメリカの大使が東京でされるんだぞ。だからやめろ」

この一言が効いて、群衆はおとなしくなったそうです。大使館に駐在していた日本人海軍武官も、そのときのようすを怖かったと書き残しているほどです。

でもアメリカの警官たちは、包囲する群衆を決してなかに入れなかったそうですから、それはフェアで立派だったともその海軍武官の人は記しています。

日本は事前通告なしの卑怯なやり方でパールハーバーを攻撃した、と聞いて一様に怒りを示した、このワシントン日本大使館前の光景が、それから三年半続く戦争の、最初のアメリカ国民の反応を象徴しているように思います。しかも当時はまだアメリカでも人種差別が強いころですから、そのだまし討ちをしてきた相手が黄色人種の日本人だったということも、彼らの怒りを増幅させた理由の一つなんでしょうね。

ピエール・ブールというフランス人の作家がいて、この人は戦前、仏領インドシナやマレー半島のプランテーションで働いたりしていたそうです。そのあたりも日本軍が開戦と同時に片っ端から占領した地域ですけど、白人が黄色人種を働かせていた世界が一変して、日本軍にフランス人が捕まって働かされることになっちゃった。それを彼が実際に体験したのかどうかはわかりませんが、そのことをベースに小説に書いたのが有名な『猿の惑星』なんです。そこに出てくる知性をもつ猿というのは、日本人がモデルなんだそうです。

ですから、アメリカの指導者たちが思った通りに世論が反応していった格好です。それがアメリカ人の意識のなかに強く刷り込まれているからだと思うんですが、その反応は時代が替わっても繰り返し噴き出します。

宮沢喜一内閣のときに、アメリカの黒人は「アッケラカーのカー」だなんて侮蔑する発言がをした大臣がいましたけど、それはすぐにパールハーバーの不意打ちに結びつけられ、「ジャップ、ゴーホーム」という反応を引き起こすことになるわけです。

このことを実証的に研究しているアメリカ人学者の表現を借りれば、アメリカのネガティブなナショナリズムにもっとも火がつきやすいのは、今でもこのパールハーバーなのだそうです。裏を返せば、真珠湾を攻撃した事実というのは、アメリカにとって二十世紀で最大の屈辱や怒りの対象になっていると言えるのかもしれません。

アメリカが「真珠湾」から学んだこと

戦争を始めるということにおいて、それを決定した人びとには当たり前ですが責任というものが伴います。当時の日本の指導者たちがどれだけ責任ということ意識していたのか、ということを考えてみたときに、その自覚のなさが目立つのです。

そこに分け入っていく前に、比較の意味でもアメリカが真珠湾を攻撃されたあと、それを巡ってなされた政治的な総括から考えてみたいと思います。

あの戦争で日本に開戦した責任があるとするなら、アメリカには一方的な奇襲を許し、三千名以上の死者を出した責任が生じます。

そのため、アメリカでは原因調査のために三つも査問会が設置され、責任が誰にあるのかを徹底的に調査するんですね。ルーズベルト大統領が組織させた、連邦最高裁判所判事のオーウェン・J・ロバーツという人が委員長のロバーツ委員会に加えて、アメリカ陸軍と海軍の査問委員会による合同査問会、そして合衆国議会による合同査問会です。

まず三つの査問会で共通するのは、日本との交渉が決裂しアメリカが鉄くずや石油の禁輸に踏み切ったことで、日本がいずれ軍事行動に出るだろうという見方は当時のアメリカの政治指導者にあったということです。もう一つは、真珠湾への攻撃そのものについては日本軍の責任である、ということですね。この二つは査問会で行われた様々な議論のなかでさほど異論などは出ていません。

意見が割れたのは、やはり真珠湾への日本軍による軍事行動を政府や海軍は予想できなかったのか、そして故意に日本を戦争に打って出させるように仕向けさせたようなことがあったのかどうか、という二つのことでした。

実際のところ、予想できたかどうかに関していえば、日本がフィリピンやマレー、トラックあたりに攻撃を仕掛けるのではという予測はあったものの、まさかアメリカの領土にまで手をかけてくることはないだろうと。要するにハワイの真珠湾を攻撃してくるというのは彼らにとっても想定外、まさかそんな大それたことができるわけない、と日本の能力を過小評価していたんですね。

日本の航空技術、例えばパイロットの技量についてもアメリカは非常にレベルが低いものだと思い込んでいたものですから、真珠湾攻撃を受けたときも、あれはドイツ人が操縦していたんだという話がアメリカで信じられたほど、日本を軽視していたんです。

ただ、ワシントンからハワイの軍司令官に対しても、日本軍の攻撃がどこかに行われる可能性があるから注意しろという警告はしていたと。それなのに現地司令官は当然しておくべき警戒を怠った、と結論されるんですね。

特にロバーツ委員会のことはニューヨーク・タイムズやワシントン・ポストといったアメリカの新聞で当時、とても大きく報じられました。一九四二年四月、五月のころです。アメリカ大使館にいた外交官の来栖三郎という人が開戦後、戦時交換船で帰国するのですが、彼が当時書いた本のなかにこのロバーツ委員会の内容が全部書かれているんです。戦争中ですから、アメリカが真珠湾を叩かれて参ったと音を上げてるよ、と。そしてこのロバーツ委員会の報告書というのは、当時のアメリカ民主党政権が責任逃れのためにつくったものだ、とも来栖は指摘しています。

だからこそ、戦後すぐに共和党側の反撃材料としてまたその内容が取りざたされることにもつながっていくんです。

それはさておき、ロバーツ報告書では、ハワイ地区の最高責任者だったハズバンド・キンメル海軍大将、ウォルター・ショート陸軍中将の二人の怠慢によるものだ、ということで二人は司令官を解任されてしまいます。これは後日談ですけど、のちに彼らの孫の世代が、こんな不名誉な認定を取り消し、名誉回復して欲しいと裁判を起こします。その裁判は長く続いたんですが、結局彼らの主張が認められ、キンメルとショートは任務に忠実で、二人に過失はなかったという判決が出ています。

ではもう一つの、日本を意図的に戦争に踏み切るようアメリカが誘導していったのか、という点については査問会でも意見が分かれたものの、最終的な結論としてはそういったことはなかった、というかたちになっています。

ところが実際のところ、パールハーバーの経験がアメリカにとって、政策決定集団に対してとても重要な教訓を与えた、ということは事実だと思うんです。

いわばアメリカの政策決定に関わる層が、どういう風に相手を囲い込んでいけば自分たちの責任を問われることなく、相手の責任において軍事行動を起こさせることができるか、という一種の方程式のようなものをこの経験で得た、ということなんですね。さらにはそのときに、どうやったら自分たちの思う通りに国民世論を誘導できるか、ということもアメリカの政治指導者たちは学んだということなんです。

そのへんのことは、査問委員会の報告書では伏せられているんですけれども。相手の国を戦争という手段を取らせるように仕向ける、というのが良い悪いということではありません。政治や外交は駆け引きですから、国際社会のなかでは当然のことでしょう。

アメリカの第二次世界大戦への参戦の仕方というのは、第一次世界大戦のときとまったく違います。第一次世界大戦のときは、ドイツと連合国が休戦協定を結んだ年の一年前（一九一七年）に、アメリカの客船がドイツ軍に沈められて死者が何千人も出ました。アメリカはそれまで連合国側に立って心理的、物質的な支援をしていただけでしたが、それで世論に火がついて参戦するのです。

第二次世界大戦のときは、ドイツに敵対するイギリスからも参戦を要請され、アメリカ政府としても参戦したいんですけど、その理由がなかったんです。となれば、参加できるような理由が欲しいわけですね。

そんなとき、ちょうど日本がターゲットになっていて、日本に一撃を打たせれば、すべてうまくいくと。そのアメリカの狙い通りに日本はうまくそこへ入っていった格好になったのです。

そのあたりのアメリカの政治的意図というものは、三つの査問委員会でも巧妙に隠されていますね。それはルーズベルトの意思というよりも、アメリカの政策決定集団の間の共通の意思だったんです。巧みに日本に一撃を打たせるよう誘導していった、ということは公的文書などにはほとんど残していませんけど、当時のホワイトハウスでルーズベルト大統領やハル国務長官ら政治指導者が採った政治的判断が、二十世紀後半のアメリカ政治における最大のマキャベリズム的な手法として確立されていった、という点は重要なことですね。

日米の「情報」に対する考え方

アメリカの政治の巧みさということでは、日本の開戦通告が遅れた事実を「卑劣な不意打ち」として国民世論に火を注ぎ、それを参戦容認へと転換させていった点にもいえます。

それは日本側からしたら、もちろん意図的に通告を遅らせようとしたわけではなくてワシントンの日本大使館の不始末によるものですけど、通告が遅れたという事実は動かしようがありません。だから冒頭で紹介したように「日本人には背中を見せるな」なんて言い伝えが生まれてしまったり、アルカイダのテロと同列に語られたりと、いつまで経っても蒸し返されてしまう。日本人としては今なお悔やまれる失態です。

ここには二つの事実があります。まずは、真珠湾への攻撃開始と同時刻にアメリカ政府へ届けるべきものを、現地の大使館が守れず、結果的に通告が遅れてしまい攻撃の後になってしまったということです。このことについては後で詳しく見ていきたいと思います。もう一つは、開戦の二日前にルーズベルト大統領が天皇に対して送った親電です。太平洋に軍事的な波風を起こしたくない、だから日米両国は　協調してやっていきましょう、という内容の電報ですね。ところが日本の軍部は、十二月八日に真珠湾を叩くということになってましたから、十二月に入ってから外国からの一切の通信電報は十五時間遅れで届くようなな体制をとっていました。そのために、その親電が外務省に届けられたのは、開戦の直前だったんです。

日本の攻撃隊が真珠湾を攻撃したのは八日の午前三時頃で、親電が外務省に届いたのが午前一時頃なんです。慌てて東郷外相が天皇に奏上し、こんな電報が来ました、といって「今更ではありますが一応読みます」と読み上げたんですが、天皇も「もう今となっては遅いが……」ということになってしまいました。

もしきちんと開戦の二日前に天皇のもとへ届けられていたらどうだったでしょうか。こういった日本側の稚拙さというか粗雑さが、アメリカの巨大な舞台装置の小道具になって、アメリカの政治のなかに巧みに組み込まれていった、というのも現実なんでしょうね。

アメリカの政治っていうのは案外わかりやすいんです。一九三〇年代に日本より四半世紀以上も先に大衆社会に入っていて、ホワイトハウスの政治指導者たちの大衆操縦術や、政治的な意図を達成するための謀略手法も含めて、すでに相当高いレベルにまで達していたんですね。

例えば、ホワイトハウスの七人の間では「マジック」と呼ばれていましたが、日本の外務省と在米大使館のやりとりは盗聴され、ほとんど解読されていました。駐米大使の野村吉三郎さんが本省からいろんな指示を受けて、交渉のため国務省のハル長官のところへ足を運びます。でもハル国務長官は、目の前の野村大使が本国からどんな指示を受けてやってきたのか、全部知ったうえで会ってるわけです。まあ、その場では「大統領はそれについてどう言いますかねえ」ととぼけたりしているんですが。

この日米の諜報というものに対する意識の違いという点においても、アメリカ側の巧妙さに対して日本の稚拙さ、お粗末さがくっきりと浮かび上がってきます。

もちろん日本だって当時、外務省と現地大使館との間の通話は、アメリカによる盗聴を前提に様々な暗号を使っていました。例えば人の名前を暗号化し、「有村さん」といったら、それは「暗号電報を禁じる」という意味で、「朝倉さん」は「ラジオ放送で通信する。注意して傍受せよ」の意味だとか、そういう暗号表を作って電話でやりとりしていたんです。ところが、これらの隠語もほぼすべて解読されていて、アメリカはその隠語の意味の相対表まで作り終えていたことが戦後、わかったんですね。みすず書房が刊行した『現代史資料』シリーズに収められている、アメリカの盗聴記録のなかから少し紹介してみたいと思います。

開戦の日の十日ほど前になる昭和十六年十一月二十七日の夜、ワシントンにいる来栖三郎大使と外務省アメリカ局長の山本熊雄という人が電話で会話をしています。山本は来栖に「今日は結婚問題はどんな具合ですか」と聞くんです。これは暗号で、今日の米側との交渉はどうだったか、という意味なんです。

来栖は「君はまだこちらの電報見てないか?」と応え、続けて「きのう梅子さんが言ったことと、たいして変わりなかった」と話します。この「梅子」さんというのは、アメリカのハル国務長官のことを指す隠語なんです(笑)。ちなみにルーズベルト大統領のことは「君子」。なんだかおかしいですね。

でも、せっかくいろいろ隠語を交ぜて、盗聴する側が理解できないように話していたつもりでも、アメリカはその隠語の指している意味まできちんと解読していた。こういうことは単にお粗末とかを通り越して、戦争の前にすでに情報戦で敗れていた責任を、一体誰が取るのかと腹立たしさすらおぼえます。

頭に血が上るのを抑えて話を続けますけれど、二人の会話はその後どうなったのかというと、来栖が「そちらの状況はどうか。赤ん坊は生まれそうか」(危機は近いように思われるか)と聞くと、山本が「赤ん坊が生まれるのは間近いと思います」(危機が切迫していると思われます)と答えます。来栖はその答えにびっくりした調子で、「赤ん坊が生まれるのは間近いように思われるのか」(危機が切迫していると思われるのか)と確認します。

すると来栖は、「――どちらの方向か……」とつい口走ってしまうんです。そして、しばらく押し黙ってから「男の子か、それとも女の子だろうか」と隠語で言い直しています。そこの部分に、アメリカの暗号解読担当者であろう人が注意書きをこう添えています。「隠語の文字からはずれたので、突然、発言を中止し、しばらく間をおいて、隠語からはずれたことをカバーして発言をつづけた」

おそらく来栖は「どちらの方向か」と話してからまずいと思い、手元の隠語表を見回していたんでしょう。つまり、そういう細かいところまで完璧に見抜かれてしまっていた、ということがよくわかります。

日本側も単にやられっぱなしだったわけではなくて、東京のアメリカ大使館と本国とのやりとりを盗聴してある程度解読していたことは事実です。ただアメリカの解読能力には到底及ばなかったようですから、諜報に関する日米両国の差はお話しにならないほど歴然としていた、というのが実態なんですね。

アメリカの「マジック」の存在は、一九四六年に開かれた先の査問委員会で明らかにされました。そのとき、ここまで完璧に盗聴できていたんだから、日本が十二月八日に真珠湾を攻撃するということも当然分かっていたんじゃないか、知っていて何も手を打たなかったのか、とルーズベルト政権の責任問題が突き上げられているんです。ただ実際のところ、マジックのなかでは八日という日付も、真珠湾という場所も明らかになっておらず、さすがにそこまでは暗号解読で突き止められなかったということなんです。

これは余談ですけれど、アメリカにはウィリアム・フレデリック・フリードマンという暗号解読の天才のような研究者がいまして、この人が率いていたチームが、日本の外務省が使用していた暗号機、アメリカ側はパープル暗号機と呼びましたが、その暗号を解読しちゃったんですね。では日本側にそういう人はいなかったのか、ということでは、例えば日本の暗号が解読されていることに気づいた人、というのはいるんですね。

昭和五十年代に陸軍省の関係者をずっと取材していたとき、石井秋穂さんという陸軍省軍務課の高級官僚だった人と知り合いました。この人は戦後、一切の公職から離れて晴耕雨読の生活を送っていましてね。真夏のうだるような日に山口県の自宅へ会いにいっても、部屋では扇風機すらつけず、きちんと正座して話をするんです。軍人というのはこういうものかな、と思わされるような人でした。

石井さんは開戦前の日米交渉の担当者でもあったんですね。それで日米交渉の裏側の話などを聞いているときに、彼が「いやあ、野村さん（野村吉三郎駐米大使）の電報をよく読んでいると、ときどきおかしかったんだよね」と、思い出したようにいうんです。

野村大使からの電報というのはまず外務省に送られ、その後は自動的に陸軍省や海軍省へも回覧されていました。駐米大使の野村吉三郎は元海軍軍人です。海外駐在武官経験が豊富で、アメリカの政財界関係者と幅広い人脈があった人でした。なかでも、ルーズベルト政権下で郵政長官を務めたフランク・ウォーカーという人物とは、二十年来に及ぶ親交があったんです。

あるとき野村大使が現地での交渉を終えた後、たまたまそのウォーカー郵政長官とばったり会って、互いに久しぶりだなあということですこし話をしたそうなんですね。ウォーカーさんはそのとき野村にあることを耳打ちします。それを、野村は後に外務省への電報にこう記しています。

「某閣僚ハ神ニ誓ヒ懇親ノ間柄ナルガ故君限リニ告グル次第ナリ」
「米政府ハ日本ハ近日発動スル確実ナル情報ヲ握リ居リ」

要するに、友人として一言忠告しておくが、君は大変な役割を負わされているぞ、ハルやルーズベルトは日本が近いうちに武力行動に出る確実な情報を握っているようだ、という話なんですね。

おそらくウォーカーはマジックの情報を聞かされていたんでしょう。だから野村に、お前はピエロのような役割をさせられているよ、という意味でいったんでしょうね。でも野村にしてみたらまさか外交暗号電報が解読されているとは露ほども知らず、ただのねぎらいの言葉だと受け取ったことでしょうけれど。

石井さんはその野村からの電報を読んだとき、あれっ?と思ったそうです。このウォーカーは極秘にしているはずの日本側の情報を知ってるんじゃないか、日本の電報は解読されている、と直感的に思ったそうです。

もし日本側が、野村の電報にある「近日発動」に該当する内容のものを送っていたとすれば、暗号が解読されていることが確実になります。それで石井さんは自分のところの陸軍の暗号や、アメリカ大使のジョセフ・グルーが本国へ送っている電報などを徹底的に調べたそうですが、そんな重要事項が発信された形跡はない。残るのは、外務省の暗号電報だけです。

石井さんは外務省にも、おたくの暗号がもしかして盗聴されているんじゃないか、と注意を促しにいこうとも考えたそうです。ただ、考えてみると陸軍の人間が外務省にそんなことをいうのも変だし、ということで結局、言わずじまいに終わった、という話でした。石井さんがおっしゃるには、ウォーカーと野村のやりとりだけでなく、変だぞ、情報が漏れているのかな、と思わされる話がたびたび野村の電報にはあったというんですね。

石井さんに会った折りに、アメリカの盗聴記録なんかを見てもらおうと持っていったことがあります。石井さんもそれを目にして、まさかここまでやられていたとは……驚きました……と、しみじみ話しておられました。

何と言いましょうか、情報の話一つをとってみても、アメリカという国が真珠湾での経験を政治的にも、諜報技術的にもその後どんどん積み上げていったんだなということがわかりますね。それに対して、日本は何をやってきたのかなと。日本人はそういうことを身内の恥だと隠してしまい、結果的に失敗の歴史からも何も学ぼうとしてこなかった、という気がします。

同じことは、太平洋戦史に残るあのミッドウェー海戦でもありましたね。アメリカは日本海軍の無線を傍受していたけれど、日本の計画に出てくる地名の略号がどこを指しているのか、わからない。それがどうやらミッドウェー島を指しているんじゃないかとなったときに、アメリカ軍は何を考えたか。

偽装電報を打つんですね。当然、日本側も自分たちの通信を傍受していることを承知の上で、ミッドウェー島で水が不足しているぞ、水を送ってくれという、ウソの電報を現地から打たせるのです。それを傍受した日本の海軍が軍内部での報告事項としてそのことを暗号で発信したところ、またそれをアメリカ軍に傍受されてついにミッドウェーを指す日本海軍の暗号が見破られてしまいます。結果はご存知の通り、日本海軍は主力空母四隻を失う大惨敗。暗号は解読されることを前提に更新しなくてはいけないのに、古い暗号を使い続けた結果がこれですから。

最近ではこういったことをインテリジェンスという言葉でよく語られるようになりました。いわゆる情報であればインフォメーションですが、情報を政治的なテクニックとして扱うということはインテリジェンスで、インフォメーションとインテリジェンスは違うということなんですね。

アメリカのその後の戦争、例えばベトナム戦争から最近のものまで、情報というものを政治の中で巧みに使うやり方というのは、真珠湾で学んだ方程式というものが今に至るまでずっと生きているんでしょうね。私たちの国はどうかというと、まだまだインテリジェンス一つとってもかなり遅れをとっているように思いますけど。

在ワシントン日本大使館の十二月八日

反米とか親米ということを抜きにして、一国の政治や外交にとって情報というものがいかに重要なのか、それを踏まえて政治指導者がどう巧みに相手国と交渉すべきなのか、真珠湾のケースこそがアメリカにとって最大の教科書になっている、という側面があるということを我々はもっと知っておく必要があるんじゃないでしょうか。

そうすると、問題は私たちの国はそういうことを検証したことがあったのか、ということになります。アメリカが非常にテクニカルに組み立てているということを、どの程度我々は理解してきたんでしょうか。こちらはその意味で失敗した側になりますけど、それならば逆に、その失敗を自分たちの教科書にして、教訓として残していけるか、という視点でこれからは検証していかなきゃいけないと思うんです。

私的な体験も交えての話をさせていただきます。真珠湾攻撃から五十年(一九九一年)の年に、月刊誌の『文藝春秋』でしたけれど、節目だから何かやろうよということになりましてね。何がやりたいか聞かれたときに、僕はこの開戦通告の遅延問題を徹底的にやりたい、といったんです。

どうしてそのことにこだわったかといいますと、この通告遅延問題というのはあの東京裁判、正確には極東国際軍事裁判ですが、そこでも問題になったんです。でも日本の政府としては意図的に遅らせるつもりはなかったということがわかってくると、検察官がその問題を争点から外しちゃうんです。そして、現実には通告なしで叩いたという事実だけが一人歩きして残っていったんですね。

当時の外務省の関係者なども、そのことをみんな口々に言うんです。東京裁判では、証言などから日本政府が通告と同時に攻撃するつもりだったことがちゃんと認められているじゃないかと。確かにそうなんです。でも、それが政治的に、どういう教訓として残されているのか、が大事なんですね。

それならこのテーマでいこうじゃないかということになり、僕も取材しながら調べていったんです。

まず、どうして通告が遅れたのかということについて時の政府がどう検証したのか、ということを調べたら、日本は二回やってるんです。一度目は昭和十七年の八月です。

この頃、第一次戦時交換船でアメリカに駐在していた日本の外交官たちが帰国します。戦争になると国交が断絶しますから、互いの国にいる外交官や企業の駐在員などが帰れなくなる問題が生じます。それで、中立国を通して彼らを帰国させるために行われたのが戦時交換船です。

当時、アメリカのニュースなどで、真珠湾攻撃について必ず「通告がなかった」「不意打ち」などという表現が使われていたことを、日本側でも仄聞していたんです。東條内閣でも、これは一体どういうことか、アメリカは都合良くウソを言ってるじゃないのか、ということになり、事実関係を調査しようとして委員会を発足させます。

これは東郷外相を委員長に外務省のなかに設置された、まあいってみれば身内だけの委員会で、案の定というか結局報告書は提出されないまま、うやむやに終わります。ガダルカナルで負け始める頃ですけど全体的な戦況がまだ良かったこともあり、まあいいだろうということになっちゃったんですね。この委員会の報告書はおそらく外務省に残っているはずで、これはこれでちゃんと公開してもらう必要がありますが。

そして二度目は、昭和二十一年、幣原喜重郎内閣から吉田茂内閣の頃です。ミズーリ号での降伏文書調印式にも出席した一人でもある外務省の岡崎勝男さんを中心とした、岡崎委員会というのができるんです。それで、再び調査をしたんですね。

この二つの委員会の報告書では通告の遅れについてどう総括していたのか、つまりどんなことが書かれていたのかということを、我々で調べていったのです。開戦五十年は一九九一年ですけど、まだこの頃は、その委員会のメンバーで存命だった人が多くいました。彼らをリストアップして取材をしていったら、二つの報告書の内容がかなりわかってきました。

そのときは、開戦時のワシントンにあった日本大使館の内部がどうなっていたのか、各人の部屋の間取りにいたるまでかなり徹底的に調べましたね。

当時の在ワシントン日本大使館は二階立ての建物でした。正門から入って左側にまず、書記官たちの執務室があります。書記官室から渡り廊下が延びていて、それをいくと奥に野村吉三郎駐米大使、来栖三郎特命全権大使の執務室がありました。もう一人公使の井口貞夫さんという人がいましたが、彼は当時、病気療養中でした。

書記官としては当時、一等書記官が三人いました。寺崎英成と奥村勝蔵、それから松平康東ですね。松平は国際法の専門家で条約担当、奥村は政治担当、政務書記官です。寺崎は、奥さんがアメリカ人で、日系二世の間に膨大なスパイ網を築いたと言われる情報担当です。彼は戦後、通訳としての宮内庁御用掛で昭和天皇の側で働きまして、天皇の談話を寺崎が詳細に記録したものが後に『昭和天皇独白録』として世に出て知られていますし、彼の娘さんのことを書いた『マリコ』でも有名です。

十二月七日の日曜日の朝、実松譲という海軍の駐在武官補佐官がまず九時に出勤してきます。そして、ポストに電報の束が入っていたのを見た、と証言しているんですね。ちなみに当時、日本の外務省と駐米大使館との間の電報のやり取りというのは、アメリカの二つの郵便会社を通じて届けられるようになっていました。

駐在武官だった実松は海軍軍人ですから、もちろんこの日に真珠湾を攻撃するということをすでに知っています。だから、こんな大事な日の朝だというのに電報がポストにそのままになっているのを見て、外務省の連中は何をしているんだと呆れながらそれを書記官に手渡そうと書記官室に行くんですね。ところが、まだ誰も出勤してきていない。それを見て、外務省はたるんでると思った、とも彼は証言しています。

書記官たちはこの日、午前十一時ぐらいに出勤してきます。そして届いた電報の山のなかに、最後のメッセージというのが入っているのを見つけたんです。最後のメッセージとは、それまでに第一部から第十四部まで分割して送ったものを、タイプ打ちして午後一時までにアメリカ国務省へ届けるように、という内容でした。つまり、交渉打ち切りを意味しているわけです。

これらの文書は秘密保持のため、一等書記官だけにしかタイプを打たせない決まりになっていました。電報を読んだ奥村一等書記官は驚いて、慌てて期限の二時間前からせっせとタイプを打ち始めるんです。

日本人が総括できない「通告遅延問題」

でも、奥村という人はタイプの打ち方がいわゆる雨だれというやつで、人差し指でポツン、ポツンという程度。これでは間に合わないと、見るに見かねて何人かが手伝うんですが、寺崎と松平の二人は全然それを手伝おうとしません。

なぜならこの三人、とても仲が悪かったんです。そのことは大使館関係者への取材でわかったんですけど、相手から何でそんなことまで聞くのかと訝られました。そのくらい微に入り細にうがつように取材した憶えがあって、この三人がどこの席に座っていたのか、どんな人間関係だったかまで徹底的に調べました。

奥村のタイプは遅々として進まず、約束の一時になってもできあがらない。仕方ないので野村大使の日系二世の秘書がハル国務長官に電話を入れ、一時のアポイントにちょっと遅れる、と伝えます。

もちろんハル国務長官は、暗号解読で日本側が何を慌てて伝えようとしているのか、その内容を全部知っていました。でも知らないふりをして「ああ、そう」と。

それでようやく一時五十分頃、慌てて野村、来栖の二人が国務省へ駆けつけるんです。指示されていた期限から一時間もの遅れで、そのときすでに真珠湾では日本軍の攻撃が始まってしまっていた、ということなんですね。でも野村と来栖は、もう真珠湾攻撃が始まっているということすら知らなかったんです。

ハルは後に著した回顧録に、「自分は全部知っていた。いかに知らないふりをするか苦労した」と、そのときのことを記しています。だから彼は、野村たちに会ったとき、何と言おうかあらかじめ考えていたんですね。野村大使から手渡された長い通告書に目を通したあとで、ハルが最初に放ったせりふはこうです。

「自分は長い外交官生活を送ってきたが、これほど屈辱的で、無法な、無礼な文書を見た事がない」

一連の取材を通してよくわかったことは、手交が遅れた最大の要因は先ほど説明した、書記官たちのレベルでの問題だった、ということです。

でも書記官たちは、どうしてそんなにのんびりしていたのか、と誰でも思いますよね。実は、前日の土曜日の晩、寺崎のメキシコへの転勤が決まっていたので、送別会をワシントンの中華料理店でやっていたんです。その送別会に奥村と松平は出席していませんでしたが、この二人もそれぞれ別々に会合を持っていたんです。まあ土曜の夜ですから、みんながのんびり、お酒でも飲んだりしてくつろいでいたというわけです。もちろん、書記官たちだけの問題だけではありません。取材で分かったことでいえば、野村大使にもその一端はあります。

野村は野村で海軍出身ですから、やはり外務省プロパー組との関係がうまくいっていなかったんです。だから野村は、秘書を自分個人で雇っていたんですね。南カリフォルニア大学を出た二世で、この人が直接ハルに電話したりしてたわけです。この秘書の人にも僕は会って取材しましたけど、例えば寺崎なんかの書記官たちと話をしたりすることはあったのかと聞いたら、「いや話さないですね。私は外務省の職員ではないし、野村さんの秘書ですから」と言うんです。つまり、書記官同士の不仲、野村大使と書記官との溝など、当時の駐米大使館の組織そのものが、ガタガタの状態になっていたんだと思います。

でも、この書記官たちにしてみたら、悪いのは電信課だ、電信課の仕事が遅かったからこういうことになったんだと、電信課のせいにしているようです。その電信課にいたYさんという人がいて、そのことがよほど腹にすえかねたんでしょうけれど、戦後はアメリカに住んで日本にはほとんど帰ってきませんでした。たまたま日本へ来られたときにお会いして話を聞いたことがありますが、もうそのことは言いたくない、とこぼしていました。

他にも、一番悪いのは電報の送り主である本省の加瀬俊一北米課長だという指摘も関係者のなかにはありました。つまり、これは重大な電報で、これで戦争に移行するんだということがはっきり書かれていなかったことが現地大使館を混乱させた、という見方です。当時の駐米公使だった井口さんの息子さん、彼も外交官で、辞めて大学教授になった人ですけれども、その彼が言うには、野村も来栖も父にも通告遅れの責任はない、本省の加瀬北米課長が送った電報があいまいだったから悪かったんだ、ということで、そういう本も書いています。これは不名誉を着せられたことへの反発も多分にあるんでしょうけど。

でも、もっと客観的な立場で見たら、外務省がアメリカに送る電報に、「これをもって戦争にする」なんてことは書けなかったんだろうと思うんです。ですからやはり、現地の大使館のなかに最大の問題があったと考えざるをえないんですね。

いずれにしても、通告の遅れの原因について、日本人自身がそれをいまだにきちんと整理できていないということ自体こそ、最も問われるべきことじゃないでしょうか。

戦争中に行われた委員会による調査がうやむやに終わったのも、要するにあまりにもその理由がお粗末で、そんなことを委員会の報告書で明かすことは、外務省の恥を全部さらけ出すようなことだったからでもあるんですね。

戦後の二度目では、吉田茂がどうして遅れたのか徹底的に調べろということで岡崎委員会が調査してみて、それでさっきのような事実関係が分かったんですね。ですから委員会の報告書というのはまとめられているはずなのに、これがまた公表されていないのです。

我々も当時、取材の過程で岡崎委員会の報告書を公開して欲しいと外務省に申し入れました。外務省は「調査します」と言ってくれたものの、最後は「調べたが、なかった」というのが回答でした。もっと正確にいうと、そういう委員会が存在して、そこで報告書がまとめられたことは事実のようだけれど、報告書自体は探したけど見つからなかった、という回答だったですね。

私たちは『文藝春秋』として取材しましたが、当時朝日新聞でもその問題を追っかけていた記者がいて、『文藝春秋』と朝日新聞両方でかなり外務省に詰め寄ったんです。が、それでも「ない」と。まあ、おそらく公開すると都合が悪いので、見つからなかったことにしたんじゃないかと推察するんですけど。

アメリカという国が、情報で相手を手玉にとるということに長けているだけでなく、それを政治手法としても研究してどんどん積み上げている一方で、日本は資料を隠蔽したまま、仲間内のかばい合いとでもいいますか、身内の恥を隠すことに終始して報告書の一つも出てこない。取材でその概要はようやくわかりましたけど、こんなことでは検証しようにもできるはずもありません。

そういうお役所の姿勢こそ、あのときなぜ通告が遅れて「だまし討ち」の汚名を着せられることになったのか、という原因究明を妨げ、あいまいなままにさせていることにもなっているんだと思います。こういう重要な問題がこの国ではいまだに整理されずに残っている、ということも私たちはよく知っておいた方がいいんじゃないでしょうか。

東條内閣と過剰な秘密主義

でも、この通告遅延問題というのは面白いといったら失礼ですが、非常に奥が深いテーマなんですね。というのは、このことをもっと深く突き詰めていくと、単に外務省だけの問題ではない、というところにまでいってしまうんです。つまり、当時の日本の政策決定の過程が議会制民主主義によるアメリカのそれとはかなり異なっていて、何といいますか、日本の政策決定のプロセスこそがこうした外務省の問題を許容してしまうようなところがあったのではないか、とも僕には思えてくるんです。

このことを、いくつかの視点から論じてみましょう。

昭和十五年から十九年まで参謀総長の要職にあった杉山元が、御前会議と大本営政府連絡会議に出席した際の議事筆記録、天皇に上奏したときのやりとりを綴った『杉山メモ』という史料があります。これは杉山の下で、それらの会議の資料を作成していた参謀本部の幕僚たちが戦後、整理してまとめたものなんですね。

戦争が始まる直前の十一月二十六日、ちょうどアメリカからハルノートが突きつけられ、政府と軍部の最高指導者たちの間で、もう戦争しかないということになる時期のことです。この日、東條首相が天皇に「南方占領地行政実施ニ関スル件」ということで上奏します。その際、天皇が東條にこんなことを言ったと、『杉山メモ』にはあります。

「開戦スレバ何処迄モ挙国一致デヤリ度イ、重臣ハヨク納得シテキルカ、政府ハドウ考ヘテ居ルカ、重臣ヲ御前会議ニ出席セシメテハドウカ」

天皇は、戦争をするのであれば挙国一致でやりたい、そのために重臣の意見も聞きたいから、彼らを御前会議に出席させたらどうだ、と東條に促しているんですね。もっと噛み砕いていえば、東條よ、お前は開戦を大本営政府連絡会議の政治指導者たちだけで決定するというけれど、昭和の総理経験者である重臣たちにもきちんと意見を聞いたらどうだ、という意味でしょう。

それに対して東條はどう答えたかというと、

「御前会議ハ政務輔弼ノ責アル政府ト統帥扶翼ノ責アル両統帥部長カ責任ノ上ニ立ツテ意

見ヲ申上ゲ御決意ヲ願フモノデアリマス、重臣ニハ責任無ク、此ノ重大問題ヲ責任ノ無イ者ヲ入レテ審議決定スルコトハ適当デナイト思ヒマス……責任ノ無イ重臣ヲ御前会議ニ出席サセルノハイケナイト思ヒマス」

要するに東條は、重臣というのは責任ある立場にないから、そういう責任のない人が御前会議に出席しても責任ある決定はできないと、こう言ってるんですね。まあ、いかにも東條らしい発言だなあと思いますけど。

東條の意見に天皇は、

「分ツタソレデハ俺ノ前デ懇談ヲサセテハドウカ」

と、重ねて下問しています。

ここがちょっと面白いんですけど、「俺」とあるのは『杉山メモ』にある原文のママなんです。でも、本当に天皇が自分のことを「俺」なんて呼んだんでしょうかね（笑）。このメモは参謀本部の軍人が書いたものですから、こうした表現まで正確かどうかは分かりません。僕は天皇が「俺」なんて言い方はしなかったと思いますけど。もし本当に「俺」と天皇が自称することがあったとすれば、興奮したりするときにこういう言葉を使っていたのかもしれませんが。

それはともかく、天皇は御前会議への重臣の出席がダメだというなら、懇談の形でもどうかと東條に迫ります。東條はそれにどう答えたかというと、

「之ハ考ヘマスガ懇談ト申シマシテモ御前デヤレバ矢張リ責任ヲ以テ懇談ヲスルトイフコトニナルト思ヒマス、私ハ重臣ニ対シマシテ今迄意識的ニ日米交渉ヤ国策ニ関シテハ言ハズニ居リマシタ、之ハ極メテ機微ナルモノデアリマシテ此ノ国家ノ機密ガ洩レレバ大変ダト考ヘ意識的ニ何等伝ヘナカツタノデアリマス……」


要するに、重臣たちに相談すると、開戦するという機密が漏れるかもしれない。東條が言いたかったのはそこなんですね。

東條は国策を決定する大本営政府連絡会議と御前会議において、首相と陸軍大臣という重要なポジションを二つも握っていました。その人が、重臣には責任なんかないから、自分たちだけで決めると言ってるんです。もし東條が重臣の立場だったら、重臣こそ責任があるんだと逆のことをいっていたんじゃないかとすら思いますけど(笑)。

この問答の後、天皇は重臣会議を開いて重臣たちの意見を聞くという態度を取ります。それが十一月二十九日に開かれますが、このときはすでに開戦が決定しています。

この重臣会議に出席しているのは、若槻礼次郎、広田弘毅、近衛文麿、平沼騏一郎、岡田啓介、米内光政、林銑十郎、阿部信行、原嘉道といった顔ぶれです。

首相の東條と外務大臣の東郷が彼らに説明するかたちで、重臣会議は行われました。ここでも相当な議論がありまして、重臣たちからも「本当に戦えるのか」「情報がないからよく分からないが本当に大丈夫なのか」と多くの疑問が上がりました。ちなみに『杉山メモ』によると、出席した重臣のうち広田、林、阿部の三人は対米開戦やむなしで、それ以外は現状維持の開戦消極論だったんですね。

東條は、とにかく自信があるんだ、あなた方は情報を持っていないが自分たちは自信を持ってやっているんだ、というわけです。この重臣会議の議事を読むと、天皇が強く要望して開いた会議にしては、とてもおざなりに行われた印象が否めません。

つまるところ、大事なことは限られたメンバーだけで決めればいい、それ以外に情報を伝えて大事な秘密が漏れることの方が怖いという、極めて官僚的な思考が東條を筆頭とする大本営政府連絡会議を支配していた、ということなんじゃないでしょうか。

アメリカでももちろん最終的な国策の決定は七、八人で決めるわけですけど、その七、八人が代表している組織のなかで相当のディスカッションを経ているんですね。

ところが日本の場合は、例えば陸軍大臣でも、すぐ下の次官などわずか数名と話しているだけなんです。だから陸軍大臣の意見が組織内で徹底的に議論しあったことの集約であるかというと、そうではありません。

だからむしろ天皇の方が不安を抱き、重臣たちにも意見を聞いたらどうかと言ってるのに、それを否定しようとするのはいかにも官僚的な東條らしい発想だと僕には思えます。

「戦ニ勝ツノニ都合ノヨイ様ニ外交ヲヤツテクレ」

東條の秘密主義がさらに如実に表れているのが、重臣会議と同じ日の午後四時から一時間ほど行われた、第七十四回大本営政府連絡会議なんです。

この頃というのはすでにアメリカからハルノートを受け取った後で、対米戦争をするということを連絡会議として決定したのがこのときです。その上で開戦という国策を最終的に確認する場である御前会議に、具体的にどういう議案として出すか、どういう議論をするかということを、この日に話し合っているんですね。

そのやりとりの一部が、参謀本部の記録としてこの杉山メモにも残っています。

その議事録のなかで、「米ニ対スル外交ヲ如何ニスルヤニ就テ」という箇所があります。

要するに、対米開戦が決定した場合に当時まだ続けられていた対米外交をどう処理するべきか、ということですね。ポイントはここなんです。

まず東郷外相が、「仕方ガナイデハナイカ」と切り出します。つまり、もう戦争をすることになったのだから、もはや外交をやったって仕方はないけれど一応やるということだな、という意味ですね。

それに対して、『杉山メモ』の議事録には発言者が不明になっていますけど、おそらく軍令部か参謀本部の次長クラスの人だと察するんですが、「戦争ニ勝テル様ニ外交ヲヤラレ度イ」と。東郷外相が「外交ヲヤル様ナ時間ノ余猶ガアルノカ」と反論すると、永野軍令部総長は「マダ余猶ハアル」と答えます。

そこで東郷外相が何といったかというと、

「○日ヲ知ラセロ　之ヲ知ラセナケレバ外交ハ出来ナイ」

戦争はいつどこでやるのか、その日時を教えてくれなければ外交なんてできないじゃないか、と聞いているんです。

まさかというか意外というべきか、外務大臣という立場にある人がこの戦争が差し迫った段階においても、いつどこで日本が戦端を開くのか、ということを聞かされていなかったのです。それに対して永野軍令部総長が、いかにも勿体をつけた風に、

「ソレデハ言フ〇日ダ、未ダ余猶ガアルカラ戦ニ勝ツノニ都合ノヨイ様ニ外交ヲヤッテクレ」

と。要は偽装外交をやってアメリカを騙してくれ、ということなんです。

いつ戦争を始めるのかという重大なことを、軍部だけで情報を独占し、外務大臣にすら教えていなかったのが、当時のこの国の有り様だったんですね。ところが、日本の外務大臣も知らないほどの機密情報を、当のアメリカは「マジック」で全部つかんでいた。そのことを今、こうやってあらためて振り返ってみると、日本の政治、軍事指導者たちがやっていたことがなんだか悲しくなるほどお粗末に思えてきます。

東郷外相が続けて、それなら開戦するという事実を現地の外交官に伝えていいのかと。でも永野軍令部総長は、それは武官たちにも伝えてないという。東郷外相は続けて、

「外交官ヲ此ノ儘ニシテモ置ケヌデハナイカ」

当たり前でしょうけど、東郷さんは、交渉が決裂した場合に開戦するという重大なことを何も知らずに交渉を続けさせるというのはあまりにも無茶じゃないか、と食い下がっています。それに対して軍部はどういったかというと、外交官も犠牲になってもらわなければ困る、最後のときまでこちらの企図を秘匿したままアメリカに反省を促すよう交渉するように、と注文したんですね。

ここのところは、先ほどお話しした開戦通告の遅延の原因にもつながってくる点でもあるんです。つまり、現地外交官に開戦のことを教えるなという軍部からの注文があったことで、外務省はワシントンの日本大使館にそのことを事前に伝えられなかったということです。それで、本省の課長が現地へ開戦通告電報を送る際に、これをいつまでに届けろとしか書けず、真珠湾攻撃開始までにこれを届けなくてはならないという期限順守の重大性が伝えられなかったということになるんですね。

外務省は当時、開戦通告の遅延問題で悪いのは自分たちではなく軍部だと主張していたんですけど、それはこのあたりのやりとりのことをいっているんです。

このことは後の東京裁判でも問題になりました。永野軍令部総長や嶋田海相の海軍グループと東郷外相は、現地外交官に開戦を知らせず、偽装外交をやれといっていたではないか、それは日本が意図的にだまし討ちをしようとしていた理由じゃないか、と解釈されるんですね。永野修身は戦後、そのことにえらく激高して、後で手記を残したりもしていますけど。

御前会議での不思議な議論

このように真珠湾の日から十日あまり前の会議でも、開戦をめぐって様々な不信感や疑問が政策決定者の間にあったということがわかると思います。

そして十二月一日、いよいよ天皇が臨席する御前会議において、「対米英蘭開戦ノ件」という議題の下に、開戦を最終決定することになります。ここで考えてみたいのは、日本人が物事を話し合って決める場合に見られる一種独特な空気とでもいいましょうか、あるいは現代の会社や組織で何か計画やプロジェクトが進められようとするときに、これは大丈夫なのかという否定的な意見や分析があっても、でももうやるしかないじゃないかという風に流されていってしまうようなある種の日本的構造のことです。それが、戦争という高度な政治、外交の最終手段を選択したその御前会議にも、象徴的に表れているのです。

この御前会議に、枢密院議長の原嘉道という人が出席しています。天皇は、こうした場でも自らの意見を言わず、臣下の者が検討したことに裁可するというかたちをとっていました。ですので、天皇と普段接しているこの原などが、天皇の気持ちや考えを代弁する格好で質問をするのです。もちろん原が天皇と事前に綿密に打ち合わせしてということではないのですが、原の意見には天皇の思いが忖度されて込められている、といってもいいかもしれません。

例えば、ハルノートに日本は全支那から撤兵せよと書かれていることについて、その支那のなかに満州国は含まれているかどうかを外交当局はちゃんと確認したのか、米英は極東に軍備を増強しているようだが作戦は大丈夫なのか、空襲で東京に大火災が発生した場合の対処はできているのか、とかなり細かいところにまで、原は質問しています。

それに対して東條や杉山、企画院総裁の鈴木貞一などが順番に答えていくんです。すると原は、

「考ヘダケデハ適当デハアリマセヌ　準備ハ不完全ダト考ヘマス　之ニ付充分ナル御準備ヲ願ヒマス」

と注文をつけているんですね。

その真意は、各省庁の戦争への対応について十分な準備ができているとは思えない、本

当にこれで開戦して大丈夫なのか、ということなんですね。これはまさに、天皇自身が抱いている不安や危惧の念が、この原の言葉のなかに込められていた、と考えていいでしょう。そして原は質問を打ち切り、自分の意見を述べます。最後に、原は次のように締めくくっています。

「本案ハ今日ノ状況上止ムヲ得ナイコトト信ジマシテ誠忠無比ナ我将兵ニ信頼シマス……」

ここなんですね。その前までいろいろと不安な点を列挙してきたにもかかわらず、最後は、開戦もまあ仕方がないですね、という結論なんです。それに対して東條は、政府としてしっかりやります、と答え、この日の御前会議は終了。これで、その六日後に戦争に入っていったのです。

この原の言動を、もう一度私たちはきちんと確認しておく必要があるんじゃないでしょうか。戦争なんかやって大丈夫なのか、机上の空論ではないのか、準備だってできていないのに、と不安の数々を指摘しているわけですよね。でも最後は、ここまできたら仕方がない、やむを得ないという話になってしまっているのはどういうことなのだろうかと。

別に原だけを責めているわけではありませんよ。原の言動は非常に象徴的なので例として挙げたんですけど、御前会議や大本営政府連絡会議でも、戦争なんてできるのか、本当に戦争して大丈夫なのか、という声も原が言っているように出ていたんです。それなのに、最後は別の結論になってしまっているというおかしさ、不思議さを、僕は強く感じてならないんです。

むしろ天皇の方が、そういう不安を率直に口にしていたと言うべきでしょうね。でも、実はみんな心のなかでこんな戦争を始めて大丈夫なのかという不安があったはずなんです。ところがそのことを徹底的に論じ合うこともせず、やむを得ないということで方向がまとまっていくのです。

東郷外相の例でも、開戦の日付さえ知らされず、また開戦することを現地の外交官には伝えちゃいけないとまで言われて、こんな状態でどうやって外交をやるんだと聞いたわけです。が、永野から事実上の偽装外交をやれの一言でその話は終わってしまう。つまり、議論の余地すら見られない。

原の言動もそれと同じで、論の運びと結論が逆になっていますよね。この問題というのは、御前会議だけの話ではなくて、我々の国の政治のなかの宿痾のようなものかもしれません。

どうしてそうなるのか考えながらこういう資料を読んでいくとわかることがあります。彼らにしてみれば、後々その会議での発言が問題になったときのことも想定したんでしょうね。だから、いやあのとき私は反対したんですよ、という一種のエクスキューズ（言い訳）にしておきたい、ということも背景にはあったのかもしれない。そう考えると、原枢密院議長の発言も、当時の指導者層に見られる習性のようなものかなと。

そうした傾向は日本に強いものかもしれません。例えばさっきのアメリカでの査問委員会なんかだと、彼ら流の合理主義で徹底的に論証されますから、論の運びと結論が真逆になるなんてことは起こらない。

でもこうして真珠湾を一つの軸としながら日米の政策決定の違いを見ていくと、日本の方は東條の絶対秘密主義の方針により、ごく一部の人びとで物事が決められていった。他方アメリカではマジックで日本側の情報が全部筒抜けになっていた、という何とも対照的な構図が立ち上がってきます。

戦争をするということは、もちろん外国に教えるものでもないし、そのために機密を保つことは必要なことです。けれど、その前に戦争の目的は何なのか、どうやってその戦争を終わらせるか、ということも含めてきちんと議論しておくのも、それができてなかったからあえていうわけですけど、必要だったんです。

あの真珠湾から七十年も経った今だからこそ、新しい視点でもう一度あのときのことを考えなくてはいけないのではないか、と最近強く思うようになりました。そんなときに、戦争を知らない若い世代の研究者たちが、我々世代とは違った見方で過去の人物や事象を書いているものを読んだりすると、へえ今の若い人はあのことをこうやって考えるのか、と新鮮な驚きを覚えることがあります。どちらかというと比較的にドライな切り口で研究し始めています。

ちょっと前に、戦後誕生する日本社会党の第二代委員長、その後の統一社会党初代委員長だった鈴木茂三郎という人物の評伝を読みました。書いたのは、昭和の終わりごろに生まれた東大の学生さんです。二〇一〇年に出たばかりの本です（『鈴木茂三郎 1893-1970 統一社会党初代委員長の生涯』佐藤信）。

鈴木茂三郎について、戦後社会のなかで特に僕のような世代は彼に対するイメージを持っているんですね。一九五〇年代、再武装論が世間を賑わせていたときに「青年よ、銃をとるな」という彼の有名な演説にはじまって、社会党左派の政治家、論客といった、当時のメディアなどを通じて頭のなかに植え付けられたイメージのことです。ところが、昭和の終わりに生まれた二十代の青年がまとめた鈴木茂三郎の評伝を読むと、僕らからすると、とてもドライに書かれているんですね。

僕のイメージとして鈴木茂三郎は容共派に属する人だと思っていましたけど、実は反共で、共産主義が大嫌いだったということを徹底的に論証しています。鈴木が吉田茂や鳩山一郎らとも非常に親しかったということも指摘していて、ボス交をやっていろんな法律を通していたことなどを、とても巧みに描いてもいます。

この若い著者のすごいところは、この本は自分が鈴木茂三郎という人について抱いていた疑問を解いたようなものだ、と前書きに記しているところです。これは、歴史に対する関心の持ち方の出発点ですね。だから最近の若い世代でもたいしたやつがいるんだな、と思うと同時に、鈴木の私生活にまでかなり踏み込んで書いているところが面白い。最初の奥さんと鈴木は駆け落ち同然で結婚するんですが、社会主義の理想のためにいかにその後、奥さんを粗末にしたか（笑）、なんてことまでちゃんと書いてあるんです。

さらにこの著者は、なぜ鈴木茂三郎はこれだけ知られた人物なのに、評伝が一冊もなかったのか、という疑問を述べているんですね。この指摘を、僕は評価したい。その理由として彼が指摘している点もなかなかのものなんですけど、日本において評伝というのは権力と一体化した人でないと書けない、書かれないという文化的な土壌があるんだと。当時の社会党の有力者で、片山哲内閣でほんのわずか政権に入ったことがある鈴木の評伝が書かれなかったのはなぜか。こうした指摘に僕も賛同します。

真珠湾についても、歴史の視点でもっと若い人たちが研究し、分析する必要がおおいにあります。アメリカ側の資料や情報を読んで研究する人も増えてきましたから、日本の御前会議、大本営政府連絡会議の議論の矛盾だとか、日本的な結論の出し方みたいなことを、新しい視点でもっと調べたら面白いんじゃないかと思いますけど、まだあまり見かけませんね。僕のような七十歳以上の人がもう一度真珠湾を総括してみようと思っても、どうしても結論は同じになってしまいそうですから(笑)。

第3章

「日米の記憶」と十二月八日

僕の知人に、共同通信の外信部記者、論説委員を経て今はジャーナリストとして活動している松尾文夫さんという方がいます。僕は彼とは昭和六十年代からの付き合いですけど、彼は今の天皇陛下と学習院の同級生、つまりご学友なんですね。

学習院高校時代、天皇（当時は皇太子）が夏の合宿などに学友たちと一緒に参加する際、彼は天皇と同じ部屋のときもあったそうです。それには理由があります。戦前の二・二六事件で命を狙われた一人に当時の首相、岡田啓介がいます。首相官邸が襲撃されたときに岡田はたまたま不在で、その代わりに岡田の義弟で秘書官を務めていた、松尾伝蔵という人が殺されてしまうんです。松尾さんは、その松尾伝蔵のお孫さんなのです。

もう一つ、松尾さんは伊藤忠商事の瀬島龍三さんの甥にもあたります。松尾さんの父親の妹が、瀬島さんの奥さんなんです。彼の血筋には鈴木貫太郎内閣の内閣書記官長だった迫水久常なども登場してくるような一大閨閥ですから、ご学友である理由がわかると思います。僕は昔、瀬島龍三のことをかなり批判的に書いたことがありまして、あまり会わない時期もありましたけれど、この松尾さんは今、大変な歴史的事業に取り組まれています。僕も協力したいのですが、非力なのでなかなかお手伝いできていないのです。その事業とは、アメリカ大統領が広島の原爆慰霊碑を訪問してそこに献花して哀悼の意を示すということと、日本の首相か天皇がハワイのアリゾナ記念館を訪問して献花するということを、日米間で同時に実現させるということをやりたいと。その歴史的和解を、松尾さんが中心になって進めているんです。つまり、それを日米の間の過去の清算、本当の意味での和解のための象徴的なイベントにしようというものなんです。

彼はそれをあちこちで主張していて、何とか運動として盛り上げようとしているのですけれど、あまり盛り上がっていないのがとても残念なことです。

彼の計画は壮大で、単に日米の首脳による広島、真珠湾同時訪問による日米関係の強化にとどまりません。さらに中国や韓国、北朝鮮など、あの戦争に関わったすべての近隣諸国も巻き込んで、納得できるような相互献花をやろうじゃないか、と考えているんです。彼の狙いは、なんとなく陰りの見えてきた経済大国日本とか、いつもアメリカしか見ていない国だとか、いつまでも近隣アジア諸国と歴史問題でギクシャクしている国、という今までの日本のイメージをそれで払拭して、世界に新しい日本のイメージを定着させるチャンスにしよう、というものなんです。

松尾さんの考えはそれにとどまらず、あの北朝鮮に対してもそれをやろうと。僕はその話を彼からはじめて聞いたとき、あの平壌のどでかい金日成像の前で日本の首相が献花するなんてことがあり得るの、と思わず聞き返してしまったほどです。でも、彼はそうじゃないんだと。あの戦争の記憶のバネになっているものがそれぞれの国にあるわけで、互いにそれを納得するまで確認しあって、その上で相互献花する。それを、北朝鮮ともやるべきじゃないかと、こういう発想なんですね。

賛成、反対は別にして、その考え方には一理あるんじゃないでしょうか。つまり彼のいいたいことは、互いにバラバラに持っている記憶を、一度じっくり話し合って、最大公約数的なものを確認しあうことの必要性なんですね。こんな試みはそう簡単に達成できるものではないでしょうけれど、僕はあの戦争にかかわった国同士の記憶のバランスをはかるという意味で、非常に重要なことなんじゃないかなと思っています。

今上天皇、四つの記憶

松尾さんのプランを裏返して考えれば、あの戦争から七十年が経ってもなお、過去の記憶が国家間の争点に持ち上がってくることが珍しくありません。従軍慰安婦問題に南京事件、真珠湾にバターン死の行軍……。人間個人の記憶でも、楽しかったことより、苦しかったり辛かった記憶の方が鮮明に残ったりするものですし、いじめっ子といじめられっ子の関係でもいじめた方は忘れてしまっていじめられた方はそれを忘れない、ということがあります。それだけに、それが国家的な記憶となるとなかなか一筋縄ではいかない問題になるんですね。

戦争の記憶ということでは、もちろんそれを経験した同世代の人びとが持っている記憶、というのが中心になります。昭和十六年十二月八日には生まれていなかったり、生まれていてもまだ小さくて自覚がない人もいるわけですが、歴史のなかで語られていることを間接的に本で知ったり、歴史的な場所へ行って知るというかたちで、それぞれの人に記憶が伝わっていきます。

これは個人の関心のあるなしというより、歴史的事実との距離ということの方が大きいんですね。その記憶は時間とともにどう変容してきているのか、そしてその記憶は今後どのように語られていくのか、ということを中心にして、ここで考えてみたいと思います。

今の天皇が、昭和という時代のなかで、特に四つの日を個人的に大事にしている、と話しています。その四つの日とは、まず沖縄戦が終結した日、これは六月二十三日でしたね。それと、広島、長崎へ原爆が投下された日、これは八月の六日と九日です。残るのは何かということ、八月十五日、終戦の日なんです。

この四つの日に、天皇の言葉では「黙礼」、静かに頭を下げて追悼、瞑目している、と言っていました。これは、今の天皇にとっての「記憶」を指しているんだと思います。その四つの記憶を大事にしていきたい、とも天皇は語っています。

ではどうして天皇がこの四つの記憶を挙げたのか、ということを考えてみますと、それは開戦の日、すなわち真珠湾については記憶をしないとか、アッツ島の玉砕の日は記憶しないという意味ではもちろんないと思います。ただ、記憶には度合い、序列があるんだということを、いみじくもいっているんですね。

今の天皇は、開戦の時は八歳で、終戦のときは十一歳です。さらには皇太子というとても特殊な立場にありました。当時はまだ大日本帝国憲法下の皇太子で、次の統治権、統帥権の総覧者になるという立場です。そういう非常に特殊な立場にあった今の天皇が、多くの記憶があるなかで、この四つの日を自身の記憶の序列の一位に置いている、ということなんです。

この四つの日を考えると、ある共通点があります。単純に言えば、当時においては臣民、もちろん今は国民ですが、その国民が多数犠牲になった日、そしてそれが終わった日ということです。つまり、天皇にとってはもちろん開戦の日やアッツ島のような将兵の玉砕、特攻隊なども記憶としてはあるでしょうが、それ以上に多数の国民が命を落とした日というものを、特に大切にしているということでもあります。

この記憶の序列というのは天皇だけではなくて、私たちも持っているわけです。例えば僕なんか、あの戦争が始まったときは一歳半で、終わった時は五歳でしたから、自覚的な記憶というのはほとんどありません。今の天皇は皇太子という立場で同時代史的に理解していますが、僕の場合は戦争そのものを直接は知らないけれど、両親の話や海軍兵学校出身の叔父やら特攻隊の生き残りだった学校の先生から話を聞いたり、本を読んだりして、その記憶が醸成されていったんですね。

では自分だったらどんな記憶が一番上位にくるかというと、やっぱり真珠湾の日、十二月八日なんですね。これは言い換えれば、天皇の脳裏の記憶とは違って、自発的につくった記憶、とでもいいましょうか。真珠湾攻撃に参加したパイロットの話を聞いたり、真珠湾を体験したアメリカ人にとってそれはどんなものだったのかを聞いたりして、あの三年八ヵ月の太平洋戦争というもののなかで、記憶に結びつけようとしてきた結果が、僕にとってはこの日なんです。

序列があるということに加えて、記憶には個人の記憶と国家の記憶という二つの種類があるはずです。それは「私」と「公」の記憶と言い換えてもいいかもしれません。天皇がいった四つの記憶というのは、恐らく私的な記憶なんでしょうけれど、天皇が発言した時点で公的な意味あいを持ちます。もちろん、天皇がいったからこれは公的なものだよという決まりはありませんけど、自然に公的な意味を持つ、という意味です。

我々のような世代であれば、戦争のときに幼少で直接記憶がなかったとしても、身近な大人たちから生の話を聞いた経験がありますから、より記憶の距離が近いといえます。それが平成生まれの世代となると、これはもう記憶というには大きな隔たりがありますから、伝承や継承というものになります。

もう一つの国家の記憶とはどういうものかというと、これには大きな特徴があります。一つには、国家にとって不利なことや嫌なことを記憶すること自体を、拒否する傾向があるんです。

これは国家としてはある意味当然です。オーストリアという国は、第二次世界大戦でドイツと一緒になって戦った、いわば加害者の立場です。それもあり、あの戦争に対する痛みについての記念碑を建てたのは、戦争が終わってから四十年も経ってからなんですね。

アメリカで奴隷解放の父と呼ばれるエイブラハム・リンカーンという大統領がいました。彼のことを記念する大きな像があるリンカーン記念館というのがワシントンにありますけど、これが建てられたのも、彼の死後六十年ほど経ってからのこと。これも、リンカーンという人物に対する評価をめぐる対立があって、それがようやくまとまったのが没後六十年。そこでやっと国家としての記憶の装置というか、場ができたということなんですね。

そうやって国家の記憶というのは、教科書に記述されたり、慰霊碑になったり、日本だったら靖国神社もその一つでしょう、様々なかたちで継承されていくものです。個人の記憶とは、その国家の記憶に依拠したり、同化するかたちで向き合いながら形成されていくものです。その意味では国家の記憶というのは国民それぞれの記憶を代弁するかたちで存在するものですから、靖国神社のA級戦犯合祀の問題がなかなかまとまらないのも、それは日本人の間で記憶についての合意がまだできていない、ということでもあるんです。

真珠湾の記憶にしても、それを直接体験した兵士たちはもうほとんどおられません。また、我々のような第一次伝承、もっとも最初に語り継がれた立場にあった世代にしても、年々かなり少数派になってきております。

あの日のことを語り継いでいくためにはもちろん、僕たちが語っていかなきゃいけませんけど、まったく関心のない人に真珠湾はこうだったんだと無理に聞かせたって、興味を持つはずがありません。無理強いして教えようとすれば、かえって歴史に対する興味を失わせることにもなりかねませんから。

「愚か者の碑」と「原爆記念碑」

終戦直後の昭和二十年九月か十月頃の話です。群馬県のある町で、「愚か者の碑」という石碑が建てられました。私たちは愚かな戦争をやってしまった、だからそのことを反省しよう、というもので、誰が建てたのかは記録がありません。

昭和五十年代、その碑のことを取り上げた新聞記事をたまたま目にして、知り合いの編集者に話したら、偶然ですけどその彼が群馬の生まれで、「愚か者の碑」を知ってたんです。それで話が弾み、その碑が今どうなっているのか、取材しにいこうということになったんですね。

ところが、どこにその碑があるのかわからない。町の人に聞いて回っても、誰も知らないんです。困って町役場にいったら、役場の職員からも「そんなものがあるんですか?」と逆に聞かれてしまいました(笑)。かなり探し歩いてようやく、農地のはずれにあることがわかりまして、いってみると碑は倒れていて、ほとんどが土に埋まり、草が覆っているような状態でした。

「愚か者の碑」というものを建てた人が、自分たちは愚か者だということをみんなで記憶しておこう、という気持ちだったことはわかるんです。この碑が存在し続けることで、そのことを確認する記憶の場になるんですから。でも、三十年経ってみたら倒れて草に埋もれ、誰もその碑のことを憶えていない、というのはどういうことなんだろう、とその碑の前でしばらく考え込んでしまいましたね。

思いつきでそういうものを建てた、そそっかしい人がいたんだという話なのかもしれませんし、記憶なんて往々にしてその程度のものだ、と思う人もいるでしょう。僕はこの碑のことを記事に書きましたけれど、そのときにこれだけは憶えておこうと思ったことがあります。

この町の人びとやその碑を建てた人のことを批判するつもりは毛頭ありません。僕がいいたいのは、我々は歴史的事実が終わったときに、つい興奮して記念碑や像を建てたりしがちですけど、そういうものに限って永続性を持ち得ない、ということなんですね。「愚か者」というのはかなり強いメッセージで、その時点での歴史的な意志が込められています。そういうものは案外、長続きしないということなんでしょうね。それは往々にして建てた人の自己満足で終わってしまい、誰からも承認されない。このことは、歴史の記憶とはどういうものかということを考える上での、一つのケース・スタディーじゃないかと思ったんです。

あの戦争に関する日本の慰霊碑、記念碑の代表格に、広島市にある原爆死没者慰霊碑が

あります。その碑には、

「安らかに眠ってください。過ちは繰り返しませぬから」

という、よく知られた碑文が刻まれています。ここにある「過ちは繰り返しませぬ」というのが無人称、つまり主語がないために一体誰が過ちを繰り返さないといっているのか、これまでに何度も議論や論評の的になってきましたことは皆さんがご存知の通りです。

当初は僕も、原爆を投下したのはアメリカで、そのために十四万人もの日本人が犠牲になったのですから、おかしいなと思っていたんです。日本人が過ちを繰り返しませんといっているようにもとれるし、日本人だけじゃなくて人類全員が過ちを繰り返しませんという意味なのか……。そのことでずいぶん、原爆慰霊碑について批判もされてきました。

でも、あえて主語を入れずに「過ちは繰り返しませぬ」としたことは、結果的に良かったんじゃないかと、僕も思うようになったんです。

もし、この原爆はアメリカが落としてこんなに沢山の日本人が亡くなりましたと、アメリカを非難する内容の碑文になっていたらどうなっていたんでしょうか。アメリカ人にしてみればムッとくるんでしょうし、こういう結果になったのはお前たちがパールハーバーを攻撃したからじゃないか、ということで彼らの真珠湾の記憶をより強固にさせることになったかもしれません。ハワイのアリゾナ記念館で、日本人の通告なしのだまし討ちで三千名が死んだ、と書かれているのを我々が読むのと一緒です。

もちろんアメリカはそうやって真珠湾の歴史的な記憶を伝えていますし、中国も南京大虐殺記念館では同じように日本人の蛮行を記憶させようとしています。でも日本は、原爆の被害をもたらした直接の責任者を明記するという選択をしなかった、ということなんですね。

これは戦争の勝ち負けの話ではなく、歴史と向き合う時の姿勢でもあるのです。アメリカや中国の姿勢の裏にあるのは、戦争は天災などとは異なって因果関係、人的な要因があるんだから、その歴史認識には政治的な判断が伴うんだという考え方なんですね。アメリカにしてみればファシズム勢力から自由と民主主義を守ったのだということでしょうし、中国にしてみれば侵略してきた日本帝国主義を追い出したのだ、自分たちに政治的な正義があるのだ、という政治的立場があるから、あのような記念の仕方、記憶の仕方をとっているんですね。

日本人が彼らと同じ立場に立とうとすれば、日本が始めたあの戦争にはアメリカや中国のいう正義と同等の正義が日本にもあったんだとか、それなのにアメリカは非人道的な兵器を使用したんだと主張しなくてはいけません。でも、史実を踏まえればそれは今までできなかったし、これからもできないでしょう。

ですから主語のない碑文のこの言い回しの方が、むしろ永続性があって、私たち日本人の記憶のバネのようなものになっているんじゃないかと思うんです。

アメリカの「正しい戦争」の記憶

こういう問題を考える際に、前にも紹介しましたが日本とアメリカの研究者たちが記憶というものをテーマにまとめた『記憶としてのパールハーバー』が参考になります。歴史学の中で記憶というものがテーマになったのは、最近のことなんですね。歴史体験者の記憶というものがどういう風に次の世代に伝られるか、ということを研究の対象にしたものがかなり増えてきているようです。

この本の執筆者である研究者たちは、日本人が真珠湾での出来事を戦後、否定的に捉えて記憶することにとても消極的だったのに対して、アメリカ人はむしろ積極的に記憶しようとしてきたという、二つの国の記憶に対する姿勢の違いというものがどうして起こったか、という疑問を出発点にしているんです。そういう両国の記憶の違いを含め、どうやったら日本とアメリカで共通の歴史認識を築くことができるのか、ということを考察していくんですね。

そこに論文を寄せているフランク・ニンコビッチというアメリカ人学者の『戦後の日米関係における歴史と記憶』に、こういう一節があります。

「太平洋戦争に関する幸福な記憶は殆どない。真珠湾はいまだに多くのアメリカ人にとって裏切り行為と同義語であるし、日本への原爆投下は多くの日本人と幾人かのアメリカ人の間で野蛮な行為への非難を掻き立てるし、また、日本本土における凄惨な戦闘は両国の帰還兵の記憶に生き続けている」

筆者は、例えば南京大虐殺なども記憶の象徴的な例だとしながらこう続けています。

「これら全てのことは、二〇世紀の戦争体験が『生々しく、実にショッキングな現象で、しばしば生存者たちにその思い出が蘇った』という常識的な結論を裏付けているのである。」

つまりこの見方によれば、アメリカ人の太平洋戦争の記憶の根底にあるのは、真珠湾攻撃は国際法違反の裏切り行為であると。それに集約されているということなんです。だから日本軍に攻撃されて沈んだ戦艦アリゾナを、今も記念館として残しているし、メディアでもことあるごとにその記憶が蒸し返されます。二〇〇一年九月十一日の同時多発テロでも、盛んにこれはパールハーバーだと報じられましたね。やはりアメリカ人にとってパールハーバーというのは、記憶のなかでもかなり上位にくる事柄として、今日まで語り継がれているんだということがよくわかります。

ではアメリカ人はどうして腹立たしい記憶を今にいたるまで持ち続けているのか、ということになりますね。もちろん国家としての威信を傷つけられたということもあるんでしょうけれど。

彼らの記憶の原点を考えると、日本がアメリカにとって太平洋の一大拠点ともいえる真珠湾を攻撃したことは、アメリカの政治指導者たちにとっても国民にとってもまさか、という想定外の出来事だったということからはじまります。

それは海軍の山本五十六が考案した軍事戦略でした。それまでの日本海軍の戦略では、日米間で戦争になったら西太平洋にアメリカ艦隊を誘き出し、そこで艦隊決戦をすることになっていました。真珠湾までは考えていなくて、アメリカの基地があるフィリピン攻略までがせいぜいのところだったんです。

そういう当時の常識を超えて真珠湾を攻撃するという山本の発案は、昭和十六年の夏ぐらいから具体化されます。もちろん、海軍軍令部の作戦部などは大反対するものの、山本の名声と力、それに「山本の言う通りさせてやれ」という永野修身軍令部総長の後押しもあって、実現に向けて動き出すんです。

そのプロセスを見ていくと、これはアメリカにとってもまさに想定外なんですね。日本本土からもかなり距離の離れた真珠湾に日本軍がいきなりやってくるなんてことは、軍事的にありえないと。東南アジアの同盟国領土やフィリピンへの攻撃はあるかもしれないが、まさか真珠湾に日本が手をつけるなんてことはない、ましてやそんなことをしたらどういうことになるのか、日本だってわかるだろう、といったところです。

そのまさかが、現実に起こってしまった。想定外の出来事でした。領土の一部が侵され、しかも一方的にやられてしまった、政府は何をやってたんだという批判すら国内で起こりかねない事態です。

ところが、ルーズベルト大統領やハル国務長官らアメリカの政治、軍事指導者たちは政府や軍にとって大きなマイナスとなるこの状況を、すぐにプラスに転換させることに成功したのです。

彼らはイギリスやフランスを助ける連合国側に入って第二次世界大戦に参戦したかった

けれども、当時のモンロー主義の影響や第一次世界大戦の後遺症もあって、国民の間に戦争に対する拒否反応が強かった。ルーズベルトも表向き参戦しないという政治スローガンを掲げていましたから、何とか自然なかたちで世論を参戦に賛同させられるような糸口を求めていたところでした。よって日本に一発撃たせれば全てうまく、というのが彼らの政治的な計算でした。

しかも、ありがたいことに攻撃に際して通告が遅れたという事実もあったと。これを逆手にとれば、汚いだまし討ちを我々はしかけられた、と国民にアピールすることができます。つまり、日本の真珠湾攻撃という不測の事態のなかからプラス材料を探し出し、それを国内向けに最大限に活用したんですね。

ルーズベルト大統領が議会で行った対日参戦のための演説は有名です。日本人として持ち上げるのもどうかとは思いますけど、ある意味で歴史的名演説というべきものです。よくありがちな、我々は怒りに震え歴史的な使命をもって……調の勇壮果敢な装飾語だらけのものではなく、「昨日である一九四一年十二月七日、アメリカ合衆国は日本帝国海、空軍の意図的な奇襲を受けた」「日本の攻撃で非常に多くのアメリカ人が命を落とした」「日本の航空部隊がオアフ島を爆撃した一時間後に、日本の大使は公式な回答を送ってきた」と、事実に即して淡々と述べていくんです。

アメリカは世論の国で大統領も選挙で選ばれるわけですから、それなりの計算があってのものでしょう。情緒的な文言を一切排し、日本が外交交渉を続けるかのように偽りながら突然攻撃をしかけてきたという事実だけをもって国民に訴えた結果、それがアメリカ世論を激高させ、参戦に対して二分されていた国論が一つになります。アメリカ大統領だったお父さんの方のジョージ・ブッシュさんもその一人なんですが、これは国の一大事だ、パイロットの数が足りないといわれると、学生たちは我先にと大学を休学して兵役に殺到します。アメリカ国内の産業も、平時から戦時へとあっという間に切り替わる。アメリカの政治指導者たちは実に見事に、当初の目論みを達成していくんですね。

日米の記憶の隔たり

アメリカ人と話していてわかるのは、彼らの真珠湾の記憶はまさにそこでつくられた、ということです。しかも、正しい戦争として。例えばベトナム戦争については当時の国防長官、ロバート・マクナマラの回想録などを読むと、あれは大失敗の戦争だったという総括になっていますけど、真珠湾で始まった太平洋戦争は正義の戦争ということで、彼らはがっちり固まっているんです。

彼らがあの戦争を正義の戦争だと固く記憶することの裏には、もう一つの理由があるんだと思います。それは、原爆や東京大空襲の記憶ですね。非人道的な行為だと非難されるであろう、原爆の使用や戦略爆撃のマイナス部分をプラマイゼロにしてくれるもの、それが彼らにとっての真珠湾でもあるんです。以前、アメリカのスミソニアン博物館で原爆被災者の写真展を開催しようとしたら、在郷軍人会が冗談じゃないと猛反対して中止に追い込まれた出来事がありましたけど、このことがそれを象徴しているように思います。

お前たち日本人が先に、国際法を無視した汚い攻撃で三千名のアメリカ人の命を奪ったんだろうと。原爆や空襲はその報いなんだから、自分たちアメリカ人には責任や非はない、ということですね。その裏を返すと、そう自分たちを納得させなければ、民間人を大量に殺害した事実と冷静に向き合うことができない、ということでもあるのでしょう。逆に日本人は日本人で、因果の果の方にばかり目が向きがちで、因の方は記憶から除外しちゃってる傾向があるわけですけど。

これは私たちが正しくてアメリカが間違っているという話ではなくて、むしろアメリカ人はそれを記憶の中に定着させて、歴史を語り継いでいくという力を持っているということなのかもしれません。

いずれにせよ、アメリカはこの記憶というものを決して手放すことはないと思います。それは、軍事的に無防備な場所があったり、警戒を怠るとこういうことが起こるんだという大きな教訓でもあるし、アメリカの軍部が予算を獲得する際の理由にもなり、ひいては軍事超大国化していく二十世紀のアメリカを動かしていった、ともいえます。

こうしてアメリカの真珠湾の記憶を考えてみると、日本人とアメリカ人の間にある記憶の隔たりはいまだ大きなものだということがわかってきます。どうしたら、彼らと真珠湾に対する認識を共有していくことができるのか。アメリカの歴史認識がそこまで強固なら、例えば日本が金を出してアメリカの教科書を書き換えさせ、そんなにこの問題は単純じゃないよということを伝えるしかないというすごい主張もありますが、そう一筋縄ではいかない話でしょう。

見方を変えたら、日本とアメリカは、互いに向き合って記憶のシーソーに乗っているような状態なんでしょうね。

こういう関係には、二つの要因があるそうです。一つは両国の経済力のバランスであり、もう一つはそれらの史実が客観的にどう解釈されているのかということです。例えば七〇年代や八〇年代、日本の経済力が高くなってアメリカに追いつくほどにまでなったころ、原爆や空襲の非人道性、やっぱり真珠湾があったとしてもあんな残虐な兵器を使用するのは間違っているんじゃないか、という見方が力を持つようになったんですね。シーソーに例えると、下がっていた一方がスーっと上がったような。

それに、史実というのは歴史のなかで浮遊している存在で、それをどう客観的に解釈として位置づけるか、ということにもこのシーソーは影響されます。パールハーバーはアメリカの言うように本当にだまし討ちだったのかとか、だまし討ちされたからといって原爆の使用は人道的に許されるのか、ということを、より国際的で客観的な立場から歴史に位置づけることが、シーソーを安定させる上で求められてくるのです。

別のアメリカ人研究者の指摘によれば、その二つの中間に、双方が記憶を確認しあう方程式のようなものがあるんだと。要するに、揺れ続けるシーソーを、平らな状態で揃えようということなんです。可能かどうかは別にして、そうやって均衡を保ちながら、お互いに歴史を引っ張っていくことが大事なんじゃないでしょうか。

歴史の記憶とナショナリズム

ちょっと脱線しますけれど、中国とアメリカの間で揉めごとがあったときに、裏で中国人がアメリカ人によく使う台詞というか、殺し文句のようなものがあるそうです。それは、かつて私たちとあなた方は同じ連合国として戦った仲じゃありませんか、という台詞なんですね。これはまあ、アメリカの「正しい戦争」観に依拠する格好で、両国の連帯意識をくすぐる効果があるのです。

先日、知り合いの中国人の大学教授から、こういう内容の本を日本で出版できないか、と相談を受けましてね。それはインターネットに書き込まれた、中国共産党などを揶揄する小話集のようなものなんです。党に対する批判的な内容の書き込みというのが最近、中国のインターネットに増えてきていて、そこから特に洒落がきいていたり、よくできた内容のものを拾っていったら本ができるぐらい集まったということで。

ただ、内容がどれも中国人にしか理解できないようなものなので(笑)、これじゃ日本ではとても本にならないんじゃないの、とアドバイスさせていただきました。

そのなかの小話の一つに、中国人の祖父と孫の会話というのがあります。孫が突然、アメリカへ留学したいと言いだして難しい留学試験に合格します。それを聞いた祖父が怒ってこう諭します。

「なんだってお前は帝国主義のアメリカへなんぞ行くんだ？　毛沢東主席だって、中国はアメリカ帝国主義といつか必ず戦争になるんだと言ってたんだぞ」

それに対して孫はこう答えます。

「アメリカ帝国主義？　おじいさん、アメリカは民主主義の国だよ」

まあ面白いかどうかはともかく(笑)、これが小話のオチです。でも、ある意味で今の中国における記憶の世代間格差をうまく表現しているともいえますね。七十代以上の中国人にある毛沢東時代の記憶が、今の若者にはほとんど継承されていない、ということを揶揄した話なんでしょうけど。

でも、日本人もそれを笑ってばかりはいられません。今どきの日本の高校生から、真珠湾どころか、日本とアメリカって本当に戦争なんかしたんですか、という声が出たといって私たちは笑いますけど、これは私たちこそ記憶の共有がまったくできていない、ということです。むしろ、ここまで記憶の共有がない国は逆に珍しいんじゃないでしょうか。

世界を見渡すとほとんどの国は、政治と絡めながらあの戦争のことを記憶させようとしています。日本には、どうやって記憶を共有させようかという方法論自体がなく、そもそもが記憶させるということをやってこなかったんです。そのことが、例えば靖国問題や教科書問題というかたちで象徴的に出てきているのではないでしょうか。

もちろん歴史には多様な解釈があって当然です。ただ、その解釈の中心点にくるのは、誤解を恐れずにいうならば、ナショナリズムなんです。それはかつての偏狭なナショナリズムとは違って、靖国にしても教科書にしても、あなた方はそう解釈しているかもしれないけれど、自分たちから見るナショナリズムとはこういうことなんだよ、という考え方の提示ということです。どこの国でもそうなんですけど、日本の場合はあの戦争の敗戦を期に途中で切断されてしまったこともあり、歴史に対する自分たちの考え方の提示ができない、ということなんでしょう。

それはとりもなおさず、政治的な判断や客観的事実に対する戦後日本人の検証能力が弱かったために、記憶の共有がきちんと行われてこなかった、ともいえます。

真珠湾というものを考える際に、それを大局的な立場から捉えるには次のような三つの条件と一つの資格が必要だと、私は以前に書いたことがあります。

① 関連のあるほとんどの資料や著作に目を通し、その真贋を見抜いている。
② 多数の関係者に取材を行い、数多くの証言にふれている。
③ 自らの歴史観を持っている。

それに加えて、その時代の空気を感性の豊かな年代で体験していたり、豊かな想像力を持っているというのが、資格です。
①というのは、例えば真珠湾について書かれている本や資料のほぼ全てを読んで、ここは間違っているとか、これは正しいということを理解していなくてはいけないということです。ところが最近は、これは大丈夫かなという本も多いんですね。それなりに学識もある人が書いた、一流とされる出版社から出された本でも、なかには三十ヶ所以上の間違い

があったなんてこともあります。

ある執筆者の書いたもので、当時の人物の経歴を紹介するところで「早稲田大学を中退して陸軍大学校へ入学」と記述されていたのを見て、目が点になりました。

陸軍大学校へ入るということは当時、大変なことだったんです。陸軍士官学校を二十歳で出ますね。それから部隊勤務を階級でいえば少尉から始めて、三十歳ぐらいで中尉か大尉くらいになったときに、やっと入れるようなところなんです。早稲田大学を中退してポンと陸軍大学校へ入学などというのは、まるで今の大学から別の大学に編入するみたいな感覚ですけれど、当時ではあり得ないことです。そんなことが、当たり前のように記述されているんですから。

別の本では、八十歳過ぎの軍隊経験がある人について、当時は陸軍少佐だったと書いてありました。これもありえない話で、もう佐官クラスはほぼ全員亡くなっていて、生きておられたとしても百歳を超えていなきゃならない。

原稿にそう書いたとしてもちゃんと編集者なりがチェックすればいいんでしょうけど、要するに編集者も若い世代で、それが間違いなのかどうかわからないからそのまま活字になってしまうんです。これも、やはり記憶が次の世代へときちんと伝わっていないということの現れなのかな、と思うんですね。

ビン・ラディン殺害と真珠湾を結ぶもの

若手の論客の一人でもある北海道大学の中島岳志君（公共政策大学院准教授）と以前、対談をしました。戦前の国家革新運動をテーマにして議論したものですけど、対談の後の質問である年配の方から、テロリズムがないから戦後の政治はおかしくなったんじゃないか、と聞かれたんです。つまり、テロがないから政治から緊張感が失われ、ひ弱になってしまったんじゃないか、という問いなんですね。

もちろん僕も中島君も、テロリズムというのは決して許してはいけないんだと思っていますし、質問された方にもそうお話ししました。自分たちの対話のなかにテロを容認するような部分はないにもかかわらず、なぜこんな質問が出るのか、ちょっと不気味に感じた記憶があります。

ただ、テロリズムは決して容認してはならないものなんですけれど、テロリズムという暴力が政治に緊張感をもたらしたり、政治を浄化する作用を持つという側面自体は、あながち否定はできない面もあるんですね。

パキスタンに潜伏していたオサマ・ビン・ラディンを、アメリカ軍が殺害したことがありましたね。奇遇にも、それがあったのが二〇一一年、あの真珠湾から七十年という年でもありました。

でも、主権を持つ他国にこっそり暗殺部隊を送り込んで、そこに居住している人物を殺害してしまうというのは、その人物がいかに悪いといっても、完全な主権侵害です。だから、パキスタンが怒るのも無理からぬ話でしょう。

アメリカは、その行為の正当な理由なるものを今まではっきりと説明していませんね。ビン・ラディンがとんでもないことをやった人間だというのはわかるけど、だからといってあのような一方的なやり方で殺害してしまう。よく考えてみると、とても恐いことです。テロというのも、正義の名の下で一方的に行われるという意味では似ています。昭和初期の日本でも、昭和七年の血盟団事件や五・一五事件、そして昭和十一年の二・二六事件と、政党政治や財閥への国民的不満を代弁するようなテロが次々に起こりました。

テロが政治に緊張感を生むんだ、といわれればそういう歪んだ見方もあるのかなと思いますけれど、テロを肯定しないという立場を重んじれば、アメリカによるビン・ラディン殺害も同じように肯定してはいけないんですね。

僕はそのニュースを耳にしたとき、かつての日本とアメリカの戦争とイメージが重なるような感覚を覚えたんです。真珠湾を先に叩いたのは日本なんだから、日本に対してはどんな報復だって許されるんだ、という論理と、ビン・ラディンの殺害のそれにはどこか通底するものがあると。

アメリカがビン・ラディンを殺害するということは、言い換えれば真珠湾の記憶の現代における変形版のようなものなんじゃないか。しかし、昭和戦前期の日本のテロリズムを肯定しないとするならば、今回のアメリカの行為についてもやはり肯定することはできない……。つらつらと考えるに、私たちはビン・ラディン殺害の事実の前で、七十年前の真珠湾の記憶に再び向き合っているんだな、としみじみ思いました。とくに最近はその感が深くなります。

歴史から方程式をつくれなかった日本人

アメリカが持ち続けている真珠湾の記憶は、一つの方程式のようなものになっているのかもしれません。アメリカ人が、あの真珠湾の体験から導きだしたものとして。

アメリカという国は、自分たちの持つヒューマニズムや国家意志すなわち正義が、他者によって傷つけられたときに、躊躇せず容赦もなく相手に報復する。そして、その報復の際にはルールなどない……。それが、アメリカの方程式なのではないでしょうか。

そう考えると、日本はそのような方程式を、自らの歴史のなかからきちんとつくり出してこなかったんじゃないかと思うのです。

北方領土の問題というのも、これまた長年にわたって日ソ間、日露間で現在まで続いている懸案です。少し前にウィキリークスなるものがアメリカの外交電を暴露して世界的な話題になりました。そのなかに、日本の北方領土に関する対ロシア交渉の姿勢について、あまりにも脆弱で無策だと、特にあの鈴木宗男衆議院議員が逮捕されて交渉の舞台から退場して以降のそれは笑止千万、とアメリカの外交筋にバカにされているという内容の記事がありました。

それは日本の外交官が「ロシアの力が弱まっているから返還は外交的になんとかなる」という楽観的な見方をアメリカの外交官に話したことで、それに対しての嘲笑ということなんです。

ロシア政治指導部の北方領土に関する認識というのは、第二次大戦でナチスドイツを日本が支持した結果、日本が自身で支払った代償である、というものなのだそうです。アメリカは独自にロシアから情報をとっていて、ロシアがそういう強い考えでまとまっているということを知っていますから、なんて日本は甘いんだ、という話なんですね。

こういう指摘を聞くと、やっぱり日本は歴史の記憶というものを、自分たちの方程式として持っていないんだということを強く痛感します。官僚というのはいつも「前例に則って」などといいます。これも一種の記憶には違いない。そう考えると、歴史を踏まえた大きな方程式を持ち得ずに、官僚らが自分たちの都合のいいように小さな記憶だけで解釈し続けた結果が、北方領土交渉の行き詰まりにも現れているんじゃないでしょうか。

そのこととの関連でいえば、『失敗の本質』という、防衛大学校などの先生たちが書いた本があります。刊行からかなり長く売れ続けているものです。あの戦争の失敗の本質とは何だったのか、それを歴史的、軍事的、組織論的に謙虚に分析していますけど、日本の組織や社会が持つ弱さとはどこにあるのか、という視点でまとめられていて、読むととても説得力があって面白いんですね。

例えば、戦力というものについて考えています。アメリカにとって、戦力とはイコール総合力です。海軍だったら艦船、魚雷や爆弾などの武器が端的な意味での戦力ですが、それだけではなくそこで働く人間や港湾施設、さらにはその港湾施設をメンテナンスする人々から水兵等に食事を提供する人々、果てにはその食事のための肉牛を生産している牧場までも全部ひっくるめた総合力として、アメリカは戦力というものを考えていたんですね。

アメリカ海軍のチェスター・ニミッツという提督も、同じようなことをいっていました。水兵の食べる豚肉の生産まで含めた全体の機構が機能するように考えるのが、海軍の戦力なんだと。兵隊が食べるキャンディーを生産・供給する人たちまでも、海軍の総合力の一員なんだという考え方なんです。

よく日本では戦史をふりかえるときに、真珠湾攻撃では第一次攻撃隊だけではなく第二次攻撃隊も出すべきだったとか、上陸部隊をなぜ用意しておかなかったんだとか、どちらかというと枝葉末節な戦術論ばかりが繰り返されます。そんな話じゃなくて、もっと根本的なことなんですね。まあ、僕もそんな話を雑誌なんかでたくさん書いてきたから、あまり大きな声では言えませんが（笑）。

で、日本はどう考えていたかというと、艦船とその乗組員、そして軍令部、それ以外は戦力とは見なしていませんでした。だから、補給が難しいインパールやガダルカナルまで兵を送って、兵の強さだけで何とかなるという発想をしてしまったんですね。総合力で戦力の数字をはじき出していたアメリカと、軍艦の数だけで考えていた日本。これでアメリカにかなうはずがありませんよね。そういうことを、この本では教えてくれます。

軍事に対する考え方もまったく違ったんですね。アメリカでは、軍事というのは常に理論を元に、という教育なんです。現実に起こった戦争、ナポレオンの戦史なども含めてそれらを理論化し、次世代の将校たちに学習させます。つまり、現場の戦場に出たとき、すぐにその理論が活用できるようにしているんです。これはすなわち、記憶や記録の方程式化なんですね。

ところが日本ではそうなっていなくて、こうあって欲しいという願望がいつのまにか客観的事実のようにすりかわり、それが官僚組織のなかで変化していく様も、この本では浮き彫りにしています。

こうした日米の違いというのは、なにも太平洋戦争だけの問題ではなくて、現在にいたるまで続いている話じゃないかと僕は思うんですね。アメリカが真珠湾の教訓というものを、二十世紀から二十一世紀にかけて世界を動かしていく上での大きな核としてきたのに対して、日本は歴史体験から戦後の外交の核をつくるという作業をしてこなかった……。とても残念な話ですが。

それは、例えば東北の大震災、そして原子力発電所の事故にもつながるような気がします。ああいったことが起こるかもしれないことをどう想定するのか、また起こってしまったときにそれにどう対応するのか……。日本人が過去の失敗から何かを真剣に学び取るということを疎かにしてきたのだとしても、そのツケはあまりにも大きい。これからでも遅くはないから、過去の記憶や記録を学んでいかなくては、と思うんですね。

第4章

臣民と市民の十二月八日

この前、ある高校の先生から、生徒たちに太平洋戦争の話をしてくれませんかと頼まれまして、講演をさせていただいたんです。その高校に行ってみたら、生徒たちというのはもう平成五年とか六年の生まれなんですね。まあ当たり前のことなんだけど(笑)、ちょっと驚いてしまいました。

もっと驚いたのは、授業中なのに男女の生徒が手をつないでいたり、机でパンをかじったりしてるんです。でも、誰も何ともいわない。僕は面食らいましたけど、これも時代の流れなのかなあと。気を持ち直して、平成生まれの若い人たちの前で、太平洋戦争というものがどうやって始まって、どんな戦争だったのか、という話を一時間ほどさせてもらったんです。

でも、彼らには日本とアメリカが七十年も前になんで戦争なんかしたのか、ということがどうもピンとこない様子なんですね。顔を見ればわかります。ですから、石油が止められて日本が窮地に追い込まれ、戦争へと進んでいく流れを、僕なりに詳しくやさしく話してみました。

最後に何か質問ありますかと聞くと、一人の生徒が手を上げましてね。こういったんです。「それなら、どうしてそうなることを当時の人たちはわからなかったんですか」と(笑)。要するに、戦争なんかやって悲惨な結果になることが、当時の人たちはどうしてわからなかったのか、という質問です。

僕はまたそこで面食らいましたけど、あの頃は戦争に反対しようにもそれができなかったこと、一つの体制が情報をコントロールしていてそれに国民が左右されていた状況などを説明しました。質問した生徒は、完全に納得したという顔ではありませんでしたけど。

今のメディアの状況を考えれば、テレビに新聞、インターネットと様々な手段であらゆる情報を手に入れることができます。今の若い世代にとってはそれが当たり前の世界でしょうから、戦前の日本の状況というのが感覚的にもつかみきれないのかもしれません。だから、ある意味で彼の質問は素直でまっとうなものなんですね。

次はまったく別の講演での話ですけれど、二十歳前後の大学生から僕が話をした後に質問を受けたんですね。

日本では戦争当時、東京大空襲や原爆などの米軍の爆撃によって一般の非戦闘員が多数殺された、という理解が一般的にもなされています。その大学生の彼も、それはもちろん酷いことだと思ったんだけれども、保阪先生は昭和二十年にできた日本の国民義勇法という法律を読んでどう思いますか、という質問なんです。

彼がいいたかったのは、国民義勇法では日本国民全員が兵隊だということになっているじゃないかと。つまり、アメリカがどれだけ日本を爆撃して民間人を死なせても、民間人もすべて兵隊だと日本の法律が規定しているんだから、痛みを感じないのは当たり前じゃありませんか、というんですね。僕が逆に、どうしてそんなこと考えるようになったのか、と聞いたら、アメリカの本にそう書いてあった、と彼は話してくれました。

ちょっと虚をつかれたというか、確かにそういう問題について、僕たちは無関心だったのかもしれないと思いましたね。

僕たちは一般的に、軍人というと軍の制服を着た一定の組織、秩序に所属する人びと、という認識を持っています。それ以外の一般国民は軍人ではない、非戦闘員と考えます。でも、アメリカにしてみたら、国民義勇法制定下の日本に上陸したら、鎌や竹槍で子どもから老人までが自分たちを襲ってくる。つまり全員が戦闘員なのだから、彼らに爆弾を落として殺害しても人道的な罪にならないと、そういう考え方も成り立ちうるわけです。

これは思想の問題じゃありません。こういう見方をズバッと切り出されて、僕もちょっと戸惑いました。でも、若い大学生の彼が引き出したのは、言い換えるなら、非戦闘員を殺害することをアメリカに正当化させてしまった日本側の弱み、という新しい視点なんですね。

臣民にとっての十二月八日

ちょっとここで、あるジャーナリストが自分の息子に宛てた手紙というのをご紹介いたします。

「……お前もこの国に生れた以上は、国家を愛するに決っている。が、お前の考えるように考えなくても、この国を愛する者が沢山いることだけは認めるようになってくれ。お前のお父さんも、全然反対な立場に立つ人に対しても、真剣でさえあれば、常に敬意を払ってきたんだ。

お前はお前だ、お父さんはお父さんだ。お前を教育するのに、お父さんの型に入れようというような気持は微塵もない。お前はお前の持っているものを、煩わされることなく発揮すればそれでいい。

お前は一生の事業として真理と道理の味方になってくれ。道理と感情が衝突した場合には、躊躇なく道理につくことの気持を養ってくれ。これは個人の場合にもそうだし、国家の場合でもそうだ。……」

誰の文章かわかりますか。とても現代的というか、今の人が書いたとしても全然おかしくない内容ですよね。

これは、明治二十三年に生まれ、終戦間際の昭和二十年五月に亡くなった外交評論家、清沢洌が、息子に宛てた手紙なんです。アメリカへの留学経験があり、リベラルな論陣を張って、軍部を徹底して批判し続けた人ですね。彼が昭和十七年から亡くなるまで書き続けた日記が、『暗黒日記』として出版されたことでも知られます。

いうまでもなく、あの戦争が終わるまでの日本は大日本帝国憲法下の国家でした。現在の日本国憲法の下で私たちは市民ですけど、当時の国民は憲法に規定されている言葉では、臣民なんです。

臣民とは、一君万民主義という考え方に基づいていて、国民はみんな天皇の赤子ということなんですね。大日本帝国憲法では第一条に「大日本帝国ハ万世一系ノ天皇之ヲ統治ス」、第四条に「天皇ハ国ノ元首ニシテ統治権ヲ総攬シ此ノ憲法ノ条規ニ依リ之ヲ行フ」とあるように、日本の主権者は天皇でした。

その上で、「臣民権利義務」というかたちで、臣民には納税と徴兵の義務があるよと。教育の義務というのは憲法にはなくて教育勅語によるものですが、そのかわり、臣民という範囲の内で言論、集会・結社の自由、居住・移転の自由や信教の自由を認めましょう、ということです。

要するに、日本の主権者である天皇が臣民に権利を授けようと、そういう性格の規定なんですね。

どうして昭和十年代に東條英機のような人を当時の国民は選任したんですか、と聞いてきた若い人がいましたので、説明しておかなくちゃいけないんですね。戦前の憲法は今のような議院内閣制ではありません。内閣というのは天皇の輔弼機関で、首相や大臣は天皇が任命していたんですね。つまり内閣は、議会の信任を必要としなかった、国民の選択ではなかったということなんです。

そう考えると、戦前の臣民というのは、何をするにしろその権利を与えてくれた天皇に感謝しなくちゃいけない立場にあるわけです。でも、憲法に保障された権利と義務の関係を能動的に理解して、その権利を行使しようとする態度を現代的な「市民」とするならば、戦前の日本にも「市民」たりえた人がいたんですね。その一人がさっきの、清沢洌なんです。彼の息子への手紙に、その市民的な姿勢、意識というものが集約されているんじゃないかと思うんです。この手紙を清沢がしたためたのは昭和八年のことです。彼の『暗黒日記』をよく読むと、市民としての典型がすでに、そこにあったんだということがよくわかります。

文人、永井荷風の遺した日記として知られる『断腸亭日記』を読んでも、清沢とよく似た、臣民とは違う市民的な態度が色濃く出ているんですね。

彼らのように、市民的な生き方をしていた人びとに共通しているのは、あの真珠湾攻撃について一様に批判的だった、という点です。永井荷風などは確かにアウトサイダー的な存在でしたけれど、真珠湾についてはほとんど関心を示していない、傍観者的な態度なんです。

大正期の旧制中学、旧制高校の教育を受けた人々のなかには、清沢や永井のような市民的な考えを持った人が、東京などの都市部には数多くいました。もちろん、日本全体からしたらそれは少数派で、ほとんどの国民は臣民という意識で、十二月八日の開戦の日を迎えることになったんですね。

ここで考えたいのは、その日を当時の国民がどう受け止めたのか、それが臣民と市民ではどう違ったのか、ということです。このことを調べていくととても日本社会がわかるんですけど、例えば当時の日本の政治指導者たちが国民すなわち臣民に、あの戦争のことをどう説明したのか、という視点にもつながってくるんですね。そうすると、ではアメリカは、それを市民であるアメリカ国民にどう説明したのか、という関心も出てきます。

まず十二月八日という日を、臣民としての日本人はどう受け止めたんでしょうか。これも、例えば当時の作家の日記などに目を通していくと、一つのかたちが浮かび上がってきます。それは一言でいうなら、胸のすくような感動というものなんですね。

太宰治は、開戦後の『婦人公論』(昭和十七年二月号)に「十二月八日」と題した小説を発表しています。ある家庭の主婦の独り語りというかたちで、その日のことをこう描写しています。

「十二月八日。早朝、蒲団の中で、朝の仕度に気がせきながら、園子(今年六月生れの女児)に乳をやっていると、どこかのラジオが、はっきり聞えて来た。

『大本営陸海軍部発表。帝国陸海軍は今八日未明西太平洋において米英軍と戦闘状態に入れり。』

しめ切った雨戸のすきまから、まっくらな私の部屋に、光のさし込むように強くあざやかに聞えた。二度、朗々と繰り返した。それを、じっと聞いているうちに、私の人間は変ってしまった。強い光線を受けて、からだが透明になるような感じ。あるいは、聖霊の息吹きを受けて、つめたい花びらをいちまい胸の中に宿したような気持ち。日本も、けさから、ちがう日本になったのだ（略）」

次は詩人、高村光太郎が書いたエッセイ『十二月八日の記』によると、こんな感じです。

「聴きいくうちにおのずから身うちがしまり、いつのまにか眼鏡が曇って来た。私はそのままでいた。捧読が終ると皆目がさめたようにして急に歩きはじめた。私も緊張して控室に戻り、もとの椅子に坐して、ゆっくり、しかし強くこの宣戦布告のみことのりを頭の中で繰りかえした。頭の中が透きとおるような気がした。
世界は一新せられた。時代はたった今大きく区切られた。（中略）急いで議場に行ってみると、ハワイ真珠湾襲撃の戦果が報ぜられていた。戦艦二隻轟沈というような思いもかけぬ捷報が、少し息をはずませたアナウンサアの声によって響きわたると、思わずなみ居る人達から拍手が起る。私は不覚にも落涙した」

なんだか、高村光太郎が顔をクシャクシャにしている様子が目に浮かんでくるような文章ですね（笑）。このようにあの日、開戦のニュースを聞いて「感動した」とか「光明がさした」、「胸がすっとした」という反応が特に目立ちます。これらはいわば、臣民としての感情が開戦によって掻き立てられ、興奮したような、一つの心理状態だったのではないでしょうか。

そういった感情が沸き起こった一方で、少し違った目で十二月八日の様子を描写しているものもあります。大谷敬二郎という、当時東京憲兵隊の隊長だった人がいます。大谷は開戦の日に東京の街へ出て、人々の反応などを観察し書き残しているんです。

街頭のラジオから開戦を告げる大本営の発表が流れ、そこに人が大勢集まっているわけですが、歓声が上がる風でもなく、みんな黙ってじっと聞き入り、ニュースが終わると黙ったまま立ち去っていった……と、彼はそのときの様子を描写しています。

もちろんこれは戦後になってから書かれたものです。大谷はその日の人びとの姿を見て、もしかして一般の日本人の多くはこの戦争を望んでいないのではないかと感じた、とも記しているんですね。

作家の伊藤整も、同じようにその日の街の静けさを『太平洋戦争日記』に書いています。彼はバスに乗って周囲の乗客に「いよいよ始まりましたね」といいたいのに、みんな押し黙っているので自分だけ興奮しているような気がした、この日は誰も笑っていなかったと。そんな、どこか冷めたような感情というものも当時、一部にあったということをうかがい知ることができると思います。

作家たちを戦争に協力させたもの

作家たちの話になったのでちょっと横道にそれますけれど、昭和十年代に活躍していた作家、言論人たちが、どのようなプロセスによってあの戦争に協力していったのか、ということを僕も調べてみたことがあります。その大きなものとして、戦争中の昭和十七年に徳富蘇峰の音頭で日本文学報国会、大日本言論報国会が設立されます。大川周明などに代表される作家や評論家らの多くが会員になって、国策の宣伝などに邁進することになるんですね。

そのきっかけは昭和十五年十二月、内閣直属の機関として情報局が誕生したことに端を発します。情報局とは軍と一体化したかたちで、思想の取締りやプロパガンダを目的とする機関で、大日本言論報国会などはこの情報局の指導で設立されたものなんです。ある作家がこの情報局に、当時の作家、言論人たちの名前を並べて一人一人に黒丸、半黒丸、白丸という、三種類で色分けしたリストを作って提出していたんですね。

黒丸というのは赤化思想の持ち主、つまり共産主義思想にかぶれている作家を指します。半黒丸は、共産主義者ではないけど戦争に協力的でないリベラリスト、白色は全面的に日本の聖戦に協力する者、という意味です。

このリストが大きな意味を持つようになったのは、例えば当時の『改造』や『中央公論』などの編集者に対し、情報局からあの作家には原稿を書かせるな、書かせたら発禁にするぞ、という圧力がかけられたからです。

戦後、こんなリストを誰が作ったんだということになりまして、犯人探しみたいなことになって、いろいろと噂になりました。ボードレールの翻訳などで知られたフランス文学者で、社会評論でも有名な中島健蔵もそのリストのなかに入っていて、彼につけられていたのは「半黒」。中島はそれを聞いたときに「ホッとした」(笑)と素直に感想を漏らしています。

黒丸がつけられたのは、例えば中野重治や宮本百合子など、明らかに共産党に近いとされた人びとでした。一方で、志賀直哉などは白丸になっていたそうです。

このリストが昭和十五年頃に情報局にまわった瞬間から、作家たちの態度もガラッと変わっていくんですね。彼らがどうして大東亜戦争完遂などといいだしたのかということの背景に、このリストのせいで原稿が書けなくなることへの恐怖があったんじゃないか、と思うんです。

当時の大物作家の一人だった正宗白鳥も、そのリストでは半黒にされています。面白いのは、このリストをつくった張本人が、一番問題なのはこの半黒なんだと情報局に指摘して注意を促していたことです。つまり、黒丸は確信犯的な共産主義者だから協力させようにもどうにもならないけど、この半黒こそが最もタチが悪い。この連中にこそ聖戦思想の再教育、思想教育をするべきだと説いたんです。文筆で食べている作家にとってこれは恐かったでしょうね。だって、そのリストにもとづいて雑誌などに圧力を書けられたら、食べていけなくなることを意味しますから。

じゃあ一体こんなリストを誰がつくったのかというと、これは中河与一という「天の夕顔」などを書いた浪漫派の作家だったと言われています。ただ、本人はそれを否定していましたから、真相は藪のなかです。

そんなこともあって、作家たちもかなり戦争に協力したんですね。昭和十六年一月に、有名な「戦陣訓」が全陸軍に対して示達されます。これは陸軍大臣だった東條英機が命じてつくらせた、軍人の行動規範ですね。

東條という人はとてもかっこつけたがりな性格で、議会で演説するための原稿でも、役人が作ってきたものをそのまま読むのを嫌がったんです。彼はわざわざそれを徳富蘇峰のところへ持っていって、格調高いきれいな日本語に直してもらっていました。難しい語句には、秘書が一つ一つルビをふってあげて（笑）。最近の総理大臣にもそういう人いましたたね。

秘書が蘇峰に漢字の読み方を聞くたびに、キミはそんな字も読めないのかとよく怒られた、と東條の元秘書が苦笑しながら話してくれたのを思い出します。

その戦陣訓も、軍人たちが起案したものに、作家たちが協力して文章を推敲したものなのです。例えば、島崎藤村やさっきの正宗白鳥などです。島崎藤村といえば、当時の文壇の大ボス的な存在でもありました。

でも、島崎藤村のような立場の人が、この戦陣訓に筆を入れて直してやるなんてことは、本来おかしいんじゃないかと思うんです。彼は日本ペンクラブの初代会長だった人でもありますから。

島崎ともあろう人が、「生キテ虜囚ノ辱メヲ受ケズ」と兵士に捕虜になるよりも玉砕を選ばせるような戦陣訓に協力したのか。また、武者小路実篤はなぜ戦時下に戦争を賛美するような『大東亜戦争私観』のような本を出したのか……。

さっきの臣民の立場、市民の立場ということでいえば、島崎藤村などは明らかに市民的な立場にいた人だったはずです。では彼は、東條の演説や戦陣訓の内容に納得して、軍に協力していったのでしょうか。

そうではないんですね。

僕なりに調べてみた結果、理由はいくつかありますけれど、どうもその根っこにあったのが、さきほどのリストの存在だったんですね。当時の日常のなかで少しずつプレッシャーが大きくなり、世情に納得した「ふり」をせざるをえなかったのではないか。僕は、そう思います。

開戦詔書と忠臣蔵の共通点

では、臣民であった国民に対して、当時の政治・軍事指導者たち、つまり東條首相兼陸相、東郷外相、嶋田海相といった面々ですけれど、彼らはどのようにあの戦争について説明したのでしょうか。

十二月八日、九日に国民に向けて発表した内容をよく見ていくと、そこには大きな特徴があります。

まず、日本は四月からアメリカと和平交渉を続け、隠忍自重を重ねてきたのだと。ところが、アメリカは我々の平和の意志をまったく無視した、よって太平洋の平穏な秩序を乱したのはアメリカの方である、と開戦に至った経緯について述べています。

さらに、日本としては聖戦であるところの日中間の戦争に対し、米英は不当に不義をなした、と強く批判しています。要するに、許せないのは日本の敵である蔣介石側に援助している、米英の利敵行為だという意味です。

その上で、これは開戦詔書にも同じ内容のことが書かれていますけど、事ここに至れば、二千六百年続いたこの国の「自存自衛」のために、断固戦わなければならないのだ、としています。

開戦の理由はそういうことで、続けて戦争にあたって臣民に望むことについて、これは朝夕で片付く問題ではない、この戦いは永久戦争なのだから長期の不敗体制を築かなくてはならないんだと。この国は建国以来一度も戦争で負けたことのない国だから、天皇の下に団結すればかならず勝つ、という精神論で国民の戦意を鼓舞しているんですね。

つまり、
①平和への意志をアメリカが無視したことへの怒り
②日本の聖戦に不義をなした
③自存自衛
④長期不敗体制の確立
⑤精神的統一
この五つが、戦争に踏み切った際の、政府が発表した論理の柱です。自分たちはあくまでも平和を望んでいたけれど、米英は日本のその意志を踏みにじり、妥協すらしようとし

ない。こうなったら正義の刃を彼らに対して抜くしかない……。

この構図って、何かに似ていると思いませんか。僕なんかはどうしても、忠臣蔵のことを思い浮かべてしまうんですよね。

忠臣蔵は今でも日本人に人気があって、よくドラマなどになったりします。播州赤穂浅野内匠頭が吉良上野介に度重なる意地悪をされ、江戸城中の松の廊下で刃傷沙汰に及びます。でも一方的に浅野内匠頭だけが切腹を命じられ、赤穂浪士の仇討ちが後に起こるんですね。

要するに、アメリカ、イギリスが吉良上野介で、その彼らにずっと意地悪をされ、隠忍自重してついに義挙として立ち上がったのが日本、仇討ちを率いた大石内蔵助という構図です。

どうもこういう話に日本人は弱いといいますか、日本人がすがすがしく感じる物語の典型なのかもしれませんね。それでどうしても正義の刃を抜いたその部分だけに目が向いてしまい、じゃあどうしてそこまで追い込まれてしまったの、ということにはあまり関心がないといいますか……。

とにかく、それが政府による開戦の説明です。でも、ちょっと待てよと。隠忍自重して刀を抜いた、自存自衛だということはわかるけど、そもそもこの戦争の目的は何ですか、ということなんです。

前にも紹介しましたが、『失敗の本質』という本から少し、引用させていただきます。ノモンハンからミッドウェー、ガダルカナルなど、太平洋戦争の戦場のなかから日本が敗れた六つの戦いをこの本は分析していて、最後に、日本とアメリカの戦略と組織のあり方の違いを分かりやすく対照させています。

例えば戦略志向について日本は短期決戦、アメリカは長期決戦だったり、技術体系は日本が一点豪華主義、アメリカは標準化など、様々な点で日米では考え方が違ったというんですね。

日本軍とアメリカ軍が何を評価するか、という違いもとても重要です。日本は動機やプロセスを評価する傾向があるのに対して、アメリカはとにかく結果を評価する。つまり成果主義ですね。

硫黄島や沖縄での戦いで、アメリカ軍は予想以上の自軍の犠牲者が出ると、次々に司令官や参謀を交代させました。これもアメリカの成果重視の姿勢です。結果が出なければ、どれだけそのプロセスが素晴らしくてもダメなんだと。

日本は、例えばミッドウェーで大敗北した時に、帰ってきた草鹿龍之介という参謀が山本五十六に「もう一度復讐させてください」と泣きつくんです。すると山本は、「じゃあもう一度そのチャンスを与えてやる」という具合に、どうも日本の組織は情に流されやすいところがあります。結果より、あいつは根性があるとか、一生懸命やっているからということを評価するんです。これは現在もあまり変わらないところがありますね。

不明瞭な日本の戦争目的

でも一番重要なことは、戦争の目的の違いなんじゃないでしょうか。その点について、この本では日本の戦争目的は「不明確」、一方のアメリカは「明確」だったと結論づけています。

アメリカは確かに戦争目的が明確でした。自国やヨーロッパの同盟関係にある民主主義国に対して不当な侵略を行った、日本、ドイツ、イタリアのファシズム体制を打倒し、民主主義を守るという、とてもシンプルで明確なものです。

『失敗の本質』で日本の戦略が不明確だったと指摘しているのは、例えばミッドウェー海戦などの個々の会戦で、日本がなぜそこで戦闘をしようとしたのかということがあいまいだったからなんです。戦略が不明確だったがために、戦術も有効に機能することなく、負け続ける結果になったということなんですね。

このことを考えると、各々の戦闘についてだけのことではなく、日本が始めた戦争の目的そのものが不明確だったのではないか、ということでもあると思うんです。日本が真珠湾奇襲攻撃によって始めた戦争の目的とは何だったのか。この点について僕もずいぶん考えましたし、その問題に詳しい人たちに話を聞いたりしたんですけれど、よくわからないというのが正直な感想です。

ＡＢＣＤ包囲網があったからだとか、日中戦争を泥沼化させた援蒋ルートを遮断するためだったとか、勢いづいていたドイツがヨーロッパを征服するだろうからそれに便乗したんだとか、いろんな細かい理由があるのはわかるんです。

でも本当の目的とは何だったのか。例えば開戦詔書を読んでみても、自存自衛のためだとか、石油がないからというようなことは書いてあります。でも、どう考えても石油がないから自存自衛のために立ち上がる、というのはその後三年八ヵ月もの長い戦争を戦う目的にしては、あまりにも小さすぎます。

例えば、アジアに日本を中心とした大東亜共栄圏を打ち立てて、そのなかで戦争に必要な資源を確保するんだと。それについても、では具体的にどのような物資の交易体制にしようとしたのか、共栄圏をどうやって維持していこうとしたのかということも、長期的な視野で考えられてはいませんでした。

この日本の戦争目的ということについては、ドイツの若い学者たちの研究でも「明確ではない」という結論が出ているんです。まあ、僕もそうだろうと思いますけれど。

やはり当時の日本の政治・軍事指導者に、真珠湾をまず叩いてそれからどういう戦争を展開していくのか、そこからどんな国益なりを引き出そうとしたのか、明確な目的がなかったとしか考えられません。

戦争というのは、いったん始まれば後は戦闘の積み重ねです。軍人にとっては与えられた個々の戦闘で相手を破り、その先にどちらかが参ったということで終わります。政治や外交はその状況を見ながら、どのタイミングで和平交渉に乗り出すか、ということを常に考えます。

政治・外交・軍事が一体になって戦争を有利なところで終わらせるということは当たり前の話ですし、日本だって日露戦争のときはそう考えてやっていたんですね。例えばセオドア・ルーズベルト米大統領と親交のあった金子堅太郎（伊藤内閣の司法大臣）をアメリカに派遣し、ロシアとの和平交渉に力を貸してもらえるように工作するなどしています。

ところが、太平洋戦争では日本はそういったことを一切やっていないんですね。軍人が首相だったことにも原因はありますけど、ただひたすら戦闘で「勝つ」ということだけしか考えていなかったんです。国民がどれほど死のうが、困窮しようが関係ないというわけです。

辛うじて戦争を終わらせる方法について検討したのが、開戦直前の十一月十五日に大本営政府連絡会議で諮られた「対米英蘭戦争終末促進ニ関スル件」というものです。このことは僕もよく書いたりしているので詳しくは述べませんが、状況がこうなった時に戦争をやめることにしようというような腹案なんです。

日本は同盟国のドイツ、イタリアと協力し、徹底してフランスやイギリスなどを叩いて屈服させ、アメリカの戦争継続意志を失わせる、というのがその腹案の主な内容です。つまり、ドイツがいずれヨーロッパの敵国を制圧してくれるだろう、そうすればアメリカは戦争を続ける意志を失うだろう……。

でも、これって全て、ただの〝願望〟ですよね。

この「対米英蘭戦争終末促進ニ関スル件」は十一月初旬、戦争の準備だけがどんどん進んでいる状況のなか、作成されました。東條英機や武藤章、佐藤賢了など陸軍省上層部の間で、戦争をどういう時にやめるのかという腹案を作っておかなくてはいけないということになり、有能な軍務課の官僚だった石井秋穂という人物にそれをまとめるよう命じたんです。

それで海軍省からも藤井茂という軍務課の高級官僚がそれに加わります。二人とも当時三十九歳という若さでした。

役所ですから、普段でも彼らのような若手が議案の叩き台をまずつくるんですね。それが陸軍省や海軍省の組織のなかを上がっていき、最後は陸軍大臣、海軍大臣が判を押して、大本営政府連絡会議にかけられるわけです。当時は軍が出せば、ほぼそのまま通るような状況でしたが。

石井秋穂さんとは取材でとても親しくなりまして、いろんなことを話してもらえる関係になりました。昭和五十年代からのことですが、この「戦争終末促進ニ関スル件」の腹案を作ったときのことを聞かせてもらったんです。

石井さんは開口一番、いやあ……考えてみれば無茶苦茶な話ですよ……というんです。海軍の藤井さんと二人で机を挟んで、日本が勝つという状況を想定しなきゃいけないんだよなあ、としばらく考え込んでしまったそうですけどね。ちなみに藤井さんというのは戦後、ある有力紙の論説委員をされていた方と聞きました。

彼らが考えても、軍事力で英米に勝てるという確証は何もない。だから先ほどのような、願望みたいな内容の腹案をつくるしかなかったんだと仰ってました。それで上司に提出したら、それがそのまま上がっていって、大臣の東條が決済して大本営政府連絡会議に提出されたんだそうです。

結局のところ連絡会議でも、その内容については特に異議も出ず、了承されてしまうんですね。政府の方からも「そんな願望のような内容でいいのか」という声すら、上がらなかったのです。

石井さんに言わせれば、「対米英蘭戦争終末促進ニ関スル件」は四十歳手前の若手官僚がつくれと命じられ、むりやり頭のなかで作った作文にすぎません。彼らも当然、上層部の会議で手直しされていくんだろうと思っていたそうですけど、そのまま決定されたことに彼ら自身も驚いた、というお話でした。

そもそもこの戦争を始めるときの目的が不明確なら、それをどうやって終わらせるかということも不明確……。それがあの戦争の、一つの本質なんですね。

とにかく「勝つ」、負けるということは考えずに勝つまでやる、というものだったとしか、考えようがないんです。

ヘレン・ミアーズが見た日米戦争

このことを考えると非常に腹立たしくなってきますので、少し話題を変えて、アメリカ人の十二月八日というものがどうだったか、ということを考えることにしましょう。

真珠湾攻撃のニュースを聞いたときの、アメリカ人が示した反応について有名な話があります。一九七七年に出版された『栄光と夢　アメリカ現代史2』から、その部分を引用してみます。

「シカゴでは、大勢の人が新聞売場にむらがって『トリビューン』の号外を買おうとしていた。通りすがりの肥った婦人が近くにいた男にたずねた。『何ごとですの？』彼は答えた。『戦争ですよ、奥さん。大声で叫んでるじゃありませんか。』すると彼女は言った。『へえ、まさか。で、誰と戦争してるんです？』そのセリフは二、三日のあいだちょっとした流行語となり、語られるたびに人びとをくすくす笑わせた……」

この「誰と戦争しているの」という台詞が、アメリカでは一時期流行ったそうです。アメリカ人にとっては極東の日本という国のことすらよく知らないし、そもそも太平洋のことに関心がない人たちがいかに多かったか、ということですね。

その一方で、日本の真珠湾攻撃に対して、日本人に共感した人たちというのもいたんですね。これは主にアフリカ系アメリカ人層です。

それにはアメリカ社会での人種差別という背景があって、もちろん彼らに日本側が意図的にてこ入れをしていたという側面もありましたが、彼らのなかに真珠湾攻撃を目の当たりにして、日本人と似た興奮を示した人たちがいたんです。そして一時的にですが、真珠湾を攻撃した日本というのはどんな国なんだろう、ミカドって神様らしいよ、などと好意的な関心を持つようになった人たちもいたんですね。

では、アメリカの政治指導者たちはどう国民に伝えたんでしょうか。国家と国民の関係で言えば、アメリカでは大統領を直接有権者の手で選び、議会が機能していましたから、アメリカ国民は市民ですね。

これはもう、とにかくシンプルの一言に尽きます。前章で触れたルーズベルトの開戦演説がまずそうです。日本軍からどういう攻撃を受けたかという事実を余計なコメントを挟まずにストレートに伝え、その状況を受けて我々は戦います、という政治的な決定をしたというこの二つだけなんです。事実と決定だけ。

つまり、我が国はあらたな敵による攻撃を受けたので、政治指導者としてそれと戦うことにしましたよ、というだけで国民に伝わるというところが、市民的な了解でもあるんですね。

日本の占領期に書かれて、マッカーサーが怒って「絶対に日本語には訳させない」とまで言って発売禁止にした本があります。ヘレン・ミアーズというアメリカの東洋学者が書いた『アメリカの鏡・日本』という本です。

彼女はこの本のなかで次のように書いています。

「アメリカ側のさまざまな公式声明から考えるならば、『卑劣な攻撃』『屈辱の日』は違う言葉で考えなおす必要があるようだ。これは『世界征服』を企む野蛮人による『一方的』で裏切りの攻撃だったのか。あるいは、圧倒的に強い国との力のゲームに引きずり込まれたと思っている国が、経済封鎖に対して挑んだ攻撃だったのか。この違いはきわめて大きい。どうやらパールハーバーは戦争の原因ではなく、アメリカと日本がすでに始めていた戦争の一行動にすぎないようだ。したがって『なぜ日本はわれわれを攻撃したか』を考えるなら、『なぜわれわれは、すでに日本との戦争を始めていたか』について考えなければならない。そうでなければ、パールハーバーという難問を解くことはできないのだ」

ここにでてくる「なぜわれわれは、すでに日本との戦争を始めていたか」というのは、アメリカが中国を支援したり、日米通商航海条約を破棄したりしたことを指しています。パールハーバーの前に、日米間は事実上の戦争状態にあったんだと、この著者は指摘しているんですね。

彼女の論評の面白さというのはこういうことです。真珠湾攻撃について、当時のアメリカ民主党政権は「屈辱の日」と呼び、日本に卑劣な攻撃を受けたとその事実を国民に伝えていました。でもこの筆者は、本当にそうだったんだろうかと、鋭い疑問を呈しているわけです。

もしかしたら、一九三〇年代の大国間のパワーゲームに参加を余儀なくされたアジアの小国が、そのゲームのなかに巧みにしかけられた罠にどんどん落ち込んでいった結果だったのではないのかと。こういうまったく違う見方もできるんだ、ということを書いているんですね。

この本が一九四〇年代の後半に書かれたということが重要です。つまり、戦後に東西冷戦という新しい構図が誕生するなかで生まれた、あの戦争の捉え方でもあるということなのです。

大国間のパワーゲームの世界で自らのポジションを守り、拡大していくためには、高度な政治力や外交力が要求されます。だから、そういう能力が未熟なアジアの小国の政治指導者が苛立って、ついには歯を剥き出しにして自分たちに襲いかかってきた、という見方もできるんだよということなんです。

これは、彼女が日本を弁護していっている話ではありません。そこがアメリカ人らしいところですけど、東西冷戦下では相手を追い込むのならもっとうまくやるべきだ、パワーゲームで追い込まれた国というのは突然戦争をしかけてくることもあるんだ、ということを教訓とすべきだ、ということも彼女は論じていますから。

真珠湾の捉え方という意味でいえば、アメリカの方が日本よりも、当時も今も非常に多様な見方を提示しています。

その解釈は、東西冷戦下で変わりましたし、冷戦が終わるとまた変わります。日本が行った真珠湾攻撃も、それは多くの側面を持つ多面体であって、時代が変わっていく度に異なる側面がクローズアップされていくものなんでしょう。

日本だと、どちらかというと単元色的な解釈に固まってしまっているんじゃないでしょうか。「申し訳ありませんでした。ただ、一言弁解させていただけるなら我々にも若干の理由があるんですが……」という姿勢です。それが戦後、貫かれてきたといってもいいでしょう。

これも前章でいいましたけど、アメリカの解釈の一番根幹の部分にあるのは、日本との戦争は「いい戦争」「正しい戦争」だったという認識です。自分たちに何の誤謬もない戦争だったという共通の理解が背景にあって、今までアメリカが経験してきた数々の戦争のなかでも唯一「正しい戦争」だったといえるのが日本との戦争なんです。

アメリカにとってあの戦争が「よい戦争」ということになれば、必然的に日本にとってそれは「悪い戦争」ということになります。アメリカに戦争で負け、アメリカに従属するかたちになったときに、日本にとってあれは「悪い戦争」だったのだということを戦後の第一歩にしたんですね。

だから、これはいいとか悪いとかいう話はさておいて、アメリカが「いい戦争」だというものに対して自分たちは「悪い戦争」だったという認識であの真珠湾のことを語る、そういう構図に否応ながらもなってしまったということなんだと思います。

口を割らないアメリカ人捕虜

『写真週報』という戦時下で情報局が発行していた写真中心のメディア媒体がありまして、昭和十四年から二十年まで発行されていました。それを見ると、長期不敗体制をどうやってつくるかという話題が毎週大きく取り上げられ、とにかくみんなで貯金しなさいとか、債券を買いなさいということに始まって、畑でイモを作りなさいということまで国民に指導しています。

なかには、アメリカ兵の捕虜の写真が掲載されていて、そこには「敵米兵が皇軍の温情に感謝」という見出しがつけられているのもあります。捕虜のアメリカ兵に日本の兵隊がいたわりの優しい言葉をかけて、米兵が感謝したという内容です。

これはプロパガンダですから仕方ないんですけど、実際はそうじゃないんです。米兵捕虜をいくら尋問しても、彼らのほとんどは自分の認識番号と名前ぐらいしか言わず、後は何を聞いても答えなかった、というのが実態でした。それで日本側はそのなかで目星をつけた捕虜を、専門の担当者が拷問にかけるんです。

昭和四十年代のことでしたが、戦前の特高警察のことを取材していたときに、警視庁管内での拷問係の話を聞いたことがあります。それは共産主義者の取調べの際に出てくる刑事で、その名前を聞いたら、活動家たちもみんな震え上がったといわれるほどの有名な拷問係なんですね。

僕はその人の名前を資料で見つけて、ずっと本人に取材したいと思って調べてるんですけど、昭和二十年を境にプッツリと消息がわからなくなったままなのです。資料によれば、その拷問係は身の丈五尺、かなり小さい体で、目が異様に輝いていたとあります。それで、こいつを拷問にかけろということになると、その男がわざわざ呼ばれてくるんだそうです。

普通の刑事は、抵抗感もありますからそう簡単に拷問なんかできないんです。だからその彼のような存在が重宝されたんですね。有名な事件ではゾルゲ事件の尾崎秀実がいますが、彼が拷問を受けて房に帰ってきたときなどは立ち上がることさえできず、地面を這うようにしてきて、口のなかは血だらけ、顔面は別人かというくらいに腫れ上がっていたそうです。

そういう拷問係は警察だけではなく、軍にもいました。

僕は米兵捕虜の通訳だった人たちに話を聞いたことがありますが、とにかく米兵は口が固く、名前と認識番号と出身地、それ以上は一切話さなかったといいます。それで何か言いたいことはないかと問うと、決まって彼らが口にしたのは「お前たち（日本人）はオレたちには絶対に勝てない。だから拷問でも何でも好きにしろ」という台詞だったそうです。それでも、拷問すれば情報が取れることがあるので、どうしてもやってしまうんですね。英米にも明るいインテリ将軍と言われた本間雅晴という人でさえ、米兵に対する拷問を命じていたぐらいですから。

なにもそれは日本に限ったことではないですけど、アメリカの方はもっと巧妙なんです。殴ったり蹴ったりの暴力で口を割らせるよりも、日本兵捕虜の前で日本の懐かしい童謡を歌ったら、驚くことにほぼ全員が口を割って全部しゃべるようになったそうです。これは最近出た、『トレーシー』という中田整一さんの本などで明らかになってきた事実です。

アメリカ軍というのは階級の間で情報の共有度というのがかなりきちんと分けられていたので、一人の兵士に聞いても情報が限られているといった側面もあります。でも、精神的な揺るぎなさという意味でもアメリカ兵の方がちゃんとしていたというべきかもしれません。

日本兵の場合は一旦、心の壁が崩れると部隊内で聞いた話から仲間の家族関係に至るまで洗いざらいしゃべってしまう傾向があったようです。これはアメリカ側の資料にもそのことがきちんと書かれています。

こんなところにも、臣民と市民の違いが出てきているのかもしれませんね。アメリカ兵捕虜が口を割らなかったのは、市民的な個が確立されていて、自分の戦っている意味をきちんと理解していたからだとすれば、臣民だった日本兵は組織から切り離されるともともと個が確立されていないために相手に合わせてしまうところがあったのかもしれません。

のみならず、自分たちの国の戦争の目的というものが不明確であったがために、兵士一人一人にまで「なぜ戦うのか」ということが徹底的に納得されていなかった、ということもあったのかなあと思います。

その意味でも、あの戦争をはじめるにあたってこの国にしっかりした目的がなかった、ということが悔やまれることですね。

開戦詔書に入れて欲しかった一文

僕が前からいってきたことでもあるんですけど、あの開戦詔書のなかに、ある文章を三行ぐらい入れておけば、少しは違ったことになったのではないかと思っているんですね。

例えばこういうことです。

十六世紀以来の西洋列強による世界の植民地支配の鉄鎖を、我々日本人が打破することが歴史的な使命であることに気づいたと。そして、自存自衛のため資源を確保するという目的もあるが、勝敗の帰趨を問わず、武力を持ってその鉄鎖を打ち破るべく立ち上がったのだ……。それが我々の目的である、と断言するのです。

もしこんな一文が開戦詔書に入っていれば、戦争で敗れても、その目的が何だったのか、ということが後に残り、後世の人たちは納得しますよね。それが入ってないのに、いやそういう目的があったんだと後になっていくら主張しても、それはただの後付けにすぎないのです。

ただ、現実的にそういう内容の戦争目的にあたることを、当時入れることができたのかどうかということを考えると、結論としては決して入れられなかった、と思うんです。なぜかといえば、そんなことを当時の指導者たちは一切考えていなかったからです。つまり、あの戦争は、そこまでの思想や歴史観のない政治、軍事指導者たちがやった戦争だった、ということなんです。

先ほどの「戦争終末促進ニ関スル件」の叩き台をつくった石井さんとも以前に、そういう話になりましてね。僕が、どうして西洋の植民地支配を打破するというようなことを開戦詔書に入れなかったんですか、と聞いたんです。

石井さんの答えはこうでした。

「確かにそういう話も一部でありましたけど、我々の国にそんなことができるほどの余裕がありますか？　アジアの人たちを解放するなんてことができるほどの力が、日本にありましたか？　考えてみればわかることです」

石井さんによれば、当時はとにかく自存自衛のために、ということしかみんなの頭になかった、ということでした。

つまり、手足はどんどん動いていくのに、それを動かす肝心な頭がなかったということなんですね、戦争の目的があいまいだということは。

西洋による植民地支配を日本が打破するというような、みんながアッと驚く戦争目的についての文言が現実に開戦詔書に盛りこまれていたら、どうだったでしょうかね。

もしそれがあったら、確かに戦争中に起きたあらゆることは酷く、二度と繰り返してはならないことではあるけれど、あの時代に生きた日本人はそうすることが歴史的な使命だと思ったんだ、という汲み取り方もできたかもしれません。

でもそれがそこになかった以上、あの戦争がそういう使命感から出たものだったという汲み取り方はできませんし、酷な言い方ですがそれをいくら後で言いだしても後知恵になってしまうんですね。

日本はもう二度と戦争をしないと思いますけれど、そういう力がなかったのに戦争をしてしまったということこそ、反省すべきなんでしょうね。じゃあそういう力を持った時には戦争やっていいのかということになりますけど、逆にそういう力をもったら戦争などしなくなる、ということでもあると僕は思います。

二〇一一年三月十一日の東北大震災についてどう考えるべきか、対談などをさせてもらったりしますけど、僕のなかではっきりしていることが一つあります。それは、3・11前の思想とその後の思想は変わる、ということなんです。

二十世紀というのは、理論や思想、そして現実を動かす研究があったりして、それを現実が追いかけていった時代でしたね。共産主義のような思想、物理学などの科学がどんどん現実を引っ張ってきました。時には失敗し、我々の理解を超えるほど大きくなりながら、二十一世紀に入りました。

でも、二十世紀を引っ張ってきた思想などが、社会主義の崩壊などに見られるように少しずつ崩れ始めてきて、宗教や民族といったプリミティブな問題があちこちで噴出するようになってきています。思想や理論が崩れたら、また新しいものをつくり出さなくてはいけません。

そういうときに、私たちはあの3・11を迎えたんですね。

宗教や民族といったものとは違う、二十一世紀を引っ張っていくような新しい思想のようなものが今、必要なんだと思います。僕は、それを生み出すべきは日本人こそふさわしいと思うんですが。

そういうものがどこから出てくるんだろうか、ということを考えた時に、「なんで当時の日本人はそんなことが分からなかったんですか」とストレートな質問をした高校生、日本人は当時全員が戦闘員だったのだからアメリカ人が空襲に痛みを感じないのは当然じゃないかと言った大学生のことばを思い出すんです。我々世代が思いもよらなかった視点で歴史や社会現象を考えることのできるそういう彼らにこそ、3・11後の新しい思想を生み出す資格があるんじゃないかと思うんですね。私はそれが楽しみなんです。

第5章
十二月八日と「ヒロシマ」

自分が年寄りになってきた証拠なのかもしれませんけど、最近の若い人（特にジャーナリスト）が書いた本を読むと、ああ、ものの見方が変わってきたんだなと、つくづく感じることがあるんです。

一九七〇年代後半生まれの研究者が書いた永田鉄山についての評伝を読んで驚きました。いわずもがなでしょうが永田鉄山は昭和陸軍の軍人、統制派の重鎮的存在で、軍務局長のときに皇道派の相沢三郎に惨殺された人物ですね。その能力の優れた点は軍内でも知られていました。

資料や文書、記録を丹念にあたり、実によく調べた本なのですが、全体として解釈が永田寄りで、多くの陸軍軍人に直接話を聞いてきた者としましては至るところに違和感が残りました。永田の評伝なのだから永田寄りなのは当たり前としても、彼がデモクラシーの潮流に当時の陸軍を合わせようとしていた、という見方は買いかぶり過ぎ。さらに彼を、戦争をしたくなかった平和主義者であったかのように描いているのには、開いた口がふさがりませんでした。

あの戦争を同時代史的に体験し、戦後とはいえ当時の関係者に取材してきた僕の立場からいえば、永田鉄山は平和主義者、あるいはそれに属するタイプではありません。彼が国家総力戦という考え方に傾倒したのは、もし日本が戦争をするなら国家総力戦でなければ戦えない、つまり、戦って勝つには軍人だけではなく、財界人や文化人、国民全員を動員しなくてはならないと考えたからです。

軍人とは、戦争が好きとか平和が好きということではありません。軍人は、戦争のプロフェッショナルなのです。彼らの責務は、仮に戦争になったらどう戦うかということを日常的に研究し、そのときに軍事的なシステムがきちんと機能するよう、組織を維持し続けることです。

永田が殺害されずに生きていたら、日本は戦争をしなかったのではないか、という見方は一貫してあるのですが、僕などはそれにズレを感じてしまいます。そういう捉え方の延長線上にある人物像が描かれるというのは、今の若い世代に戦争というものが実体として伝わっていないのではないか、とも思います。

僕が今、お付き合いする出版社の編集者の方々も、同年代はもちろんリタイヤしていますから、主に三十代や四十代の若い世代です。あるとき、三十代の某出版社の編集者が僕のところへやってきて、別れ際に床についた手よりも頭が下にあるんじゃないかというほどの(笑)、これが本当の平身低頭かという挨拶をしたんです。僕がどうしてそんなことするの、と聞いたら、著者に会うときはそうしろと先輩から教えられたと。どうせ、その先輩はそんなことしたこともないと思うんですけど(笑)。

最近の若い人たちは、頭もよくて優秀です。ただ、教えられたことを自分のなかで吟味して咀嚼する力が落ちてきているのかなと思うんです。平身低頭もそのいい例じゃないでしょうか。もしかしたら、最近の若者は父親のような世代と論争したりすることがなくなってきているからなのかな、とも考えます。

僕らなんか、まず父親が抵抗する最初の存在でした。どうしてオヤジは戦争に反対しなかったのか、とよくつっかかった経験が、我々の世代には共通してあります。

ある全国紙の記者だった友人がいまして、彼の父親は画家でした。戦争中はとても食べていけませんから、戦争協力というかたちで仕事をもらっていたそうです。その彼が高校生のとき、父親の戦争への協力をめぐって、それこそ取っ組み合いの大げんかまでやったそうですけど、そんなことだって珍しいことではありません。

僕の父は旧制中学の数学教師で、やっぱり自分が物心ついたころに同じような父親への反感を持ちました。今思えば、そんなときのオヤジは目を白黒させて、みんなが戦争をしたかったわけじゃない、といいたいのを我慢していたのかもしれませんけど。

僕らは戦後民主主義の教育を受けた第一世代でしたから、父親たちの世代を間違った戦争に反対しなかった人たちのように考えたんですね。でも我々も年をとって、当時のことを語り合ったりするなかで、どうしてオヤジは戦争に反対しなかったのか、という問いかけそのものがなぜ起こったかということが、わかるようになってきました。

まず、政治勢力の渦中に巻き込まれて、自立した考え方が身に付かなかったということがあります。左翼的なものの見方が席巻していた時代でしたから。それに、戦争の形態がどういうものだったのかをよく知らないまま、観念だけで問うたという側面もあったと思います。

それでも、親子の間で論争、ケンカしたことは、僕はすごくよかったんじゃないかと思うんです。最近の若者は非常にまじめなんですけど、純粋培養されたような、いわれたことをそのまま受け売りにしてしまうところがあります。そういうのは、僕は非常に危ないなあとも思うんですね。

国を誤らせた陸軍大学の教育法

純粋培養という意味でどこか似ているなと思い返すと、戦前の軍のエリート養成システムもそうなんです。当時、陸軍の参謀本部や海軍軍令部という中枢の幕僚になれたのは、陸軍大学校や海軍大学校の一握りの成績優秀者、つまりトップから五番以内ぐらいまででした。その一握りの優秀な面々が頭を絞って考えた結果が、対英米開戦という決断だったわけです。

僕はあるとき、彼らは本当に優秀だったんだろうか、という問いを立ててみたことがあります。それで、当時の陸大や海大でどんなふうに成績が決められたのか、文献にあたったり関係者に聞いて歩きました。

例えば陸大を上位五番以内で卒業すれば、参謀次長直結の人事で参謀本部の作戦部に入れます。そこに入るためにはどんな勉強をすればいいのか、どういう仕組みになっていたのか、気になりますよね。

陸大には、だいたい中尉クラス、三十歳ぐらいで入ってきます。士官学校を二十歳ぐらいで出るとまず隊付勤務を十年ほどやり、連隊長の推薦があったり自分で勉強して、陸大を目指します。何千人も受けて五十人しか合格しないんですから、優秀は優秀なんです。

でもその「優秀」さとは、極めて即物的なものです。そのことを、僕たちは知っておく必要があると思います。陸大に入ってからの教育はどうだったのかというと、法律や経済学なども建前としてはあって、当時の東京帝大などから先生が教えにきます。でもそれらの講義はほんの一部で、ほとんどは軍事の勉強です。当たり前ですけど彼らは司令官や参謀長の卵ですから、どういう戦争指導をするか、ということが中心なんです。

じゃあそういう勉強をやって、もちろんペーパーテストですけど、成績の順位というのはどうやって決まるのか、ということになります。陸大の教官というのは佐官クラス、十歳から二十歳ぐらい年上の、まあいってみればお仲間です。

あの東條英機も、大正時代に陸大の教官を務めていました。戦史や戦術を教えるとき、彼はよく第一次世界大戦のドイツとフランスの戦い、西部戦線を教材で取り上げたそうです。この西部戦線はフランス軍がほぼ独力で戦って、ベルギーなども戦場になりましたが、最終的にはドイツが追い込まれて休戦を求めた戦いです。その戦史をもとに、もし自分がドイツ側だったらどうするか、フランス側だったらどうするかというケーススタディー方式で、例えば西部戦線におけるフランス軍の指揮について書け、ドイツ軍の戦術をどう思うかという具合に論文形式で回答させるのです。

東條さんはご存知のとおり、ドイツびいきです。彼の持論は、西部戦線におけるドイツの敗北は兵隊が弱かったわけでも、参謀による作戦指導に誤りがあったわけでもないというものでした。ドイツ敗北の真の原因は、ドイツ社会に革命が起こりそうなほど厭戦気分が蔓延して、後方がそんな状態だから前線の兵士の士気が落ちてしまったからだ、という考え方です。必ずしも客観性があるわけではありませんが。

陸大の学生のなかにはもちろん、フランスびいきの人間もいました。例えば稲田正純という陸軍中将にまでなった人がいますけど、彼の手記に東條さんがいかに独善的だったか、詳しく書かれています。

それによると、試験で稲田さんが徹底的にドイツ軍の弱点を挙げて回答をまとめたら、東條が怒って零点に近い点数をつけたことがあったそうです。東條の持論通り書いた学生には、百点に近い高評価がついたと。

要するに、陸大で一番になるというのはそういうことなんです。石原莞爾などは例外で、そのずば抜けた頭脳に教官の方が恐れをなして、こいつに低い点数をつけたら自分が恥をかくと思わせるほどでした。

石原の本当の成績は、一番だったんです。ただトップの陸大生は天皇の前で御前講演をするしきたりがあり、彼のような過激な人間を天皇の前に出したら何をいいだすか危なくてしょうがない（笑）。それで教官たちが頭を悩ませて、彼をあえて二番にしてしまったというエピソードが残っています。

石原のように、教官たちのレベルを凌ぐような独自の考え方を持っている学生が五番以内に入るというのは例外中の例外、といってもおかしくありませんでした。ほとんどは、教官の考え方に寄りそうように答えを書いて好成績をとる、すなわち陸軍のヒエラルキーのなかに自己をうまく合わせた者だけが、五番以内に入ることができた、というわけです。

名前を挙げると語弊があるかもしれませんが、そのいい例が瀬島龍三ともいわれています。僕は瀬島のことを前に取材して、当時の関係者にかなり話を聞いたところ、誰も彼のことを頭が良かったとはいわないんです。でも彼は、陸大を一番で卒業しています。当時の同期生たちが口を揃えていうには、瀬島という人は教官が望む回答を忖度して書くことに抜きん出た才能があった、ということでした。

そういう、カッコ付きの〝優秀〟な学生たちが参謀本部勤務になって、作戦を立案し、高度な政策会議に出て物事を決めていたということなんですね。そういう人たちによってあの戦争が起こされたということを考えると、とても悔やんでも悔やみきれない思いがします。

どうしてあのとき、自分の立場をかなぐり捨ててでも「ちょっと待て、本当に開戦していいのか」という人間がいなかったのか。国家の存亡にかかわる重大事なんですからそういう人が少しはいてもいいはずですが、見事にいませんでした。そういうタイプの人間をあらかじめ排除してしまうような組織原理を、陸軍も海軍も抱え込んでしまっていたということです。

やはり人あっての国ですから、今も昔も、教育の仕方というものがいかに大事か、それは変わらないことなんだとあらためて思います。

ドレスデン空襲式典から考える「真珠湾とヒロシマ」

前置きが長くなりました。ここまで、十二月八日の真珠湾の日をいくつかの視点で見てきました。その最後に、真珠湾で始まった三年八ヵ月の戦争という時代空間の一つの帰結、一九四五年八月六日、広島への原子爆弾投下のことを考えてみたいと思います。

どうして広島なのかというと、真珠湾をあの戦争の入り口とすれば、その出口はやはり広島なんですね。出口は八月十五日じゃないかといわれるかもしれませんけど、日本がその日の敗戦に至るもっとも大きな理由が、この広島だったと考えられるからです。

もちろん、八月八日にソ連が日ソ中立条約を破棄して日本に宣戦布告してきた事態も大きなことです。ただ、天皇が終戦を決断していくプロセスをよく調べていくと、やはり広島への原爆投下が大きなウェイトを占めていたことがわかります。終戦の詔書にも、広島

や長崎という地名こそ出ていませんけれど、
「敵ハ新ニ残虐ナル爆弾ヲ使用シテ頻ニ無辜ヲ殺傷シ惨害ノ及フ所眞ニ測ルヘカラサルニ至ル」

というかたちで表現されています。

これまでにお話ししてきたように、パールハーバーについては八十年代の貿易摩擦のころに「日本は経済で戦争を仕掛けてきた」といわれたり、アルカイダによる同時多発テロでは「これはパールハーバーだ」と、アメリカで繰り返し蒸し返されてきました。けれど、ヒロシマのことには一切言及しないんですね。

パールハーバーという言葉の裏にあるのは、汚い不意打、だまし討ちということです。我々の理解では意図してだまし討ちをしたわけではないけれど、結果的にそうだったということが史実として逆手に取られてしまったからでもあります。

そのことを考えると、私たち日本人の側からあの戦争の入り口だったパールハーバーについて、きちんと説明する必要があるのはもちろん、同時にその出口にあたるヒロシマについての論点を、日本人こそ明確にする必要があると思うんです。つまり、真珠湾と広島をワンセット、一体的に捉えるような視点が必要なのではないか、ということです。

これは、戦勝国側の非道の論理に対して、負けた側が意固地になって広島を持ち出すという、ナショナリスティックな意味ではありません。真珠湾と広島がセットになって一つの戦争という時代空間がつくられていたのですから、そのことを私たちが客観的に語っていく姿勢が、これから求められるんじゃないかと思うんですね。

よく日本はドイツと比較され、様々な点でドイツの方があの戦争に対してきちんと反省していると論じられることがあります。確かに部分的にはそうなのかもしれませんが、日本があまり反省していないと見られてしまう背景には、史実の捉え方を日本人があいまいにしてきたということもあるのではないでしょうか。

3章の冒頭で、僕の知人である元共同通信社の松尾文夫さんのお話しをさせてもらいました。アメリカ大統領と日本の天皇もしくは総理大臣が、ハワイのアリゾナ記念館と広島の原爆記念碑を訪れて相互献花しようという運動をされている人ですね。この松尾さんがどうしてそんなことを考えるようになったのか、その理由というのも、実はドイツと関係があるんです。

一九九五年にドイツのドレスデンに出張していた松尾さんは、ある日テレビのニュースで、前夜に「夜間無差別焼夷弾爆撃五十周年」という式典がそこで行われていたことを知るんです。

ドイツ東部の都市ドレスデンを英米連合軍が無差別空襲したのは、ナチス・ドイツの敗北が迫る一九四五年二月十三日と十四日の二日間でした。ソ連による東からの進攻を支援するという目的で行われたその爆撃で、三万五千人の市民が亡くなったといわれています。その約一ヵ月後の三月十日が、東京大空襲なんですね。

松尾さんはそのニュースを見て、彼が記している言葉を借りれば「突き上げるようなショック」を受けたそうです。なぜなら、ドレスデンで行われた式典には爆撃の当事者である米英の代表、例えばエリザベス女王の名代や陸軍元帥までが参列していたからなんですね。さらにいえば、犠牲者の数でははるかに多かった東京大空襲で、そんな式典が行われたことすらなかった、という事実についてなんです。

松尾さんはそれからこの式典のことを調べ、もう一つ発見をしているんですね。それは、式典に出席したドイツのローマン・ヘルツォーク大統領の演説です。松尾さんの著書から少々引用させてもらいます。

「生命は生命で相殺できません。苦痛を苦痛で、死の恐怖を死の恐怖で、追放を追放で、戦闘を戦闘で、相殺することはできません。人間的な悲しみを相殺することはできないのです」

「まず死者に対する哀悼を捧げたいと思います。それは文明の起源にまで遡る人間感情の表現です。歴史全体を理解しない限り、人は歴史を克服できないし、安寧も和解も得ることはできません。そして我々は我々の弔意を、我々ドイツ人が他の国民に対して行った犯罪行為を自国の戦争犠牲者、追放犠牲者によって相殺しようとしている、と主張する人に対して、それが誰であるにせよ抗議します」

松尾さんはこの演説を、「死者の相殺はできない」という論理で英米の非戦闘員に対する爆撃の責任を言外に迫り、その上で敵味方がともに死者への哀悼を捧げて「和解」を宣言したものとして高く評価しておられます。ちなみに、こんな式典がドレスデンで行われていたことを、日本のメディアはまったく報じなかったそうですが。

このドレスデンのケースは、真珠湾と広島を一つのものとして考える上でとても示唆に富んでいると思いますが、いかがでしょうか。松尾さんの指摘は大変貴重です。

日本人はパールハーバーのことを持ち出されると、どうしても平身低頭してしまうところがいまだにあります。さっきの若い編集者じゃありませんが（笑）。ですから、もっと客観的に史実を捉える必要があるんじゃないか、と思うんですね。

戦争被害者の序列

すでに旧聞ですけれど、新聞に載っていた話で（二〇一一年六月）、広島市長が被爆者への補償について「権利要求みたいにくれ、くれではなくて、感謝の気持ちを忘れんようにしてほしい」と発言したことがありました。

こういう発言が被爆者を抱える広島市長から飛び出したということに、開戦から七十年という時間が経ったんだなあと、感慨をあらたにしました。もし昭和三十年代や四十年代だったら市長は口が裂けてもそんなことといわないでしょうし、発言したら辞職では済まない、大変な騒動になっていたことでしょう。まあ、彼のいわんとする意味は少しはわかりますが、広島市長という立場でそのいい方はどうかな、とも思いましたけれど。

僕はもう何十年も物書きという仕事を続けてきました。昔、三十代の駆け出しの頃によくやったのは、いわゆるゴーストライターという仕事でした。著名な経済人などの著書で、信越化学工業創業者の小坂順造さん、日本興業銀行の頭取で財界の鞍馬天狗と呼ばれた中山素平さんなど、五、六人の方のゴーストライターをさせていただいたんですね。

それで、原爆被害者の団体である被団協（原水爆被害者団体協議会）のある高名な人物が本を出すことになって、昭和五十年の初め、そのゴーストを出版社から頼まれたことがありました。僕がその人のところへいって一週間ぐらい話を聞き、その談話をテープにとってまとめる、要するに代理執筆するという仕事でした。

それが誰かというのはまだ言えません。が、僕はその仕事を通じて、被爆者の方々の主張にはある共通の弱点がある、という気がしています。この思いは、今でも変わりません。もちろん原爆による被爆というのは、戦争被害です。でも、戦争被害にはいろんなケースがあります。例えば、息子たちが召集されて労働力が足りず、山の畑で農作業をしていた老人が、たまたま空襲に来た米軍機の機銃掃射で命を落とした。それも、戦争被害者という意味では同じです。

アメリカ軍にしてみればこの戦争は国家総力戦ですから、民間人であろうとも殺害は当然だ、正義だということになるのでしょう。しかし、山のなかの畑で機銃掃射されて死亡した老人は、戦死扱いもされず、もちろん、補償だってありません。実はこういうケースはたくさんあって、東京大空襲を始めとする各地の空襲被害者たちもそうなんですね。

戦後の日本社会は、あの戦争の戦死者たちに一種の序列をつくってしまったんじゃないか。大変誤解を招くいい方かもしれませんし、そのつもりはなくてあえて事実としていうならば、他の戦死者に比べて被爆者だけが優遇される結果になったのが、戦後の日本です。確かに広島、長崎の被爆者は通常の爆撃の被害に加え、放射能の恐怖という苦痛を負ったのは事実です。でも、被爆者がもっとも補償に値する対象で、畑で銃撃されて死んだ先の老人がそうではない、というのは根本的におかしいのではないか、と僕は思うんです。

こういうことをいうと、いろいろ批判されてきました。が、本来は被爆者もさっきの老人も、戦争被害者という意味では同じことのはずです。被害者に序列を与えるのは、そもそも間違っているんじゃないでしょうか。戦後の補償政策のなかで、特定なケースに手厚く補償し、それ以外にはなにもなしという、おかしな序列を、日本人はつくってしまったんだと思います。

もちろん、僕が知っている被爆者の方々の味わった苦労は、並大抵のものではありません。高齢でまだご存命ですけれど、ほとんどといっていいくらいの病気を経験し、今もがんの発病の恐怖と闘っています。彼らは、あの戦争で人類がつくりだした恐るべき凶器の残酷な被害者という、大変な十字架を背負うことになりました。その十字架は当然、それを使用した、もしくは使用させるにいたったアメリカや日本の戦時指導者たちにも同様に背負わされるべきものです。そういう理解がなされていないということ自体、そこに問題があるのだと思いますけれど。

例えば一律に補償の対象とし、そのなかで被爆者の方々には厚くというかたちにしたら、よかったのかなと。今までの補償の仕方が結果的に、大変誤解を招く表現ではありますけれど、一種の「被爆者エリート」のような存在を生み出してしまった、ともいえるんじゃないでしょうか。

そのことが、逆にヒロシマというものの本質を見えにくくさせた、とでもいいましょうか。言い換えるなら、ヒロシマを客観視する眼を、日本人から失わせる結果につながってしまったのではないか……。あえて、そのような思いを持ちます。

人類史から見たヒロシマ

ヒロシマに落とされた原子爆弾とは何だったのか。端的には、ウラン235という物質の存在が一九三五年に発見され、それに中性子を当てると核分裂が起こって巨大なエネルギーが発生するという理論が、研究者によって確認されたわけです。

その机上で立てられた理論を応用すれば、通常火薬を遥かに凌ぐ強力な爆弾ができることがわかります。アメリカは一九四二年に原子爆弾製造のためのマンハッタン計画を立ち上げ、膨大な予算と科学者を大量動員して実験を繰り返した結果、世界に先駆けてその実用化に成功するんです。

そして、世界で初めて使用されたのが、八月六日の広島でした。

広島市街地上空のB‐29「エノラ・ゲイ」から投下された「リトル・ボーイ」と呼ばれる

一発の爆弾は、地上六百メートルで炸裂しました。高熱と爆風をもたらす火の玉は、一瞬にして半径二キロを焼き尽くし、その放射線障害なども含めると十四万人が昭和二十年十二月までに亡くなっています。

原爆という兵器の恐ろしさを一番身に染みて理解したのは、開発に携わった原子物理学者でした。それで彼らの多くが戦後、反核運動に身を投じていきます。

科学者にとって、机上の理論を実験によって証明することは生き甲斐というか、達成感があることには違いありません。ところが、それが一度に大勢の人びとを殺害し、しかも生き残った人びとにも重い後遺症を与える結果になったとしたら……。関わった科学者は、その達成感と倫理観をどう自身のなかで天秤にかけるのでしょうか。

日本にも当時、原子爆弾の製造開発を研究しているグループがありました。陸軍では理化学研究所の物理学者・仁科芳雄博士による仁科研が、海軍側は京都帝国大学理学部の荒勝文策教授が、それぞれ中心となって進めていたんです。僕は二〇一二年四月、彼ら日本の原爆研究者たちの開発へのアプローチと八月六日の広島原爆投下の日をどんな気持ちで受け止めたのか、調べて書を著しました。

仁科研に在籍していた当時三十代ぐらいだった研究者たちは戦後、東大などの物理学科に籍を移していて、昭和六十年代に僕が私が会った頃はもうリタイヤしている年齢でした。

東大物理学科の名誉教授にその件で会いたいと申し出たところ、自宅でなら会ってもいいということになったんです。

取材の主旨を説明して、談話の録音も了承してくれました。でも、最初のうちは奥歯に物が挟まったような話し方といいますか、口が重いんですね。それでも少しずつ話がはずむようになって、この研究者がいいたいことがだんだんわかってきました。

自分でも、机上で原子爆弾の効果というものを計算してみたことがあると。もちろん仁科（芳雄）先生もやった。そうしたら、一つの都市が壊滅して何万もの人間が亡くなるほど、凄いエネルギーが生まれるだろうということがわかったといいます。広島の話を聞いたとき、自分たちが計算した通りの結果だった……。そこまで話すと、彼はいったん話を止めて、ここから先の話は絶対に書かないで欲しいと、聞いている僕に釘を刺し、テープも止めさせました。そういってから彼が続けた話はこういうものでした。

もしあそこ（広島）に自分の父や母、妻や子どもがいて、原爆の犠牲になったとしても、そのこととはまったく別の感動が自分のなかにはあったと思う、と。

彼がその話を書かないでくれといったのは、世間に誤解される恐れがあるから、という意味だったと思います。彼が口にした感動とは、科学者が机上で行った計算、そこから導きだした仮説が、正しいと証明されたことへの職業的な喜び、達成感のことを指しているんですね。

その「喜び」は何も自分だけのものではなくて、アルベルト・アインシュタインやマンハッタン計画に参加したエドワード・テラー、エンリコ・フェルミなど、原子物理学の学者たちに共通する感情だったのではないか。ただ、そのとき抱いた喜びが戦後は逆に負い目となり、多くの学者たちが反核運動に同調していくことになったのだろう、と彼は説明してくれました。

これは、科学者として率直な意見だと思いましたね。

そんなことも含めて俯瞰してみると、広島は二十世紀という科学の時代における一つの総決算だった、といえるかもしれません。

十九世紀以前と、二十世紀を分ける大きな特徴とは何でしょうか。それは、一つには理論というものが社会を動かしていく時代になったということじゃないかと、僕は思っているのです。共産主義社会を目指したカール・マルクスの『資本論』や、フロイトの心理学、ケインズ経済学などがそうですね。様々な分野で、理論から壮大な実験が試みられていった時代が二十世紀でした。科学の分野でもそれは同じで、いわば広島はその科学的な実験の頂点たるものです。

机上の理論を実証しながら二十世紀という時代を牽引していったもののなかで、最大の出来事である広島を、日本人は原子爆弾を使用された国として、いままでの被爆者の論理とは違う形で解釈していく必要があるじゃないでしょうか。

日本はなぜ、アメリカに復讐しなかったか

真珠湾を入り口にして、広島を出口とした三年八ヵ月の一大空間というものを二十世紀の時間軸に位置づけたとき、浮かび上がってくる事実があります。

まず入り口の方を見れば、その手前には一九一八年に終わった第一次世界大戦があります。第一次世界大戦の終結から第二次世界大戦が始まる一九三九年までの間は戦間期と呼ばれ、平和というより戦争と次の戦争の間の小休止のような期間なんですね。

そうすると、第二次世界大戦の出口となった一九四五年からの時間というものを、私たち人類はどうにかこうにか、かつてのような戦間期にせずに済んできたわけです。つまり、第三次世界大戦との戦間期に、ですね。東西冷戦期にそれが起こりそうな雰囲気のときもありましたけれど、幸いなことに巧みに避けられた。今後も、もう起こらないと僕は思っていますけど。その意味では、日本は戦後ガラッと変わって、その後の時間を次の戦争との戦間期にすることを、主体的に否定したわけです。このことは、歴史的な意味で強い自信を持ってよいのではないかと思います。

どうして、第二次世界大戦の後は戦間期にならず、必ずしも平和だったとはいえないにせよ、準軍事体制的な期間になったのでしょうか。

それはやはり、広島があったからだと思うんです。

第一次世界大戦だって、毒ガスなどの大量殺戮兵器が登場したじゃないかという人もいるでしょう。確かに第一次大戦は、戦争そのものが一千万人単位の非戦闘員の命が巻き込まれる国家総力戦となり、戦争の悲惨さがそれまで以上に認識されるようになったことは事実です。

例えば毒ガスという化学兵器を、交戦国だったドイツとイギリス、フランス双方がこのとき大量に使用しました。毒ガスというのは皮膚をただれさせたり、内蔵にダメージを与えるので、死ななかったとしても長い間、兵士を苦しめます。だから、戦後になって、こんな残虐な兵器は使用するのをやめようということになったわけです。

でも第一次大戦以後、再び戦争を迎えるような戦間期になってしまったのは、毒ガスのような大量殺戮兵器によって自国民を大量に殺されるマイナスよりも、戦争に頼れば領土を拡大することができ、敗戦国から膨大な戦争賠償金をとれるという国家的な野心の方が勝っていたからなんですね。

ヨーロッパにおいてはこの戦間期にドイツが中心となって次の戦争へ突き進みました。

ドイツは第一次世界大戦で敗れて領土を割譲され、多額の賠償金を負わされます。それに黙っていられるかという国民的な不満がヒトラーを生み、国家的なディグニティー（威厳）として凝縮していった結果でもあります。

ところが第二次大戦後の日本は、当時のドイツと同じようにはなりませんでした。朝鮮や台湾、中国に拡張していた領土を全部放棄させられ、文化的にもアメリカに陵辱されたと日本人が怒り、報復のために再び国際社会に挑戦するなどということが起こらなかったのは、なぜか。

戦勝国側が戦後処理について、第一次世界大戦の失敗から教訓を得たということもあるでしょう。カイロ宣言の内容やアメリカの日本占領政策を見ると、明らかに第一次大戦から学んでいることがわかります。一九四三年のカイロ宣言はイギリスのチャーチル首相、アメリカのルーズベルト大統領、中国の蔣介石らによる会談で、今回の戦争について自分たちには領土的野心が一切なく、目的はファシズム体制の打倒であると謳っています。

戦後、日本は再び自立した国家として再建します。かつての戦間期にナチス・ドイツが選択したような方向へは、そうしたかった勢力も存在したけれど、多数派になることなく、自制的に歴史を紡いできました。このことは、歴史的に見ても日本国民は誇っていいことだと思います。

そこを突き詰めて考えると、やはり広島に行き着くんですね。広島へ投下された原爆がもたらした破壊力そして残虐さが、第一次大戦で登場した大量破壊兵器のそれをはるかに上回るインパクトを、我々日本人と世界に与えたからなのではないでしょうか。

あの八月六日を我々が客観的に理解するということは、広島・長崎で合わせて二十万以上の人びとが亡くなったということや、被爆すると何年も後遺症が残るという歴史的事実を知っているということのみではありません。

机上の計算が本当になったという、人類史のなかの大きな局面としてのヒロシマ。そして、被爆者の存在が特別視されてきたことで、日本人が客観的な眼で見ることができなかったヒロシマ。

我々の世代では、今までのヒロシマ論を超えて次のステップに進めることはなかなか難しいでしょう。それは、次の世代の問題かもしれません。

真珠湾はだまし討ちだったという論理が成り立っているその基盤そのものに、必ずしも普遍性があるとは思えないということを私たちは言う必要があるんじゃないでしょうか。そして入り口と出口をセットとして客観的に考える事で、敗戦した側でも歴史の継承という点で歴史的な優位性を保つことができるのではないでしょうか。

責任なき開戦、そして戦友会のこと

話を真珠湾に戻しますと、僕も真珠湾攻撃のことはこれまでずいぶん調べました。その上であえて、個人的な意見としてお話しします。それは、その行為の是非はともかく、当時の政治指導者が真珠湾攻撃という手段を選択したことに、納得できる理由があるかどうか、ということです。

歴史上に存在するあらゆる事象というものは、後世の眼で見ると半分は正当な理由があり、半分は誤りだったりするものです。真珠湾攻撃について、それが当てはまるのかどうか。半分の正当性があったでしょうか。

僕にはこれまでどれだけ考えてみても、半分の正当性があったとは思えないのです。百のうち、八十は誤りだったとしか、考えようがないんですね。

一体どこに納得できないのか。それは、一言でいうなら当時の政治指導者たちが対米開戦、そして真珠湾攻撃を選択したときの、歴史を背負うという責任が、ほとんど感じられないからなのです。

それは歴史的な使命感、と言い換えてもいいでしょう。自存自衛のためであるとか、アメリカに石油の供給をストップさせられたからであるとか、様々に日本があの戦争に打って出たことを正当化する向きはあります。けれど、それだけであんな戦争を始めるのは、やはりおかしかったんじゃないかと、僕は思うんです。それこそ、前にもお話ししたように十六世紀以降の西洋帝国主義、植民地主義をはね除ける、日本人にとっての使命的な戦いだという大義でも掲げていてくれれば、まだ納得できたんでしょうけど。

あんな大戦争を始めた一握りの人間たちの、無責任さ。これは、僕は徹底して批判し続けるべきだと考えています。大勢の人々の命を左右することを、平気で決断した軍官僚の無責任さです。自分たちが負うべき歴史的な責任というものに、彼らはほとんど思いを寄せることがなかったのではないでしょうか。

あの戦争の責任という話で、どうしてもいいたいことがあるんです。この章の主旨からはちょっと脱線してしまうかもしれませんが。

僕が今までずっと調べてきたことで、物書きとしての最後にはどうしても、これだけは書き遺したいと決めているテーマがあります。それは、戦友会の研究です。

昭和二十年八月から二十七年四月までの占領期に、GHQは戦友会の結成を禁止しました。軍人たちがかつての軍人仲間と三人以上で集まってはいけないとか、条文化はしていないものの、警察当局に監視するよう通達しているんです。

そのため警察は、どこの集会所にどんな軍人たちが集まったか、ということを情報収集していました。ですからその当時、復員兵たちは例えば東京なら日比谷公園などを集合場所にして、部隊出身者同士が何十人かこっそり集まり、あいつはどうしたとか、誰が復員したとか、ベンチに座ったりしながら細々と情報交換していたというのが実態でした。

戦友会というのは昭和五十年代から六十年代にかけてが最盛期で、全国に六千ぐらいあったんですね。まあ一人で十や二十の戦友会に入っている人もいましたから、そのくらいの数があっても不思議ではありません。今ではまれにその子息などが継いで存続させているケースもありますが、ほとんどすべて解散しています。

戦友会というものが当時、それだけ隆盛を極めた理由とは一体何だったのか。これまでも、きちんと検証されたことがないんですね。

僕自身、昭和五十、六十年代のことですけど、数えたら百二十以上の戦友会に出席させてもらって、いろんな話を聞かせてもらいました。

とはいっても、そもそもが閉鎖的な集まりですから、部外者がノコノコ行って、はいそうですかとすんなり入れてくれるわけではありません。取材などで仲良くなった元兵士の方に頼んで、ようやくその人と一緒に、顔を出せるようなものです。そうやって戦友会の集まりに行くと、必ず「おい、そいつは誰だ?」ということになります。それで、ああこいつは俺の甥っ子だよと(笑)、適当にごまかしてもらうのです。

会が始まると最初は世間話で、お前んところはどうだ、仕事はうまくいってるかと、お互いの近況をわいわい話すわけです。だいたい始まって三十分ほどしたころでしょうか。料理やお酒を運んでくる女中さんに、もうここはいいよといって部屋から帰し、ふすまをサーっと閉め切っちゃうんです。ここから会の雰囲気が、ガラッと変わるんですね。

するとだれかが、あんときはひどかったよなあ……と切り出すんです。それをきっかけに、さっきまでたわいもない世間話に興じていた彼らが、急に時間が逆戻りでもしたかのように、軍隊用語を使った戦地の話になるんです。戦闘で使った武器の話だったり、それで相手をやっつけた話だったり。そういう会に何度も顔を出して耳をそばだてているうちに、僕にはわかってきたことがあります。

彼らは単に、当時のことを懐かしがって集まっているわけではないんです。特に激戦地へ送られた部隊の人たちほど、仲間を大勢亡くしています。ですからその苦悩、心理的な傷も大きいんですね。それは、家庭で妻や子どもたちに話して気が休まるという話ではないんです。過酷な体験を共有している者たちの前でなければ、それを吐き出すことができない辛さ、とでもいいましょうか。

つまり、彼らはそうやって、お互いの戦争の傷をケアしあっていたんです。誰もが戦後の日本で日常生活を送りながら、周囲に話すことのできない心の傷を抱えて助けを求め、仲間で支え合っていた。

集まりが終われば、彼らは軍隊言葉や記憶を心の底にしまいこみ、ふすまを開けてまた元の生活に戻ってゆきます。戦友会とはある意味で、壮大な癒しの空間、装置でもあったんですね。

日本の軍隊には、心の傷を癒すという発想がなく、その役割を担う人もいませんでした。例えばアメリカ軍には、かならず牧師が従軍します。牧師は戦闘が始まる前には神に祈りを捧げ、恐怖に駆られた兵士を慰め、死者が出れば弔います。

共産主義の軍隊にさえ、そういう存在がありました。政治将校ですね。

彼らは兵隊よりも実権を持っていて、逃亡しようとするものは容赦なく撃ち殺します。でも、戦いを前にして兵士たちの前でアジ演説を行い、この戦いがプロレタリアのためにいかに正当なものかと、闘う意味付けをするんです。もちろん戦死者に対しても、いかに彼らが自分たちの理想のために尊い命を犠牲にしたかという演説をするわけです。

強いていうと、日本の軍隊でその役を負わされていたのは上官です。上官を父と思え、兄と思え、一家の誉れと思え、というものでしたから。兵士たちの士気を鼓舞し、戦死者を弔うのも上官の仕事で、日本軍の上官は完全無欠、パーフェクトな存在でなくてはならなかったんです。もちろんそんなパーフェクトな上官はほとんどいません。だから、非常に矛盾だらけで、ただ戦うだけの軍隊になってしまったんです。

軍隊というのは残酷な組織です。そういう残酷な体験をして心理的な傷を抱えた人びとが日常生活に戻ったとき、彼らを社会がどうケアするのかという問題は、決して小さなものではなかったはずです。

ところが、日本の政府も社会も、それを何もやってこなかった、ということなんです。その意味で戦友会の存在は、戦後の日本社会の盲点を突いているといってもいいかもしれません。

真珠湾とヒロシマを語っていくこと

自衛隊が国連の平和維持活動（ＰＫＯ）ではじめて海外派遣されたのは一九九二年のことですね。僕は個人的には反対でしたが、ある新聞が社説に、彼らを拍手で送り出そう、と書いていたのを読んで、なんて無責任な言葉だろうと思いました。

拍手で送り出すのはいいけど、彼らの任務は死者が出るかもしれない。そういう任務に赴く彼らが帰国してから抱え込む心理的な傷をどうやってケアするのか。そういうことも議論せずに、ただ拍手で送り出すわけにはいかないんじゃないのか、そう思ったんです。

日本人というのは昔も今も、どこか責任というものの所在をあいまいにしてしまうようなところがあるんですね。開戦の責任しかり、無謀な作戦を立てて多くの兵の命を失わせた参謀たちの責任しかり。そういう責任論に入っていこうとすると、まあまあ、みんな一生懸命やったんだから……という具合になっておしまいです。戦争責任の問題にしても、思考の外側に追い込むように棚上げしてきたわけですから。

ちなみにアメリカの場合、こういうことははっきりしているんですね。例えば原爆ということでは、おおざっぱにいうと紙上で計算して理論化した人、すなわち発見者、その理論を元に原爆を製造した製造者、そしてその原爆を使う使用者の三つの段階があったことになります。その上で、三段階はそれぞれ責任も三等分されているんです。

日本では、不思議ですがこうした責任の等分化という考え方をとりませんね。どうしてとらないのか考えると、つまり責任を分化していくことができないような仕組みになっているんです。

例えば、日本の軍隊は天皇の元に一元化されていたという建て前があります。確かに構造的にはそうですけど、天皇が直接命令することはありませんでした。ですから戦争責任を論じていくと、構造の上では最終的にその頂点である天皇に行き着いてしまうわけですけど、でも天皇は命令していないという何ともわかりにくいことになってしまう。結局、議論百出であいまいな状態になったまま、という図式なんですね。

左翼的な言辞でいいたくはありませんが、やはり天皇の下の軍隊というもののなかに、実は大きなごまかしのようなものがあったのではないかと思います。言い換えれば、日本的な組織の弱さということが、パールハーバーをめぐる論理、ヒロシマをめぐる論理の中に潜んでいるのではないでしょうか。

パールハーバーとヒロシマという点で見ると、アメリカはパールハーバーという歴史的事実の下に、国民が一致団結する論理を引き出しました。日本人は、開戦の日を驚きや衝撃という言葉で語ります。

一方のヒロシマでは、私たち日本人は表面上、被爆国というくくりで一致団結しているように見えます。アメリカはまあ無視ということでしょうが、日本人はヒロシマについて、アメリカ人にとってのパールハーバーのように、一致団結するための覚悟や論理が見いだせない、ということなんでしょうね。

ただそのことを、私たち日本人の弱さであると考えるべきではありません。むしろヒロシマで一致団結する論理を持たないという事実を、様々な視点をふまえて日本人自身がそれを相対化していくチャンスなんだと考えるべきではないかと、僕は思います。

ヒロシマを人類が経験した二十世紀という一時代の象徴とすれば、日本は人類史の上でとても重大な体験をした国ともいえます。

原子力という新しいエネルギーについて正と負の側面があるとすれば、ヒロシマ以降、負の産物である核兵器が戦後量産されていった一方で、正の産物には平和利用としての原子力発電が生まれたかのようにいわれました。日本はヒロシマ、ナガサキで負の部分を実体験させられながらも、資源のない国としての必要性などから原子力エネルギーというものを受け入れてきました。

ところが、我々にとって正のものであったはずの原発が、東日本大震災で歴史的な大事故を起こし、その安全性をめぐる議論はいまだにおさまりません。むしろ負の側に傾いたことに当惑しています。

そのことを考えると、単に技術力とか安全性の確保といった話ではないように思えるんです。もっと、新しい次元による、技術を扱うための哲学、論理を我々は持たなくてはいけないのではないか。それがなかったから、あのような事態を引き起こしてしまったのではないでしょうか。

その新しい論理をつくりだすためにも、ヒロシマを冷静な眼で検証し、過去の歴史をもう一度捉え直すことが、今こそ日本人に求められている宿題なのではないでしょうか。もう避けては通れないのです。

第二部
八月十五日を語り継ぐ

終戦の詔書

朕深ク世界ノ大勢ト帝国ノ現状トニ鑑ミ、非常ノ措置ヲ以テ時局ヲ収拾セムト欲シ、茲ニ忠良ナル爾臣民ニ告グ。

朕ハ帝国政府ヲシテ、米英支蘇四国ニ対シ其ノ共同宣言ヲ受諾スル旨通告セシメタリ。

抑々帝国臣民ノ康寧ヲ図リ万邦共栄ノ楽ヲ偕ニスルハ、皇祖皇宗ノ遺範ニシテ朕ノ拳々措カサル所、曩ニ米英二国ニ宣戦セル所以モ亦実ニ帝国ノ自存ト東亜ノ安定トヲ庶幾スルニ出テ他国ノ主権ヲ排シ領土ヲ侵スカ如キハ固ヨリ朕ガ志ニアラズ。然ルニ交戦已ニ四歳ヲ閲シ、朕ガ陸海将兵ノ勇戦、朕ガ百僚有司ノ励精、朕ガ一億衆庶ノ奉公、各々最善ヲ尽セルニ拘ラズ戦局必ズシモ好転セズ、世界ノ大勢亦我ニ利アラズ。加之敵ハ新ニ残虐ナル爆弾ヲ使用シテ頻ニ無辜ヲ殺傷シ、惨害ノ及ブ所真ニ測ルベカラザルニ至ル。而モ尚交戦ヲ継続セムカ終ニ我ガ民族ノ滅亡ヲ招来スルノミナラズ、延テ人類ノ文明ヲモ破却スベシ。斯ノ如クムハ朕何ヲ以テカ億兆ノ赤子ヲ保シ皇祖皇宗ノ神霊ニ謝セムヤ。是レ朕ガ帝国政府ヲシテ共同宣言ニ応ゼシムルニ至レル所以ナリ。

朕ハ帝国ト共ニ終始東亜ノ解放ニ協力セル諸盟邦ニ対シ遺憾ノ意ヲ表セザルヲ得ズ。帝国臣民ニシテ戦陣ニ死シ、職域ニ殉ジ、非命ニ斃レタル者及其ノ遺族ニ想ヲ致セバ五内為ニ裂ク。且戦傷ヲ負ヒ災禍ヲ蒙リ家業ヲ失ヒタル者ノ厚生ニ至リテハ、朕ノ深ク軫念スル所ナリ。惟フニ今後帝国ノ受クベキ苦難ハ固ヨリ尋常ニアラズ。爾臣民ノ衷情モ朕善ク之ヲ知ル。然レトモ朕ハ時運ノ趨ク所、堪ヘ難キヲ堪ヘ忍ビ難キヲ忍ビ、以テ萬世ノ為ニ太平ヲ開カムト欲ス。

朕ハ茲ニ国体ヲ護持シ得テ、忠良ナル爾臣民ノ赤誠ニ信倚シ常ニ爾臣民ト共ニ在リ。若シ夫レ情ノ激スル所濫ニ事端ヲ滋クシ或ハ同胞排擠互ニ時局ヲ乱リ為ニ大道ヲ誤リ信義ヲ世界ニ失フガ如キハ朕最モ之ヲ戒ム。宜シク挙国一家子孫相伝ヘ確ク神州ノ不滅ヲ信ジ任重クシテ道遠キヲ念ヒ、総力ヲ将来ノ建設ニ傾ケ道義ヲ篤クシ志操ヲ鞏クシ、誓テ国体ノ精華ヲ発揚シ、世界ノ進運ニ後レザラムコトヲ期スヘシ。爾臣民其レ克ク朕カ意ヲ体セヨ。

御名御璽

昭和二十年八月十四日

第6章

八月十五日と日本人の「涙」

昭和二十年八月十五日、ずいぶん昔のことになりました。

僕はそのとき、五歳の子どもでした。ですから、周囲がその日をどんなふうに受け止めたのか、自分がどう感じたのか、という具体的な記憶はありません。

でも、あの日を境に変わったことで、おぼろげながら憶えていることがいくつかあります。僕の父は前にもお話ししたように旧制中学の数学教師でしたけれど、戦争中は出かけるときにいつもゲートルを巻いていたんですね。今の若い人にゲートルなんていってもわからないかもしれませんが、足のくるぶしから膝下までを布でグルグル巻きにするものです。脚絆ともいいました。

そのゲートルを、父がその日以降しなくなったんですね。

北海道でも、戦争末期にはたびたびB‐29が飛んできて、空襲を知らせるサイレンが鳴るんです。そのたびに母と弟とで、近くの防空壕に駆け込みました。防空壕のなかでは、みんなで布団をかぶって空襲に備えます。

その布団が赤い色だったのを、とても強烈に憶えています。いつだったか、防空壕からその布団を持って外に飛び出したら、赤は飛行機から見えるんだから気をつけなさい、とすごい剣幕で怒られましてね。というのも子どもでしたから、怖いより先にブォーンと凄い音を立てて飛んでいくB-29が見たくて仕方がない(笑)。防空壕から飛び出して空を見上げたら、きれいに整列して飛行するB-29の編隊が目に焼きつきました。陽光を受けてキラキラ光るジュラルミンの機体の美しいこと……。

父のゲートルと赤い布団、B-29の編隊。それが僕の、当時の記憶のすべてなんです。子ども心に、周囲の大人たちが発していた緊張感のようなものが八月十五日からなくなったような、なんとなく心が解放的になったような感覚もありました。怖いイメージのあった防空壕も、格好の遊び場になりましたしね。五歳でしたからその程度なんですけど、これが僕にとっての八月十五日の原体験です。

ここまで、あの戦争の入り口になった十二月八日の真珠湾の日について考えてきました。今度は、その出口である八月十五日という日のことを、見ていこうと思います。

多くの日本人にとっては、どちらかというと十二月八日よりも八月十五日の方が、思い入れや印象が強いんじゃないでしょうか。

八月十五日の終戦記念日には毎年、日本武道館で政府による全国戦没者追悼式があり、天皇や総理大臣も出席します。この時期は夏の甲子園、高校野球真っ盛りですけれど、八月十五日の正午にはサイレンが鳴らされ、選手たちが黙祷するシーンをテレビなどで見かけます。

それに加え、マスコミでもこの時期、太平洋戦争関連の特集記事、特集番組を競うようにやります。靖国神社にどの政治家が参拝したか、という報道もこのころに集中しますね。十二月八日には、そういった風物詩的なものがありません。

すでにお話ししてきたように、十二月八日を迎えた同時代の作家たちは、すがすがしさや感動を覚えたと日記などに記録しています。でもそれは日本人の記憶として継承されなかった、ということですね。国民が受けた敗戦のショックの大きさ、どうしてこんな戦争をやってしまったのかという反省の大きさが、十二月八日よりも八月十五日に圧倒的な比重をおく、日本人の記憶のかたちをつくってきた、ともいえるのではないでしょうか。

「制限」か、「従属」か

意外に見落とされがちなことですけれど、八月十五日という日を「終戦の日」としているのは、日本人だけです。ヨーロッパなどの外国の教科書では、第二次世界大戦終結の日は、どこも九月二日なんですね。

ここでちょっと、終戦への過程を簡単に振り返っておきましょう。

昭和二十年、あの戦争の終盤を迎えます。一月にはフィリピン、二月は硫黄島に米軍が上陸し、三月が東京大空襲。四月に沖縄への米軍上陸を迎え、戦艦大和の特攻もありました。イタリアのムッソリーニは銃殺され、ヒトラーも自殺。ヨーロッパ戦線は五月に終わります。

六月は、軍民あわせて二十万人以上の死者を出した沖縄戦が終結した月ですね。

そして七月に入ります。トルーマン米大統領とチャーチル英首相、ソ連首相のスターリンによるポツダム会談の合意をもとに、七月二十六日、米英中三国が日本に軍隊の武装解除や軍国主義の永久除去など十三条に及ぶ対日降伏勧告、いわゆるポツダム宣言をつきつけます。

当時の鈴木貫太郎内閣は、それを「黙殺」すると発表するんですね。そのことが連合国側に「無視」「拒絶」と解釈され、八月六日に広島への原爆投下、そして三日後の八月九日未明、ソ連軍による満州、朝鮮への武力侵攻開始という事態を迎えます。

ソ連の仲介による和平工作を進めていた鈴木内閣にとっては、まさに青天の霹靂でした。急きょ、首相と外相、陸海軍首脳計六名による最高戦争指導会議が開かれ、ポツダム宣言を受諾するべきかどうかを議論している最中に、長崎に二度目の原爆が落とされます。

それでもなお、阿南惟幾陸相、梅津美治郎参謀総長らが連合国による占領の短期間化と地域限定、日本人による武装解除と戦争犯罪人の処罰にこだわり、意見が対立します。一番の問題は、ポツダム宣言に国体の護持ということが書かれていない、という点でした。

国体というのは一言でいうと、天皇を中心とした国家体制という意味です。つまり阿南陸相ら軍部は、もしポツダム宣言を受け入れたら、連合国は天皇の処罰や皇室の廃止などをいい出すのではないか、という事態を恐れたんですね。

それが最後までもめる最大の原因なんですけど、ついに天皇の聖断を求める以外にないと鈴木首相は考え、その日の夜十一時から、宮中の地下防空壕で天皇臨席の御前会議が開かれることになります。

天皇はそこで、はっきりとポツダム宣言を受諾する意志を表明しました。

ところがここからまた一波乱、二波乱あるんです。御前会議での方針を受けた東郷外相がアメリカに、国体護持の保証があるのか、その辺りがあいまいである、と伝えます。すると、八月十一日になってアメリカから回答がきます。いわゆるバーンズ回答とよばれるものです。

そのなかに、国体護持に関わるある一文が入っていました。英文はこうです。

From the moment on surrender the authority of the Emperor and the Japanese Government to rule the state shall be subject to the Supreme Commander of the Allied Powers who will take such steps as he deems proper to effectuate the surrender terms.

点線の部分が重要です。まず外務省はそれを、

……天皇及び日本国政府の国家統治の権限は……連合国最高司令官の制限の下に置かるるものとす

と日本語に訳します。ところが軍部の方はそれを独自に訳しまして、これは「連合国最高司令官に従属する」、つまり天皇を奴隷のように扱おうという意味だと。これでは国体護持などおぼつかないから徹底抗戦あるのみだ、と再び彼らを勢いづかせてしまうんです。まあ、自分たちに都合よく解釈するのはいつの世も同じ、とでもいいましょうか。

そしてもう一度、天皇の裁可を求める御前会議が十四日午前十時から始まります。阿南陸相や梅津参謀総長、豊田軍令部総長らはここでも戦争継続を主張しますが、天皇の意志

は変わりませんでした。

「反対側の意見はそれぞれよく聞いたが、私の考えはこの前に申したことに変わりはない。私は世界の現状と国内の事情とを充分検討した結果、これ以上戦争を継続することは無理だと考える……」

天皇は白い手袋で涙を拭いながら話し、出席者たちもみな号泣するんですね。ここで最終的な聖断が下され、翌十五日の正午に国民に伝えられることになる、終戦の詔勅の作成が始まるのです。

その間も、陸軍の中堅将校たちがクーデターを起こそうとして近衛師団長を殺害したり、玉音放送を止めさせるため天皇の声が入った終戦詔書の録音盤を強奪しようとしてみたり……。このあたりは半藤一利さんが取材された『日本のいちばん長い日』に詳しく書かれていますので、読んでみてください。

八月十五日と九月二日

つまり、八月十五日とは連合国からの対日降伏勧告を日本が受け入れたことを、国内外に発表した日なんですね。

一方でアメリカなどが対日戦勝記念日、第二次世界大戦終結の日としている九月二日とは、東京湾の戦艦ミズーリ号上で、連合国軍最高司令官のマッカーサーをはじめとする九カ国の代表と、重光葵外相ら日本政府の代表が正式に降伏文書にサインした日です。日本人にとって九月二日がほとんどなじみのない日になっているのは、自分たちがすでに合意したことの確認の場、という意識があるんでしょう。やっぱり、八月十五日こそが事実上の終戦、敗戦を日本人が受け入れた日という意味で、重みが違うんだと思います。だから当時の人びとの日記や回顧録を読むと、八月十五日は泣いているけど、九月二日は泣いていません。降伏文書への調印はセレモニーになっています。

国際法的にいうと、八月十五日は正式に日本が戦争に負けた日ではない、という論理というのは、ちょっと気をつけなくてはいけないところがあるんです。

ソ連が日ソ中立条約を破棄して満州などに侵攻しはじめたのが八月九日(宣戦布告は八日)でしたね。ソ連、そしてロシアになってからも、彼らは正式な戦争終結は九月二日だと主張しています。彼らは、あえてその認識を崩そうとしません。

なぜなら、それを崩すと当時ソ連が占領した、千島列島や樺太などの日本への返還に直結してしまうからなんですね。

要するに、八月十五日に日本は武装解除も含めたポツダム宣言を受諾しているけど、九月二日に正式に降伏文書に調印するまでは戦争が継続していたのだから、その間に北方領土を占領したのは問題ない、というのが彼らの繰り返してきた主張です。ついでにいえば彼らは歴史解釈のごまかしもやっていて、ソ連軍が実際に歯舞群島に侵攻してきたのは九月三日から五日にかけてですが、彼らの共産党史では「二日までに終えた」としています。

大変語弊がある言い方になるけれど、白を黒といいくるめるような狡猾なやり方とでもいいましょうか。もちろんそこには、戦後のある時期、日本国内の社会主義に対する共感のようなものが、ソ連の狡猾さに対して一種の免罪符を与えてしまった側面もなかったとはいえません。

だから、九月二日論というのは注意しないと、北方領土問題でロシアに正当性を与えてしまう話になりかねないところがあるんですね。それはどうあれ、日本としてはあのときのソ連の行為は国際法違反であるという主張を崩してはいけませんが。

余談ですが、実はそのことでロシアは焦っているんです。第二次世界大戦への突入は一九三九年九月一日の、ドイツによるポーランド侵攻です。これは、直前に結ばれた独ソ不可侵条約の秘密議定書に基づいて行われました。

つまり、ヒトラーとスターリンの野望で始まったというわけです。その結果、ドイツの次にソ連が進攻して、ポーランドという国を分割してしまうんですね。史実的にも、第二次世界大戦はヒトラーによる一方的な侵略で始まったというよりも、ヒトラーとスターリンの共謀だったという理解がヨーロッパのジャーナリズムでは定着しつつあります。

ロシアのプーチンさんなどは、ヒトラーの野望を打ち砕いたのは自分たちだと言っていますが、これは焦りの裏返しなんじゃないでしょうか。ソ連という共産主義体制が崩壊してから、第二次世界大戦の入り口と出口の部分での彼らの不自然な動き、というものがあらためて整理されつつあるからなんです。

それはさておき、日本人にとっては八月十五日であるけれども、アメリカや中国などにとってそれは九月二日である、ということを私たちは自覚しておく必要があると思います。八月十五日だけで考えてしまうと、あの戦争がどう決着したのか、客観的な眼で理解することができないんじゃないでしょうか。すべての物事は、いろんな角度からながめてみないとその本当のかたちを見ることができませんから。

終戦で流れた日本人の「涙」

八月十五日という日は日本人にとってどんな意味を持つのか。そしてその意味付けは、昭和二十年から現在にいたる昭和、平成という時間軸のなかでどのように変貌してきたのか……。

そのことを考える際に、僕自身がこだわってきた一つのテーマがあります。

それは、八月十五日の「涙」です。日本人の情念としての八月十五日、と言い換えてもいいでしょう。

僕の書いた『敗戦前後の日本人』(朝日文庫)という本で、様々な人が書き残した日記や自伝、手記などから、あの日を日本人がどう受け止めたのか、詳細に探ってみたことがありました。

数多く集めた資料を読んでみて、一番多かったのがその涙なんです。終戦の詔勅をラジオで聞いて、号泣する者、嗚咽する者……。

いくつかご紹介しましょう。例えば、一般の兵士は終戦放送をどう受け止めたか。ほとんどの一般兵士はラジオで終戦を知りました。当時、毎日新聞の記者で戦後は論説副委員長も務めた藤田信勝さん(一九八〇年死去)という人は、軍人たちのその日の様子をこう描写しています。長い引用になりますが、涙の意味を考えさせます。

「正午のラジオは警備府の短波室で聞いた。幕僚たちは、すでに事の眞相を知り、詔勅の全文も手に入れていたが、大部分の兵隊は何も知らないでいる。(中略)

さすがに天皇陛下の玉音放送だといふのでみんな服装を正し、不動の姿勢をとつていた。カチ、カチ、カチと正午を報ずる秒音が、今日ばかりは深い意味をもつかのやうに聞えた。つづいて君が代奏楽、悲しき国歌の放送である。（中略）
『朕深く世界の大勢と帝国の現状に鑑み……』
玉音が電波を通じて流れだした。生をこの国に受けて三十八年、はじめて聞く陛下の御声である。しかもこのやうな悲痛な詔を聞かんとは！御声は驚くほど若々しかった。（中略）
『朕が陸海将兵の勇戦、朕が百僚有司の精励、朕が一億衆庶の奉公、各々その最善を盡せるに拘らず、戦局必ずしも好転せず……』
N少佐は声をあげて慟哭した。みんなないている。M大尉の眼鏡の奥の眼がまっ赤に泣きはれているのが特に印象的だった。
すでに、事の眞相を知っていた僕、新聞記者としてどんな場合でも冷静さを失はぬやうに今日まで訓練されて来た僕は涙はこぼさなかったけれど、その場の空気は何かいたたまらぬ感じだった。われわれは、ほんとうに勇戦し、精励し、最善をつくしたであらうか。否、断じて否、われわれが最善をつくして、どうしてこんなことになったであらうか。陸下の御言葉ではありますが、われわれは最善をつくし得ずしてついにこんな事態を招来してしまひました。みんなの気持ちは恐らくこのやうに叫びたかったに違いない。しかし、誰も言葉に出していふものはない。時々雑音に妨げられる中に、弱々しくつづく玉音にこたへるものは、ただ男の嗚咽のみ……」

興味深いのは、藤田さんがその後、取材先から社に戻る途中で見た大阪の市井の人たちの様子なんです。とにかく街中が静まり返っていて、道を行く人も市電の車内も、みんな一言も話さず、沈黙していたと書き残しています。

でも、彼の描写は一般庶民の受け止め方をよく代弁してるんだと思います。庶民の人たちが戦後刊行した日記などを読むと、ホッとした、うれしかった、という感想の方が多いんですね。精神的にも物質的にも非常に切り詰めた生活を強いられていましたから、そこから解放されたという率直な反応ではないでしょうか。

もう一つは、なんともやりきれない「涙」とでもいいましょうか。原爆の被災者が入院している広島の病院で、終戦放送はどう受け止められたのでしょうか。

被災者の患者さんたちはラジオを聞いて静まり返り、涙を流したそうです。でもこれは、悲しみというよりむしろ怒りや恨みが込められた涙なんですね。当然、あれだけの被害を受けてアメリカ許すまじという意識が強くなっていましたから、患者さんたちからは「今さら戦争を止めるとは卑怯だ」とか「何のために今まで辛抱したんだ」という声があがったそうです。このあたりは、蜂谷道彦さんという方の『ヒロシマ日記』に詳しく書かれています。

政治指導者たちが遺した回顧録などにも、彼らが泣いたシーンが数多く描写されています。先ほど少し触れた、終戦の聖断が下された御前会議などはその象徴です。

御前会議に出席していた下村宏情報局総裁などの手記によると、天皇は自分のポツダム宣言受諾の気持ちが変わらないことを話したあと、陸軍大臣や海軍大臣の気落ちもよくわかる、でも忍びがたきを忍び、堪えがたきを堪え、ここは……とその理由を語っていくんですね。天皇は涙を白手袋をした指でぬぐいながら、声をふるわせて説き伏せるように話したそうです。

列席者からも、すすり泣きが始まります。そして天皇が、

「この際、私としてなすべきことがあれば何でもいとわない。国民に呼びかけることがよければいつでもマイクの前にも立つ」

といった瞬間に、すすり泣きは号泣に変わります。声をあげて激しく嗚咽する者に、座っていた椅子から床に崩れ落ちてむせび泣く者……。

天皇は最後に首相の鈴木貫太郎に向かって、すみやかに終戦の詔勅の作成にとりかかるよう伝えてこの会議の席から退席しますが、それでも出席者たちは人前をはばかることな

く、しばらくそこで泣き続けたそうです。

ちなみに映画になった『日本のいちばん長い日』にもこのときのシーンが描かれていますね。やはりみんな泣いていますけど、俳優の笠智衆さんが扮した鈴木貫太郎首相だけは、なぜか泣いていないんです。

というのも、関係者の手記などにも鈴木貫太郎が泣いていたという記述が出てこないんです。ただ、鈴木は終戦放送を終えた十五日の午後、閣僚たちの辞表をとりまとめて宮中に参内します。その際、天皇から「よくやってくれたね」とねぎらいの言葉をもらい、そこで泣いています。

鈴木の立場は、天皇の意志を受けていかに強硬派の軍部を抑えながら日本をはやく終戦に導くか、というものでしたから、ようやくその責任が果せた、という意味の涙だったんでしょうけれど。

僕があえて問いたいのは、例えばそこで泣いた出席者たちの「涙」の意味なんです。

もちろん天皇も泣いています。ただ、天皇の涙の理由というのは、これは推察するのが難しい。万世一系という系譜を持ち、当時の日本の主権者という非常に特殊な立場にあった天皇が、国家としてははじめての経験となる敗戦、そして他国による占領を受けいれたときの心象風景は、我々の想像を絶するものがあります。

ですから、御前会議に出席していた閣僚たちの涙に限って考えてみます。僕はその「涙」に、ずっと疑問を感じていました。

なぜそんなことにこだわったのかといえば、僕自身が体験した八月十五日の風景のなかに「涙」がなかったからです。だから、どうして当時の政治指導者たちが人前もはばからず号泣したりしたのか、という非常に素朴な疑問が出発点なんです。

確かに、彼らの涙が意味するのは、天皇の臣たる我々が国体を護持できない状況にしてしまった、天皇をマイクの前にまで立たせて自分たちは責任を果たせず申し訳ない、というものだったことはわかります。国体というのは当時の皇国史観における重要な背骨のようなもので、それを失ったら日本人として生きる意味すらも失いかねない、そういう問題をもはらんでいたわけですから。

ただ、その気持ちはわかるけど、泣いて済む問題なのかということなんです。

要するに、彼らの涙は天皇の下の臣民というアイデンティティーを確認しあう自己陶酔的なものであって、実は責任の放棄と裏腹な関係だったのではないか。本当の意味で、国家に責任を持つ指導者であれば、泣いたりしないはずです。

イギリスが東南アジア領土の防衛のために派遣した戦艦プリンス・オブ・ウェールズと巡洋艦レパルスが、真珠湾攻撃直後に日本の爆撃機によって撃沈されたマレー沖海戦という戦いがあります。これを、当時の首相だったウィンストン・チャーチルは、大戦中にもっとも衝撃を受けたことだったと彼の回顧録『第二次世界大戦』に記しています。少々引用してみます。

「十日、私が書類箱を開いていると、寝台のそばの電話が鳴った。軍令部長だった。彼の声は変だった。彼は咳込んで、喉をつまらせたような声を出し、最初ははっきりと聞き取れなかった。『総理、プリンス・オブ・ウェールズとレパルスの両艦が、日本軍に沈められました。飛行機だと思います。トム・フィリップスが溺死しました』。『確かかね？』『まったく疑いの余地がありません』。そこで私は受話器を置いた。私は一人なのがありがたかった。すべての戦争を通じて、私はこれ以上直接的な衝撃を受けたことはなかった。本書の読者なら、いかに多くの努力と希望と計画とがこの二隻の戦艦とともに沈んでしまったかがよくわかることだろう。寝台で寝返りを繰り返していると、この知らせの十分な恐ろしさが私に浸透してきた。カリフォルニアへの帰路を急いでいた真珠湾の残存艦を除いて、インド洋にも太平洋にも英米の主力艦は一隻もいなくなったのだ。この広大な海域にわたって日本が絶対の力を誇り、われわれは至るところで弱く、裸になってしまったのである」

当時イギリスが誇った新鋭戦艦が沈められ、その二ヵ月後には彼らの東洋における要衝シンガポールを失うという、大英帝国にとって大変な事態を迎えたときの、チャーチルの回想です。

「一人なのがありがたかった」というのは、もし周囲に他の閣僚などがいたら、自分がショックで動揺しているところを見られてしまったかもしれない、ということでしょう。その点は、非常時においてリーダーとはどうあるべきか、という一つの典型を示しているようにも思います。

チャーチルの姿勢がドライで冷徹とすれば、日本の戦時指導者たちはとても情緒的です。前に、開戦詔書に忠臣蔵的な要素があるというお話しをしましたが、戦争を始める理由も情緒的なら、終わるときもまた情緒、すなわち涙なんですね。まあ、僕がその立場だったらやはり身をよじって泣いていたのかもしれません（笑）。

日本人はとかく涙で美談めいたことにしてしまいがちですけれど、それで済ませるわけにいかないのが、あの戦争なんです。

涙が覆い隠した八月十五日の本質

欧米にいじめられ、正義の刃を抜いたけれども矢折れ弾尽き……。泣きたい気持ちはわかるけど、みんなで泣くような事態になる前に、開戦に打って出た責任や破局的な終戦に至らしめた責任の重さをどれだけ真剣に考えたのかと、どうしてもそこが僕には腑に落ちないんです。

例えば、あの太平洋戦争というのは全部で二十六の戦いがありました。むろん、これは人によって分析は様ざまですが、僕はこう考えています。この戦いというのは、真珠湾攻撃にはじまり、マレー作戦、香港作戦……という個々の戦闘のことです。この二十六の戦闘のいったいどこから、日本が物理的な限界を迎えて、敗戦へと転がり落ちて行ったのか、ということを考えることが重要だと思います。

戦争というのは互いにバラバラに鉄砲を撃ち合っているものではなく、国家の意志と意志とのぶつかり合いですから、個々の戦闘での勝ち負けが累積していった結果、戦争そのものの勝敗が決まります。

いろんな意見、数字の取り方があることを承知の上でいいますと、昭和十七年八月、海軍の基地があった南太平洋ソロモン諸島のガダルカナル島に、アメリカ軍が上陸してきます。大本営は、アメリカによる本格的な反攻が翌年（昭和十八年）だと考えていたので、ガダルカナルへの米軍上陸は偵察目的の小規模なものだろう、それなら潰しちゃえと次々に増援したんです。

まあ、それは大本営の完全な読み間違いで、アメリカにとっては対日一大反攻作戦の幕開けだったんですね。日本軍はこの戦場でかなりの物質的、人的損耗を負うことになります。国力的にも、これを機に日本にとって戦争の体をなさない状態に入っていきました。

ガダルカナルを巡る消耗戦の後の昭和十八年四月十八日、南太平洋のラバウルから山本五十六連合艦隊司令長官が前線を視察するため、海軍機に乗り込みます。ところが、山本の行動はすべてアメリカに察知されていて、彼の座乗機は撃墜され戦死してしまいます。

それから一ヵ月後の五月、アッツ島の玉砕です。このあたりが事実上の日本の戦争継続能力の限界だったんだろうと、僕は思っています。

こうなったときに、国が採るべき道は二つしかありません。ひたすら、全滅覚悟の徹底抗戦をするか、少しでも有利な状況をとらえて和平に持ち込むかの外交交渉です。

当時の戦争指導者たちはどう考えていたのかというと、そのどちらでもなくて、とにかく勝つまでやるんだという発想です。長期的な戦略なんてものはないんですね。外務省などは和平に持ち込む方策を考えていたけれど、誰もそうしようとしない。

矛盾した戦争指導の果てが、沖縄戦や広島・長崎、本土空襲を招いたのです。

あれほどの人命を失わないようにするためにいくつも方法や可能性があったのに、それをしなかった……。泣いて済む問題かといったのは、そこなんです。

日本人の情緒的な国民性というのはすぐに変わるものではありません。ですから、戦後の八月十五日の迎え方にもそれが象徴的に表れています。

例えば、僕が成人したころの昭和三十年代、八月十五日に終戦当時の苦しさを思い出そうと、みんなですいとんを食べる運動がありました。今どきの若者にはわからないかもしれないけど、小麦粉を団子状にして汁ものに入れた料理です。戦時中は食糧難なので国が奨励して、サツマイモの茎などと一緒に煮て食べる、米の代用食だったんですね。

僕はこれが嫌でした。

もっと嫌なのは、高校野球で八月十五日の正午にサイレンを鳴らし、球児たちに黙祷させる毎年恒例のあの儀式です。

僕が高校生だったのは昭和三十年代でした。その頃の僕らに、六十年以上も前の日清戦争の死者を思って黙祷しろというのと同じですね。そう考えると、日清戦争なんて遥か昔の話で、誰もピンとこなかっただろうなあと。今の高校生たちにはちょっと酷な話ではないでしょうか。高校野球の監督に聞くと、ピッチャーがフォームを崩したりしてしまうこともあるそうですから、選手たちからすれば迷惑な存在です。

すいとんにしても、高校野球のサイレンにしても、八月十五日は辛かったね、みんなで泣こうねという、情緒を共有することが大事という発想を感じるのです。その発想というのは実は、あの日の御前会議で閣僚たちが流した自己陶酔、責任放棄の涙と、根っこではつながっているのではないでしょうか。そういったものが他にもたくさんあって、靖国問題などもここに本質があるんじゃないかと思うんです。

戦後日本社会のタブーというのも、八月十五日という視点から見えてきます。

これは後で詳しくお話ししますけど、朝日新聞の社説を戦後からずっと読んでいくと、ナショナリズムという言葉がまったくといっていいほど出てきません。昭和三十八年、東京オリンピックの前年ですが、この年に珍しくこの言葉が社説で使われました。それも、戦前のようなナショナリズムとは区別するかたちで、「健全なナショナリズム」という言い方なんですね。やはり神経を使っていたんでしょう。

でも、逆にナショナリズムということばを積極的に使いながら、どういうナショナリズムが悪かったり良かったりするのか、そういう議論も深めることができたはずです。

戦争と平和という対立軸による論議というのも八月十五日の名物ですね。これなんかも僕は論の立て方としておかしいと思っていて、それをいうなら軍事と非軍事だろうと。

戦争と平和というと、戦争＝悪、平和＝善という構図の語られ方になってしまいます。日本は戦争をしてこなかったけれど、世界ではベトナム戦争をはじめ多くの戦争があったわけで、どこか傍観者然とした話にしかならないのです。戦争や軍事のことを調べたり勉強しているというだけで、平和に敵対する悪い人間かのようにレッテルを貼るような風潮もありました。戦後の日本は、ナショナリズムや軍事をタブーにしてしまったんだなと思います。

消えた軍需物資と特攻隊のこと

毎年、八月十五日には戦争を振り返る報道があります。そこで僕がいつも思うのは、ある事実についての検証がしっかりされていないがために、一方的な定説がひとり歩きしていってしまう、その怖さなんです。

終戦時、日本は大変な食糧難だったという話は、よく聞いたり読んだりします。俳人の金子兜太という方がいます。この方は大戦中、海軍の学徒兵として召集されましたが、彼が書き残しているものにも、とにかく終戦のときは食べるものがなかったとあります。金子さんに限らず、多くの人がそう書いています。

でも、実はあるところにはあったんです。陸軍などは本土決戦のために相当な食料を備蓄していて、それが余っていたんですね。

それについての証言はいくつもあって、僕が取材した参謀クラスの何人かも、自分たちのところには大量の食料があったのに……と、一般庶民のことを気の毒がっていたほどです。では軍の基地などに一体どれだけの食料や軍需物資が備蓄されていたのかというと、その正確な数字は誰も詳しく調べていなくて、わからないというのが現状です。

そのことはGHQも調べたんです。日本の警察を使って調査させたんですが、そうした軍需物資の一部がヤミ市などに流出したりしている実態が判明し、驚いています。

そのときの調査資料というのがありまして、もの凄く分厚いもので僕はあるときにそれをある人物に見せてもらったことがあります。極秘扱いの内部資料で、どこの部隊がどれだけの物資を終戦時に保持していて、そこからどれだけ外部に流出したのかまで、大まかとはいえ書かれていました。

それを持っていたのは当時の軍人さんで、二束三文で丸ごと売りに出されていたのを買い取ったということでした。つまり、官庁関係から外部の廃棄物業者に流れたんです。大変微妙な資料で、こんなのが公開されたら大ごとだというので、口外しないことを前提にこっそり見せてもらった程度なんです。例えば戦後に出発した企業などで、軍の備蓄物資が裏で流れたところの名前までそこに書かれていたのには驚きました。

軍は本土決戦、つまり本土で米軍と長期間戦うというシナリオで動いていたんですね。したがって、兵士や軍属の食料や必要物資がどれだけ必要かという計算のもとに予算をたて、戦備として確保していたわけです。ただ、それが軍の内部だけで処理されていたところがあり、終戦時にそういった資料が焼却処理されたこともあって、実態がつかめないんです。

長野県に、松代大本営跡（長野市松代）があります。これも本土決戦を前提に、東京にあった皇居や大本営をまとめて巨大な地下壕に移転させようとしたものです。

天皇が戦後、長野県を訪れたときに松代に足を運び、「ムダな穴を掘ったのはどのへんか」と長野県知事に聞いたエピソードが残っています。天皇自身も、おそらく松代大本営の詳細は聞かされていなかったでしょう。

一方的な定説ということでいうなら、特攻隊についても同様です。彼らは国を護るため、勇躍果敢に敵艦へ突っ込んでいったという側面で語られがちですけど、はたしてそれだけでよいのでしょうか。

横浜市港北区にある慶応大学日吉キャンパスのなかに、かつて海軍の連合艦隊司令部がありました。もともと司令部は連合艦隊の旗艦に置かれていましたが、戦時下のある時期からここに移されたんです。

そこは空襲にも耐えられる地下壕になっていて、施設内には当時、全国の基地と交信できる高性能の通信機器が備え付けられていました。

太平洋戦争末期に繰り返された特攻攻撃の通信もそこで行われていたんです。特攻隊のパイロットたちは飛行中、無線を常にオンの状態にして状況を報告していましたから。

彼らがアメリカの艦隊に遭遇していざ体当たりするとき、どんなことを話したか。それを日吉の司令部に入る無線で直接耳にした参謀がいます。

その一人に、Mさんという海軍少佐だった方がいました。戦争中、日本の航空力がどんどんアメリカに押されてくるなかで夜間攻撃という特殊な攻撃方法を考案し、それ専門の芙蓉部隊というのを指揮した指揮官です。特攻が当たり前のようになるなかで、それに強く反対し通常攻撃を主張したことでも知られる人ですね。

僕はMさんに会って話を聞いたことがあります。のちに、彼が限られた関係者だけに配った私家版の手記というのがあって、それを読むことができたんです。そこに、特攻隊員たちが死を前にして「海軍の馬鹿野郎」とか「こんな国はつぶれてしまえ」と、死を強制する軍に対する赤裸々な怨嗟の罵声を投げつけるものが数少なくなかったと、書いてあったんですね。当然、そういった特攻隊員の声は極秘扱いにされたそうです。

それでMさんに直接伺うと、いやあ、海軍の馬鹿野郎なんていうのはまだ可愛い方だったと。実際は、限定部数の私家版の本であっても、とても書けないような内容だったのでそれ以上は記さなかったと、こういう話をされていました。

当時の軍令部にいた参謀たちは、そういう実態を知っていたはずなんですが、戦後も表立っては決して話しませんでした。そんな事実を話したら、特攻隊員たちはみんな国のために勇躍果敢、特攻死したという神話が崩壊してしまうからです。

あの戦争がよかったとか悪かったという解釈ばかりが先行しているようですけれど、その前に私たちはその実態を知るべきだと思います。あらゆる実態を知った上で、それでもあの戦争は正しかったという人がいるなら、それはそれでいいんです。でも、実態はまだ歴史の闇に埋もれたままになっているんじゃないでしょうか。

第1章で、総力戦研究所という組織があって、そこが出した日本敗北のシミュレーションが本当に開戦を止めるほどの力を持ち得たかというお話をしました。それなんかも、年月が経って当時の詳しい実態が見えにくくなった結果、一つの解釈が前面に出てくるかたちになったように思えます。

それに似た話で、これもたびたび報道で見かけるものなんですけど、当時の軍部は広島への原爆投下を事前に察知していたのに情報が生かされなかった、というものです。

当時、大本営という組織がありました。戦時に天皇直属の最高統帥機関として設置されるもので、陸軍の参謀本部と海軍軍令部の幹部によって構成されていました。その大本営陸軍部に、堀栄三さんという参謀がいました。

彼はとても有能な情報参謀で、アメリカ軍の動きを何度もピタリと当ててしまうので、マッカーサーの参謀などと呼ばれていたほどです。彼は米軍機がいつどこに飛来したかというデータや米軍機の無線傍受などによる細かい情報を集めて、アメリカ軍が次にどんな作戦を考えているのか、どう出てくるのかを分析していたんです。僕は堀さんとは親しくさせていただきまして、彼の持っていた多くの資料を見せてもらったり、話を聞かせてもらいました。

広島への原爆投下があった日、堀さんはマリアナ諸島のテニアン基地から出発したB-29が通常なら基地に無線を返すのに、その時はなぜかワシントンに無線を送ったという奇妙な行動に注目します。なぜそんなことをしたのか、堀さんもいろいろ考えたそうですが、例えばテニアンにアメリカの要人でも来ていて、その人物がB-29に乗って日本を視察しようとしていのかもしれないと。だから、発進基地のテニアンでなくワシントンにわざわざ無線を送っているんだろうと、そのくらいにしか考えようがなかったそうです。

後に、奇妙な無線を出したB-29が原爆を投下したエノラゲイ号のグループの一機だったことを知ったそうです。つまり、当時の陸軍はB-29がワシントンに不自然な無線を送っているという事実は把握したけれど、それが原爆搭載機であるなんてことまではまったくわかっていなかった、というのが堀さんの話なんですね。

でもその話が一人歩きしていくと、陸軍は原爆の投下を事前に察知していたんだ、どうして情報は生かされなかったのか、という具合になってしまうんです。実は前にもそういう話で本にしたいから協力してほしいと頼まれて、生前の堀さんに打診したことがあったんですが、自分はそれ以上のことは何もわからないから勘弁して欲しい、と拒否されていました。

二百三十四年間で三百六十六回の戦争

八月十五日という日を語る上でもう一つ、忘れてはいけないと思うのは世界史的な視点から、日本の戦争を位置づけてみる作業なんですね。

ちょっと古い文献ですけれど、三和公忠さんという大学の先生がお書きになった『日本・1945年の視点』（一九八六年）という本があります。ここに大変参考になる興味深い視点が示されていますので、少々ご紹介させていただきます。

フランスには「平和学」という学問があるそうです。言い換えれば戦争の研究ということなんでしょうけれど、そのグループがフランス革命の少し前の一七四〇年からベトナム戦争終結直前の一九七四年までの二百三十四年間、世界全体でどれだけ戦争が起こったのか、そこにどんな国が関わってきたのかということを調べています（『戦争の社会学―戦争と革命の二世紀、一七四〇‐一九七四―』ルネ・キャレール、中央大学現代政治学双書、一九八〇）。

その研究によると、二百三十四年間で世界各地に起きた主要武力紛争というのは全部で三百六十六回もあったそうです。この主要武力紛争というものの定義は、「かならずしも国際紛争とは限らず、国内における革命も含むが、1000人以上が殺戮されたとか1年以上継続したとかいうような条件6つのうち少なくとも1つ以上を満たすもの」（三和書）となっています。

その三百六十六回のうちどんな国が関わっていたかというのを回数順にみると、約四割にあたる百五十七回に関わっている上位六カ国というのが、イギリス（四十八回）、フランス（四十回）、ロシア（三十五回）、中国（三十五回）、オーストリア（十九回）、トルコ（十三回）だそうです。

さらに紛争が起こりやすい地理的な場所というのも調べていて、それによると上位五地点というのは、一・中国とその国境地帯、二・近東、三・地中海、四・インドとその国境地帯、五・バルカン半島の順で、その五地点で起こった紛争だけで全紛争の三分の一を占めてしまいます。

では日本はどうだったのかというと、この期間での日本が関わった紛争というのは、全部で六回、いずれも国際紛争というカテゴリーに分類されています。順に挙げれば、日清戦争、日露戦争、第一次世界大戦、満州事変、日中戦争、第二次世界大戦ですね。

ここからが興味深い指摘なんです。この時代区分の三百六十六回の紛争のうち、国際紛争に該当するのは百六十四件。その百六十四回でみると、日本が最初に経験した日清戦争は百七番目にあたります。最後の戦争は第二次世界大戦で、これは百六十四回のうち百四十二番目。つまり日本は、わずか四十七年間で六回も国際紛争を戦ったことになり、それは同じ期間で起きた国際紛争（三十六回）の十七％を占める計算になります。

こんなデータを元にあの八月十五日を考えてみると、日本という国のある特徴が浮かび上がってくるのではないでしょうか。三和さんは、次のように書いています。

「戦前日本の歴史は、対外戦争の歴史であり、日本は軍備競争に明け暮れていた。武装した日本が戦争をし、『高度国防国家』日本が悲惨な結末を生んだ。ここに、戦後日本の平和思想の一潮流が発している。近代日本の戦争は、すべて日本が仕掛けたもの、少なくとも、日本が自ら選んではじめたもの。それも強力な軍備の自信に支えられて。とすれば、日本が武装を放棄し、こちらから戦争をする意志を捨てれば、この地域の平和は乱されない。武装放棄＝平和という戦後日本人の信念の背景には、日本人のこんな歴史認識があったのだということが、プートゥールとキャレールの分析結果からも推論できる」

この三和さんの指摘に納得する方もいれば、いや違うとおっしゃる方もいるでしょうね。でも、一九四五年八月十五日から現在に至るまで日本が戦争をしなかったという事実の背景に、二十世紀の日本の戦争はすべて自分たちが意志を持って仕掛けたもので、逆にその意志を持たなければ戦争は起こらなかったという結論をそこから引き出せるとすれば、戦後そのとおりになって現在に至っている、とも言えるのではないでしょうか。

だから僕なんかは、この結論はある程度当たっているんじゃないかと思うんです。

さきの時代区分では、日本が他国から侵略されて、防衛戦争を戦ったという事実は客観的にはありません。なかには日清・日露は自衛戦争だったと主張する人もいますが、清国やロシアが日本の領土に直接侵略してきたわけではありません。

日本が武器を持たなければ、戦争になることはない……。

僕は八月十五日を考えるにあたって、一つはその結論を確認してみたいということがあります。百六十四回のうち六回というのは、数でみたらとても少ない数字です。でもそれが特定の時期に集中していて、しかもそのすべてにおいて日本の意志で始まったという、いってみれば日本の戦争のかたちということがそこから見えてくるんじゃないか、ということなんです。

第二次世界大戦が終わって、私たちはかつてドイツが試みたようなリターンマッチを試みませんでした。前にもお話したように、日本は第一次世界大戦と第二次世界大戦の間の戦間期の思想を否定したんですね。じゃあその戦間期の思想とは何だったのかと考えると、一言でいうならそれは「偽善」です。近衛文麿の言葉を借りるなら、「英米本位の世界秩序」というものです。

先ほどの三和さんの本にあるように、三百六十六回の戦争の約四割に関係していたイギリスやフランス、ロシアなどの上位六カ国によって築かれていた世界観なんだなあということがわかります。戦間期に、その体制のなかからロシアは違う路線を歩き始め、莫大な賠償や領土の割譲などで国家的威信を傷つけられたドイツもまたそれに挑戦しようとした、その二十一年間の思想を日本はどう捉え、復讐を否定しようとした事実を、私たちは世界にもっと発信していく必要があるんじゃないでしょうか。

以前、半藤一利さんと対談をさせていただいたときに、半藤さんがこんなことを仰られました。今の日本国憲法ができて六十四年を経たときでしたけれど、これをあと三十六年、つまり百年守ったら、十分に世界的な価値を持つ歴史的な遺産になるんじゃないかと。

僕は聞いていて、なるほどなあと思いました。

欠けていた末端兵士たちの証言

最後に余談を一つ。

軍人による戦争の証言、例えば手記や戦記というのはこれまで多数刊行されてきました。そのことで、いつごろだったか、一つの法則のようなものがあることに気づいたんです。もちろん戦後の占領期にはGHQの検閲があって自由に出版できませんでしたから、昭和二十八年以降ということになります。

最初の時期に刊行された戦史書は、将官、あるいは佐官クラスの証言です。大本営参謀だった人などによる、自分たちはどう作戦を立案して指揮したかという話が中心です。服部卓四郎の『大東亜戦争全史』などもそうですね。

その次が、佐官でも下のクラスです。そして、組織の末端の下士官クラス、いわゆる兵隊として実際に現地で戦った人たちの手記や証言は、それこそようやく最近になって続々と出ているんです。さきほどいった法則というのは、時系列でみると階級の上位、また当時の軍組織の中央から証言などが出始めて、末端の戦場で戦った兵士たちは、彼らが八十代、九十代になってからという、この傾向のことです。

もちろん昔でも経済的に余裕がある人や、部隊のほとんどが玉砕してしまって話をできる人が一握りしかいないという場合に、末端の兵士の証言が刊行されたことはあります。でも、全体の傾向としては今いったような流れなんですね。

言い換えれば、戦争について語ることの構造そのものが、日本の社会そのものであるということなんです。将官クラスがどう作戦を立案してどう指揮したかというのは、本来なら戦争中に明らかになっていてもおかしくない話です。敵に知られるからできなかったというのは言いわけにすぎません。その類いの話が戦後にまず出て、なかにはさっきの『大東亜戦争全史』にように、GHQからお金をもらってまとめたようなものまであります。

作戦がどう立てられたかはそれでわかりますが、ではその作戦の下で実際の戦闘がどう行われたのか、これはやはり従軍した兵士たちの証言に頼る必要があります。戦争というのは戦闘と不可分ですからね。兵士たちの証言がまだ十分に明らかにされていないなかで、それを代弁するかたちで世に出たのが大岡昇平などの作家による一連の作品でした。

僕も兵士たちを取材していて、いつも思っていたのがどうしてこういう話がもっと伝わらないのかという点でした。戦友会もほとんど解散してしまい、あの戦争から六十年以上もたってからようやく元兵士たちが語り始める。

本当は、もっと早くから我々やジャーナリズムが整理しておかなくてはいけないことだったんじゃないかと思うんです。

八月十五日に、新聞やテレビではニューギニアの悲惨な戦場の実態や、日本は戦地で酷いことをしたという話を特集します。でも、そういうことを体系立てて行ってこなかったから、ごく一部の話をセンセーショナルに伝えて終わってしまっているのです。そのことはすなわち、八月十五日に報道すべきことは何だったのかという本質的なことを、私たちが忘れてきてしまったからということにもなるんです。

やはり、あの戦争とは何だったのかということを考える上で、大きく欠けていたのは彼ら末端の兵士たちの証言だったんだと思います。

さきほど、日本の戦争の転換点としてアッツ島での玉砕の話をしました。昭和十八年五月、アリューシャン列島のアッツ島を守備していた二千五百名以上の日本兵が、上陸してきた米軍との戦闘で全滅します。

このときに新聞などで初めて「玉砕」という言葉が使われました。それは、アッツ島守備隊の隊長だった山崎保代という大佐が大本営への電報で、玉砕という言葉を使ったからなんです。この後、アッツ島守備隊の勇敢さを讃える『アッツ島血戦勇士顕彰国民歌』という歌や、本が続々とつくられました。

でもそれは、大本営の立てた作戦の失敗や戦略のあいまいさという問題が現場の兵士に強いた悲劇を、玉砕という言葉で美化し、本質を覆い隠してしまうことにもなるんです。

戦争というのは基本的にフィジカルなものですが、その劣勢をことさら精神力で補わせようとしたことが、アッツ島の兵士を讃えるレコードなどを聞くとよくわかります。

これまでの八月十五日の報道に決定的に欠けていたものは何だったか。それは、彼らのような戦地で戦った兵士たちの証言だったのではないかと、今更ながら思うんですね。

第7章

東京オリンピックまでの八月十五日

僕が小学校に入学したのは、昭和二十一年四月のことでした。戦争が終わった年の翌年ですけど、このころはまだ旧制の国民学校と呼ばれるものでした。北海道の札幌で育ったんですが、小学一年生のときは札幌と函館の間にある人口三万人ぐらいの八雲町というところに住んでいました。

国民学校って何だ、という方のために少々付け加えますと、戦前の初等教育というのはいわゆる六年制の尋常小学校を主体に、さらに二年勉強する高等小学校や二つが一緒になった尋常高等小学校というものがありました。

日中戦争が始まりまして、昭和十六年三月、国民学校令が布告されます。その第一条に「国民学校ハ皇国ノ道ニ則リテ初等普通教育ヲ施シ国民ノ基礎的錬成ヲ為スヲ以テ目的トス」とあるように、戦時体制に沿うような内容に改められ、それまでの尋常小学校は全て国民学校初等科(六年)、同高等科(二年)になりました。

現在の学校教育法は昭和二十二年三月に施行されましたから、僕は一年間だけ国民学校を経験しているんですね。

終戦直後の混乱ぶりは学校でも同じでよく憶えているのですけど、まず、教科書がないんです。先生が謄写版、いわゆるガリ版でザラ紙に刷ってきたものを、授業のたびに教科書の代わりに生徒に配って、それで勉強したんですね。

たまに学校に残っていたような戦前の教科書をみんなに配ったりしたこともありました。まあ文部省そのものが、どう教育したらいいのかわからないという状態だったんでしょう。授業は半分ぐらいが昔のままで、ＧＨＱから教えるのを止めるよう指令が出た修身などが除かれたような格好でした。

入学してまず習ったのは、平仮名ではなく片仮名なんです。以前、年が近いノンフィクション作家の立花隆さんと雑談していたらそんな話になって、彼は片仮名では習わなかったといっていました。立花さんは僕より一歳若いので、おそらく学校教育法施行下で小学校へ入学したからなんでしょう。でも僕は、例えば「ちょうちょう」も「てふてふ」と書かされたのをはっきり記憶しています。

でも、僕らが受けた戦後教育というのは、ある意味でとても純粋だったんじゃないかと思うんです。学校で教えられたのは、とにかく日本はとんでもなく悪いことをした国、間違いをおかした国だということと、もう一つはそこから反省してこれから日本は新しい国になるのだ、それが君たち若者の役目なんだ、というものでした。端的にいえば、戦前の軍国主義の日本は悪、戦後の新生民主主義の日本は善といった、単純な二元論的な価値観で教えられたわけです。

そのことを僕は良い悪いというつもりはありませんけど、善悪を判断する材料を持たない子供にとにかく価値観だけを刷り込む、教え込むということは、実は戦前の教育とある意味で同じことなんじゃないのか、とも思うんですね。戦前は、みんな国のために犠牲になったんだという言われ方がよくされます。でも裏を返せば戦後、まったく違うかたちで一方的な価値観を強制されてきたのではないでしょうか。

もう僕も七十代に入っていますが、同じ世代の人と話をするとやはり、この終戦をはさんだ転換期のことが頭のなかに強く残っているんですね。今あらためて考えると、価値観を教え込む前に、もっと客観的な事実をもとにして結論、価値観を見出すような教育こそが必要なんじゃないかと思います。戦前の日本はこうだったああだったと決めつける前に、まず事実を共有することが大事だということです。

戦前の教育の誤りを戦後、甲乙の違いはあれど繰り返してしまっているように見えるのは、日本的な風土というかシステムの問題になるのかもしれませんが。

「一億総懺悔論」の登場

さて、八月十五日という日は、戦後の時代のなかでどう論じられ、どう報道されてきたのでしょうか。それをここでは、東京オリンピック（昭和三十九年）が開催されるまでの昭和三十年代という時間軸のなかで見てみたいと思います。

ちなみにその前の、昭和二十年代の八月十五日の捉えられ方ということに触れておきますと、これは新聞の社説などを通して読んでみるとわかるように、とにかく私たちは反省しようという一点に集約されるんですね。

これは前章でもお話したように、昭和二十年八月十五日の「涙」からはじまるものです。昭和二十年代という時代を簡潔にふり返ると、次の年表のようになりましょうか。

昭和二十　年　ポツダム宣言受諾／降伏文書調印と連合国軍進駐
　　　　　　　財閥解体、労働組合法の制定
二十一年　天皇の人間宣言／極東国際軍事裁判（東京裁判）開始
　　　　　　　日本国憲法公布
二十二年　教育基本法、学校教育法公布

二十三年　極東国際軍事裁判判決
二十四年　下山、三鷹、松川事件
二十五年　警察予備隊の設置／レッドパージ
二十六年　サンフランシスコ平和条約、日米安全保障条約調印
二十七年　主権回復（占領の終了）、国際社会への復帰
二十九年　自衛隊の発足

この時代の日本人は、敗戦の衝撃がさめやらぬなか、未知の経験である外国による占領支配という事態を不安のうちに受け入れながら、それまでの国家のあり方が矢継ぎ早に変革されていくさまを目の当たりにします。そのなかでも最大の「事件」は、国民主権というアメリカン・デモクラシーを骨格にした新憲法の制定でしょう。

二十年代に一世を風靡した言葉に、「一億総懺悔論」というものがありました。これは終戦直後に首相となった東久邇宮稔彦が、昭和二十年九月五日に行った施政方針演説が発端です。

「……敗戦の因って来る所は固より一にして止まりませぬ。前線も銃後も、軍も官も民も

総て、国民悉く静かに反省する所がなければなりませぬ、我々は今こそ総懺悔し、神の御前に一切の邪心を洗い浄め、過去を以て将来の誡めとなし、心を新たにして、戦いの日にも増したる挙国一致、相援け相携えて各々其の本分に最善を竭し、来るべき苦難の途を踏み越えて、帝国将来の進運を開くべきであります。……」

東久邇宮は皇族で軍人だった人ですが、東條英機らのような陸軍の統制派グループとは一線を引いていた存在でした。終戦のための鈴木貫太郎内閣が総辞職した後、難局を乗り切るために天皇がもっとも信頼できる人物を、ということで東久邇宮が首相に選ばれます。ところが、GHQから突きつけられた天皇の神格否定を含めた民主化政策を処理できず、たった二ヵ月で総辞職に追い込まれてしまいました。

ただ、この「一億総懺悔論」というものをよく考えてみると、要するに誰が悪かったとかいうことではないんだと。日本人みんな悪いんだから、ざんげして出直そうという内容ですよね。裏返せば、あの戦争の責任の所在をあいまいにしたままにしておこうという、なんといいますか、非常に日本人的な総括の仕方のような気もします。

南博さんという心理学者がいらして、彼が昭和二十八年に書いて大ベストセラーになった『日本人の心理』という本のことを思い出します。私たちが普段使う様々な格言や言い伝えなどを切り口に、日本人の思考や心理について分析している本です。

そのなかに、「思う一念岩をも通す」という格言を題材に、日本人特有の精神主義について論じている部分があります。こんな具合です。

「軍人の精神修養でも、日本精神とか軍人精神は、『理屈ではない』といわれて、ただむやみに叩きこまれる形をとる。その上教育の方法自身が、すでに精神主義的なので、たとえば勅諭を教えるのでも、字句の理解はぬきにしてその『ありがたさ』を感じさせるようにする。たとえば、『勅諭論集に書いてある文句というのは、とにかく判らんでもよいから読んでおれ、読んでおるとだんだん味が出て来て、遂に本当に御勅諭が自分の血となり肉となる。……毎日毎日やれ、といわれた。それが一年なり、二年なり経ちますと何だか判らんですが、何だか有難いような気がして来ます。』（前出『日本の軍隊』）と、いうものである」

これが日本人のメンタリティーの一つだと、南さんは指摘しているわけです。南さんの分析が正しいかどうかはともかく、僕はある程度、日本人の性質を抉り出しているんじゃないかと思います。

つまり、八月十五日の話にしても、さっきの「一億総懺悔論」にしても、これが当てはまるんですね。いわば、精神論的な八月十五日の迎え方です。戦争が終わってやっと平和になったんだし、誰が悪かったとかいうのはやめて、とにかくみんなでこの日を反省しようじゃありませんか……。そんな〝理屈ではない〟八月十五日論が、昭和二十年代から三十年代になんとなくできあがってしまったように思います。その日にまつわる史実、責任なんかはどこかに置いておいて、すいとんでも食べて思い出そうと。

前章ですいとんの話をさせていただきましたけど、だから僕は嫌いなんです（笑）。

これが昭和四十年代に入っていくと、少し変ってくるんですね。世代の交代もありまして、従来の八月十五日論が儀式化していき、それに対して「偽善ではないか」という新しいかたちの批判が向けられるようになります。これは全共闘世代によるものですけれど、それにつきましてはこの後の章で詳しくお話してみたいと思います。

昭和三十年代の「人物論」はなぜ面白いか

昭和二十年代の大半は、ＧＨＱによる占領期でしたね。それに続く三十年代とは、どんな時代だったのでしょうか。また、簡単な年表で見てみましょう。

昭和　三十年　社会党再統一と保守合同（五十五年体制のはじまり）
三十一年　日本、国際連盟へ加盟
三十二年　原子力研究所実験炉において日本で初めて臨界点に到達（原子の火）
三十三年　明仁親王（現天皇）・正田美智子（現皇后）婚約
　　　　　東京タワー完成
三十五年　安保反対デモが国会突入（樺美智子死亡）
　　　　　日米新安全保障条約調印／岸信介内閣総辞職
　　　　　池田勇人首相が「所得倍増計画」発表
三十七年　キューバ危機
三十九年　東海道新幹線開通／東京オリンピック開催

余計な話ですけれど、日本は原子爆弾を経験してから十二年後に、平和利用としての原子力臨界実験に成功しているんですね。当時の新聞は一面で、これを「第三の火ともる」と伝えています。ちなみに、第一の火とは石油などの燃料による燃焼のこと、第二の火は電気による発熱、第三の火が核分裂によるものだそうです。

第三の火という言葉には、未来のエネルギーというプラスのイメージが込められていたように記憶しています。まさかそれから五十四年後の二〇一一年、福島で「第三の火」がこれほどまでに猛威を振るうことになろうとは……。

この件で言いたいことはたくさんありますけど、がまんして話を戻しましょう。

この昭和三十年代の終戦報道のなかで、他の時代と比べても特異なかたちをもって噴出したといえるのは、人間像を描いた人物論なんですね。それは、八月十五日を境にした人物論、といったほうがわかりやすいでしょうか。それがこの時代、著作物としてどっと世に出るんですね。

ここで一つ、たとえ話をさせてもらいます。

組織をあげての一大プロジェクトを、皆さんが参加して進めていたとします。ところが、それが大失敗して多大な損失を出してしまいました。当然、参加者たちに対する責任追及の動きが起こりつつあります。そんなとき、皆さんならどういう態度をとるでしょうか。

僕が思うに、そんなときの態度のとり方には、大雑把に三つのかたちがあるように思います。列挙してみると次のようなものです。

A　もともとそのプロジェクトには反対だったから、別に気にしない。

B　本心からプロジェクトを推進していたが、失敗を契機に「あれは間違っていた」

と考えを変える。

C　「本心では反対だったけれど、組織上それがいえなかった」とごまかす。

この三つのタイプは、あの八月十五日をくぐり抜けた人びとにもそのまま当てはまるんです。

まずAは、もともと八月十五日以前の社会のあり方が嫌で嫌で仕方がなかった人です。敗戦で社会がガラッと変わったことは歓迎すべきことで、それを好機として生きてゆけるタイプですね。

Bというのは、例えば八月十五日以前の社会のなかにどっぷりと浸って、そこで地位を固めていた人に見られるものです。でも戦後になって社会の風向きの変化をいち早く読み、巧みに対応していったタイプといえます。まあ、どちらかというと、要領のいい人です。

この二つ以外に、何らかの組織のトップや中枢にいて、戦後になって体制派から市民的リベラル派の護憲、反戦に思想を一変させていった人たちがいます。もちろん、八月十五日以前は大日本帝国の旗ふり役を担っていた存在です。

彼らの特徴は、要領がいいという評価よりもむしろ、何か高邁なお考えがあるんだろうと周囲が納得させられてしまうようなところがあることです。要するに、旗ふりを担っていたのは仕方なくやっていたことで、本心は戦争反対だったんだといって、周囲がそう納得したタイプ、というのがCなんですね。

どうして昭和三十年代に人物論が隆盛を極めたかといえば、この三つの人間のタイプが、八月十五日を境にして非常にわかりやすいかたちで出たからなんです。

八月十五日を経て日本社会のあり方そのものが、一八〇度といってもいいほどガラッと変ったことで、それまで正しいと思ってやっていた行為が戦後は糾弾の対象になってしまう。大東亜戦争完遂だと叫んでいたのが、戦後は一転して戦争反対、軍国主義反対ということになります。

人間とはかくも変わり身の早い生き物なのか……。そんな人間像に焦点を当てた読み物を読み返してみると、これが実に面白くて読み応えがあるんです。

そんな人物論の書き手の代表的な人物が、大宅壮一ですね。

面白いので少し紹介しますと、彼が書いた『文化界の教祖たち』という一文があります。これは天皇の人間宣言を話の枕にして、神がいなくなった戦後の日本に、神を名乗る人間が雨後のタケノコの様に出てきた、という話なんですね。それで例えば、

「戦後文化界の最大の教祖は、〝平和教〟の清水幾太郎であろう……戦後思想的な拠りど

ころを失ったものが真っ先に食いついたのが〝哲学〟で、西田幾多郎の著書を手に入れるために、書店の前に長蛇の列をつくった……この方の信者を〝平和〟の名においてそっくりうけついたのが、清水幾太郎である……とにかく清水教祖の地方講演料一回五万円とかで、たいへんな繁昌である」

「文壇では、〝純文学教〟の志賀直哉、〝大衆文学教〟の吉川英治は、すでに官幣大社級、いや〝神宮〟といった方がいいかもしれない。これにつづくものとしては、小説の川端康成、評論の小林秀雄が多くの信者を擁している。かれらは何を書いても、何をいっても、一言半句といえども有難く押し頂かれる」

といった具合に、学者から文壇、芸能界など次々に著名人たちの名を挙げてなで切りにしていきます。今だったらこうした論評にも、相当の根拠とか証拠を持っていないと司法上の名誉毀損になります。大宅の筆はそんなことおかまいなしの勢いで、もうとにかく書きまくってやれという意思が伝わってくるような文章ですね。

その背景には、八月十五日以前に人物論そのものを自由に書けなかった反動があったんじゃないかと思うんです。

戦前は人物について論評しようとしても書けないことが多く、もちろん皇室関係などはまったく書けませんでしたからね。政治評論などの世界では人物論も見受けられたものの、対象となる人物を持ち上げるのが常で、批判的に書くというのはほとんどなかったといってもいいでしょう。

そして戦後の新憲法に、いわゆる表現・出版の自由という条文が盛り込まれたことで、重石がとれたように一気に過激ともいえる人物論が刊行されるようになったというわけです。これは書籍に限ったことではないんです。昭和三十年代の新聞を読み返していただければわかりますけど、例えば社会面の殺人事件の記事は最近の週刊誌なんぞ太刀打ちできないほど（笑）、もう洗いざらい書いていますね。それこそ容疑者の段階から完全に犯人扱いで、個人名から自宅の住所まで書きまくっていました。

このころはまだ、個人のプライバシー権などというものがない時代だったということもあるでしょう。だから人物論も書き手側の制約がなかったために、読み物としては面白いんですね。まあ、書かれた方にしてはたまったものじゃないということでしょうけれど。

政治家・有田八郎の戦後

八月十五日をくぐり抜けた人間像、人物論ということでは、どうしても僕には忘れられない人がいます。

それは有田八郎という人物です。ご存じない方もいらっしゃるでしょうけれど、三島由紀夫の小説『宴のあと』のモデルになった人物と聞けば、思い出される向きもあろうかと思います。有田は戦前、外交官として頭角を現し、昭和十一年に広田弘毅内閣で外務大臣となり、以後も開戦直前の平沼騏一郎、米内光政内閣でも外相を歴任しました。戦後は社会党寄りの護憲派、リベラルな外交評論家として活躍するようになり、昭和三十年と三十四年に二回、革新系の推選を受けて東京都知事選挙に立候補しています。

彼は戦後、料亭のおかみさんだった女性と再婚します。そのことを、小説として書いたのが三島由紀夫の『宴のあと』ですね。もちろん名前などは変えてあるんですけれど、ディテールを読めば自分たちのことだとわかるだろうと、有田は三島由紀夫と版元の新潮社を昭和三十六年に名誉毀損で訴えます。

戦後初のプライバシーをめぐる裁判として当時話題になりまして、有田が亡くなった翌年の昭和四十一年に両者間で和解しています。人物論の隆盛という話をしましたけれど、その意味でも昭和三十年代というのは一つの転機だったんですね。

有田が選挙で戦った現職の都知事は、初代から三期務めた自民党の安井誠一郎という人物で、自民党対社会党の全面対決のような格好になったんです。ですから、それはもう『宴のあと』に描写された有田の女性関係まで書かれた怪文書が飛び交うような、凄まじい選挙戦でした。

僕がここで紹介したいのは、そういう話ではありませんよ（笑）。

みんな同じようにあの八月十五日を経験しながらも、次第に右派や左派に別れていきました。その左派、もう戦争を繰り返してはいけない、今の憲法を守ろうという勢力をリードするようになった錚々たる当時の知識人たちが、都知事選に出馬した有田陣営の推薦人として名を連ねていたんですね。

社会党委員長で総理大臣になった片山哲、戦前は内閣書記官長などを務めて戦後に社会党議員になった風見章にはじまり、学者からは東京帝国大学元総長の政治学者・南原繁、学習院大学教授で反戦運動を一時期リードすることになる清水幾太郎、マルクス経済学者として知られる大内兵衛ら、文学界からは丹羽文雄に石川達三、堀田善衛、椎名麟三、婦人運動家では市川房枝に松岡洋子と、その顔ぶれには目を見張るものがあります。

有田のいとこで、彼の秘書もやっていた山本悌次郎という人がまとめた『有田八郎の生涯』という伝記には、その時の様子がこう記されています。

「そうそうたる顔ぶれで、そろって知名度が高い人びとであり、保守陣営はあわてた。十年の都政経験者の安井候補は、自由、民主両党はいうに及ばず、保守を一本にまとめて、保・革の対決に出て来た。三月二十九日に日本共産党東京都委員会は『アカハタ』で有田候補を支持する声明を出した。それは平和と独立のために『知事候補には独自候補をたてず社会推薦の有田八郎氏を支持する』というものであった。選挙が始まると安井陣営は一斉に『都庁に赤旗を立てさせるな』と鋭く訴え続けた。この殺し文句は保守系の中に浸透していったし、さらに有田さんがいかに保守系の人物であっても、その後援者と支持者が労組と革新系であり、共産党であっては、一般の人は充分な納得も出来ず、不信も感じていた。いわば選挙がはっきり保守か革新で争われ、三選問題は飛んでしまったのである」

実はこの本、僕が駆け出しの頃にゴーストライターとして関わった本なんです。だからあらためて文章を読み返すと、こんな文章を書いていたのかと我ながら恥ずかしくなります(笑)。もちろん、山本さんが話したことをぼくが文章化し、最終的に山本さんにチェックしてもらってはいますが。

先の推薦人名簿に名前のあった風見章は、戦前は新聞記者から政治家に転身し、近衛内閣で書記官長、司法大臣を務め、近衛文麿が進めた新体制運動の一翼を担った人物です。戦後は公職追放となりますが、政界復帰して左派社会党に入党するなど一貫して護憲派でした。

軍人にも、戦中は航空総監部にいて特攻機の生産を指揮していた遠藤三郎(陸軍中将)など、戦後は一転して反戦運動の道に入った人物がいます。このように戦前・戦中の有力者たちが、戦後に護憲・反戦運動に入っていった例というのは少なくないんですね。

そう考えると、例えば風見章などは先ほどの三つの人物タイプに当てはめると、いや私は本当は反対だったんだというような、Cの典型的なタイプでしょうね。有田八郎もCタイプかなとも思いますが、よくよく考えるとAのような、本心から自分は反対だったんだという分類にしてあげないと、少々可哀想かなとも思うんです。

この有田という人のことを調べると、要領がいいというより、どちらかというと純粋な人だったんですね。彼が外交官として有能で、本心からアメリカと戦争を起こしたくないと考えていたというのは、事実だと僕は思います。

昭和十六年十一月、アメリカからいわゆる最後通牒と称されるハル・ノートが送られてきます。当時、有田は外務省を離れていたのでその内容を知らなかったんですね。日米開戦となった十二月八日、ハル・ノートの全文が公開されて彼はそれをはじめて英文で読みます。有田の解釈によれば、これは最後通牒ではなく、アメリカがこれから交渉を始めようという意志表示であると。彼は大慌てで、これはハル・ノートの読み間違いなんだから戦争などする必要はないという天皇への直訴文をしたため、内大臣の木戸幸一に手渡します。でも、木戸はそれを天皇に届けなかったようですね。

有田は終戦直前（昭和二十年七月九日）にも戦争終結を急ぐよう、天皇への上奏文を提出しています。

有田が示した戦争回避と戦争終結への熱意を考えると、戦後の護憲運動への傾斜というのも、わかるような気がするのです。

憲法九条「戦争放棄」を評価した石原莞爾

有田八郎の都知事選での推薦人名簿を眺めていると、戦後の言論をリードしていた彼らも、さっきの三つの人物タイプに色分けされてくるんですね。

戦後に名を馳せた教育者の書いた自伝などを読んでみても、終戦までは大日本帝国という体制を断じて疑わない教師だったりします。それで八月十五日までは「天皇陛下に申し訳ないと思わないのか！」と生徒たちをぶん殴った先生が、戦後は一転、反戦教育に邁進するようになるんです。

別のケースで、やはり学校の先生をしていた方がいるんですね。終戦を期に、教職を辞めようとも考えたと。でも考え直して、戦前の自分は間違っていた、その間違いを正すために教師を続けることにしたと弁解しています。これも、戦後の教育界で有名な方です。

この種の人たちはどちらかというと、うまくくぐり抜けていったBのタイプなんだなあと思います。

そう考えると、昭和二十年代から三十年代の特色とは、そのBタイプに属するような、激変した価値観の到来にあわせて上手に自分をつくりかえた人たちが社会の前面に出てきた、ということなんじゃないでしょうか。

これは良い悪いの問題ではありません。人間というのはそういうもの、どんな会社や組織にも、さっきの三つのタイプは存在するはずです。だから、そこに立ち現われる人物論というのは、面白いんですね。

話が少々飛ぶようで申し訳ありませんが、人物論をお題にすると、どうしてもこの人のことが頭に浮かんでくるんです。前にもたびたび出てきた、陸軍軍人の石原莞爾です。もし石原が終戦直後に亡くなっていなかったとしたら、どんな生き方をしたでしょうね。僕は案外、護憲派の重鎮にでもなっていたんじゃないかと、一人で想像をたくましくしているんです。石原は終戦のちょうど四年後、昭和二十四年の八月十五日に死去しました。彼は後年体調を悪くして郷里の山形に住み、彼が結成した東亜連盟の門弟たちが訪ねてゆくような生活でした。

念のために石原莞爾という人物の概略を申し上げますと、山形に生まれ陸軍士官学校、陸軍大学校とエリートコースを歩んで昭和三年、関東軍参謀となります。そのずば抜けた頭の良さについては、前に少しお話ししましたね。

史実的にいえば、石原は昭和六年に起こった満州事変の首謀者の一人とされています。これがきっかけとなって、その翌年に満州国が建国されました。ですから石原を昭和陸軍の悪の代名詞のようにいう人もいます。

石原は昭和期の軍人のなかでも人をひきつけるカリスマ性があり、変ないい方ですが今でも人気があります。その理由は、官僚的な傾向の強かった当時の陸軍において、異色で壮大な軍事思想、文明観をもって信念を実現させようとした点でしょう。僕もこの点で関心があります。

石原の思想とはどんなものだったか。彼が著した『世界最終戦論』などを読むと、それは主に二つの論理から成り立っています。

一つは、戦争というものを大局的に俯瞰したものの見方なんです。人類というのは大昔に石ころしか扱えない頃から闘いを行い、それが棒になり刀になりと次々に新しい武器を手に入れてはそれを続けてきたんだと。

そうすると、人類が戦争をやめるようになるのはどんなときなのか。石原は、世界を一周できる航空機のような決戦兵器、すなわち「究極の兵器」を開発した国が最後に世界を征することで、戦争は起こらなくなる、と説いたんですね。ある意味で、彼は核兵器の登場を予言していたことになります。

もう一つ、これは一種の文明論的な考えになります。世界は、最終的にアメリカを盟主とする西洋文明と、日本を盟主とする東洋文明に二分されていくだろうと彼は考えました。そして最後は、西洋文明と東洋文明の間で最終戦争が行われ、どちらかが勝利することで文明の統一が果されて世界に永遠の平和が訪れる、というものなんです。戦後になって、この考えは「自惚れ」だったとも語っていますが……。

石原はそうした軍事思想に基づき、中国や他のアジア地域と融和をはかりながら東洋文明をまとめるべく、その拠点づくりとして構想したのが満蒙の領有だったわけです。中国は日本の兵站地域となり、中国と日本が一体化するべきだ、というのが彼の持論でした。

彼の考えでは、中国は敵対する相手ではなくて、手を組む相手だったんです。だからその後、日中戦争の不拡大を主張して左遷されたりするんですね。彼のポリシーは、その思想を広めるために結成された東亜連盟という政治結社にもつながっていきます。

石原の思想の背景にあったといわれるのが、日蓮宗です。彼自身その信者でもあり、日蓮の『立正安国論』の影響を指摘する人は少なくありません。

『世界最終戦争論』を出版したあと、彼は軍人にもかかわらず、あちこちに講演に呼ばれて話をしています。あるとき聴衆から、あんた最終戦争最終戦争っていうけどそれは一体いつ起こるのかと聞かれ、石原は「まあ五十年後だな」なんて答えているんですね。それが昭和九（一九三四）年でしたから、五十年後というと一九八四年になります。

結局、彼が描いた世界最終戦争は起こりませんでしたが。

話をもとに戻しまして、彼が生きていたら護憲派になったんじゃないかと僕が思った理由ですね。石原は昭和二十二年に日本国憲法が施行されたとき、憲法九条について、これはいいと大賛成しているんです。この逸話は、彼自身が二年後に急死してしまったということもあってほとんど知られていません。でも、東亜連盟の門弟たちや秘書にそう、公然と話していた事実があるんです。つまり、石原莞爾は護憲派だったと（笑）。

少々長くなりますが、彼はこんなふうに語っています。

「国民は民族的な伝統精神や感傷的な気分から一時は軍備撤廃を悲しく思うであろうが、戦いに敗れた以上はキッパリと深く軍をして有終の美をなさしめて、軍備を撤廃した上、今度は世界の世論に、われこそ平和の先進国であるぐらいの誇りをもって対したい。将来国軍に向けた熱意に劣らぬものを科学、文化、産業の向上に傾けて、祖国の再建に勇往邁進したならば、必ずや十年を出ずして、この狭い国土に、この膨大な人口を抱きながら、世界の最優秀国に伍して絶対に劣らぬ文明国になりうると確信する」(『新日本の建設とわが理想』)

僕が考えるに、石原は八月十五日を迎えたとき、彼なりに何か悟るところがあったんじゃないでしょうか。

原爆の出現、アメリカの勝利……。この日米の戦いというのは、ある意味で彼のイメージした最終戦争に近いものだったともいえます。これを契機にアメリカ、つまり西洋文明による世界の統一が行われ、その下では文明間による決戦的な戦争は起こらなくなる、と彼は考えたんじゃないのかなあと。だから新憲法のことを、これでいいんだと彼は肯定したのではないか、と僕は思うんですね。

さすが石原莞爾というべきか、他の軍人からは絶対に出てこないような飛び抜けた発想から出てきたのかもしれません。石原が憲法九条を評価していたということを、きちんと繙いていけばもっと違った八月十五日論が浮かび上がってくるような気がします。これも今後の課題でしょう。

そのことを掘り下げたくて石原についての評伝をいくつも読みましたが、ほとんど書かれていないんです。彼も体が相当弱っていて、しっかり書き残していないというのが残念なところです。石原だったら、きっと誰も思いつかないような憲法九条論を展開したんでしょうね。興味は尽きません。

評伝が育たない日本的風土

僕自身もこれまでいくつも人物論、評伝を手がけてきました。その経験も含めていうと、欧米では一つのジャンルとして確立している人物評伝というものが、日本の風土ではなかなか難しいという実感があります。

せっかく昭和三十年代に様々なかたちの人物論が隆盛を極めたにもかかわらず、日本では評伝というジャンルを確立できなかった、といいかえてもいいかもしれません。今現在においても、それは同じです。

もちろん、人物論としては様々に書かれて出版されてはいるんです。大宅壮一などはその走りでしょうけれど、ある人物について書こうとする場合、いつ何時にこうした、とただ現象面だけを羅列するものになるか、もしくは小説風に逃げるか、どちらかになってしまうんです。これには、書き手側による遠慮があるんですね。

人物の評伝という手法、表現を確立できていないということは、すなわち近代社会の市民的な権利が、書く側と書かれる側、そして読む側の間で合意されていないということを意味します。書かれる側にはプライバシーという権利があり、書く側には公益性、パブリックというプライバシーに対立する権利があるのは欧米も同じです。ところが日本では、そのバランスに関する国民的な合意がいまだあいまいになっているんですね。

僕は昭和五十年代に、東條英機がどんな人物だったのか、というテーマでかなり多くの関係者に会って話を聞き、書籍にまとめたことがあります。いわゆる人物論の形式ですね。当然、東條のことを書くわけですから、彼の身内である東條家の人たちにも証言をしてもらおうと思って取材を申し込んだのです。が、彼らはまったく取り合ってくれません。

僕は親族にまったく取材しないまま、それをまとめるのが嫌だったので、当時健在だった東條英機の妻、勝子さんに何度か質問項目をまとめて手紙を送りました。

最初のうちは、この質問についてはこうですといった返事がたまに帰ってきました。そんなやりとりを何度か続けていたら勝子さん側から急に、あなたの質問には全部答えます、ただし会ったことは内緒にしてください、という連絡をもらったんです。

東京の世田谷区にあった東條家の関係者のお宅に伺いまして、それから十回ほど訪ねて、いろんな話をするようになったんですね。勝子さんにお会いする際は娘さんも同席してね。そこで和子さんからよく聞かされたのは、夫はいい人だった、お芋の煮転がしが好きだった、とても頭のいい人だった……という話です。

僕も、東條という人が「私人」の面においてはいかに善良で、家族思いの父親、夫だったかということはわかるんです。でも、東條その人が問われるべきは「公人」としての面、つまり彼があの戦争においてどういう役割を果たしたのか、ということの方が、伝える側の僕にとっては重大な関心事でした。

取材が一通り終わったときに、勝子さんから掲載する原稿のゲラを見せて欲しいと言われたんです。でも僕は、ゲラは全部見せられませんと伝えました。ただ、勝子さんが話してくれたことをどういうかたちで引用しているか、つまりかぎカッコでくくられたご自身の談話の部分についてはお見せしますよといって、そこだけ確認してもらったわけです。

それをお見せしたら、あんなに長い時間協力したのに、たったこれだけしか私の話を載せてくれてないの、と怒られました。

こちらとしてはあくまでも客観的に、冷静に東條英機の人物像を描こうとしているわけですから、彼のことをもっと良く書いて欲しいという注文に対しては、書き手として「ノー」といわなくてはならないんです。でないと、その作品は誰かの意向が働いたプロパガンダ的なものになってしまいます。そんな要求に負けないものこそ、評伝であると僕は考えていました。

ただ僕にしてみても、幅広く取材した結果として東條さんについては厳しく書かざるを得ない、ところがその奥さんがとても協力してくれてプライベートな部分まで多くを語ってくれた……という、ある種のジレンマを抱え込むわけです。高齢なのに、十回もこちらの取材につきあってくれたことですとか。だから、そういったことが書き手である自分の心理に影響がなかったとはいえないんですね。このとき、日本で評伝が確立できない理由はこういうことなんだと、しみじみ実感した次第です。

欧米での評伝を読むと、僕がしたのと同じように書き手が評伝の対象者と会っているんです。それでも、かなり辛辣に書いていたりするんですね。

どうしてこれが日本でできないのかと考えると、評伝とはそういうものだという了解が、この国にはまだないからなんだと思うんです。もちろん欧米の評伝だって、ことさらにプライバシーを暴きたててやれということではありません。プライバシーには配慮するけれど、パブリックな面については徹底的に分析する、という姿勢が貫かれていて、書かれる側もそれをよしとしているんですね。

だから日本では、故人は別にしても、現存する人物に対して欧米的な評伝的手法がとれない、ということなんです。最近ではプライバシーというだけでなく、人格権などの権利が司法の場で重視される傾向がありまして、ますます評伝というものが、この国では難しくなってきているようです。

イギリス人で、タイムズの北京支局長を二十年以上務めたジャーナリストが書いた中国の毛沢東の評伝『毛沢東　ある人生』を読んだときにも、ああ、この書き方は日本ではできないなと思いましたね。

感心するのは、毛沢東の良いことも悪いことも余すところなくすべて、といっていいほど書いているんですね。中国本土では販売させてもらえないだろうと確信するぐらい、彼のプライバシーも含めて書き込んでいます。同じやり方を日本でやろうとしたら、司法の場に持ちこまれるかもしれません。

そういう意味でいいますと、昭和三十年代の人物論には世界に通じる本格的な評伝の萌芽があったんですね。裏も表も、さっきの三つのタイプがあっての、それが人間なんでしょうから。

八月十五日を「恨みの日」にしなかった日本人

ここで一つ、少々刺激的な問いかけをしてみたいと思います。それは、終戦から東京オリンピックまでの二十年間に対するものです。

どうして当時の日本人は、八月十五日を「国民再興の日」、もしくは「屈辱の日」としなかったんでしょうか。我が物顔のB‐29の大編隊による本土空襲に加えて二度の原子爆弾、民間人まで多数巻き込まれた沖縄戦……。イスラム教国がアメリカにこのような目にあわされたら、それこそ「恨みの日」になったでしょう。でも日本人はそうしませんでした。その問いへの答えになるかどうか。

林房雄という作家がいました。明治三十六年に生まれ、東京帝国大学を中退して、プロレタリア作家として文壇デビューします。ところが昭和五年、彼は治安維持法で検挙されます。しばらく獄中生活を送るなかで、思想を転向させるんです。

戦後になって、彼は昭和三十八年に雑誌の『中央公論』で「大東亜戦争肯定論」という論文を発表します。当時としては、大変物議をかもす内容です。僕は当時大学を卒業したばかりでしたけど、やはりそのタイトルを見ただけでとんでもないと思いましたね。大半の方の受け止め方もそうだったかと思います。

でも、当時の時代空間のなかで誰もいわなかったことをいったというのが受けたんでしょね。単行本として発売されるとかなり売れまして、続編まで刊行されたほどです。ただ、『大東亜戦争肯定論』をよく読んでみると、わかってくることがあります。例えば彼は、当時の進歩的知識人たちや占領期の日本人のあり方について批判しながら、次のように書いているんですね。

「軍事占領下に民主主義があるはずがなく、国の平和も、自由も独立も、外国の党の指令によって実現されるものではない。日本の歴史は敗戦後の二十年間のみではないのだ。さらに百年、千年の昔にさかのぼってはじめて理解される。『民主化』も『近代化』も徳川時代と明治時代にその萌芽があり、敗戦と占領によるアメリカ化は、この萌芽の成長を促進したが、逆に停止させ異化させる作用も持っていた……」

ちょっとわかりにくいかもしれません。彼はそこで、民主化というのは徳川時代や明治時代に萌芽があって、それを促進したのが戦後の占領期だと述べています。つまり裏を返せば、日本の軍国主義時代とは一方的に暴力的で、民主的なものは存在しなかった、という認識を林房雄が持っていたことを示しています。

この認識がある意味で面白いところなんです。

どういうことかというと、八月十五日に日本人が共有したものは、どうしてこれほど悲惨な戦争を起こしてしまったんだろうという気持ちです。さらには、市民としての権利や自由という民主的な精神そのものが終戦まで抑圧されていた。その事実を、あの戦争は正しかったという林房雄ですら認めている、ということなんですね。

もし八月十五日について共有するものがなかったら、戦後すぐに終戦の日を「屈辱の日」だとか「民族滅亡の日」にしろという議論が出てきてもおかしくはありません。林房雄だってそこまではいってない(笑)。そういう声がなかったということが、戦争の悲惨さということを当時の人びとが共有していたことを示しているのではないかと思うのです。

つまり、八月十五日に対する思いを共通認識としながら、戦前派の人たちは思想的に左や右にわかれていったということなんですね。

終戦記念日がうながす歴史の忘却

昭和二十年代と三十年代を比べてみて面白いのは、二十年代がとにかく皆で一斉に反省しようという論調だったものが、「反省していることを皆で確認しよう」という内容に変わったことです。

三十年代のエポックは安保闘争でしたね。だからそのとき、岸信介内閣は戦後の議会制民主主義を無視しているんじゃないか、それで本当にあの戦争を反省したことになるのか、という批判が高まったんだと思います。

八月十五日をどう捉えたかという意味で一つ紹介したい著作があります。佐藤卓己、孫安石という二人の学者さんが二〇〇七年に著した、『東アジアの終戦記念日』という本です。

筆者の二人はともに一九六〇年代生まれという若さ、まあこれは年寄りの僕から見てということで許してください。単に若いということだけではなくて、彼らが八月十五日について かなり新しい視点を打ち出していることに、僕は関心をもったんです。八月十五日を日本人がどういう日にしようとしてきたのか、その議論を時代別に細かく検証しています。

発端は、戦後すぐに新憲法の制定にともなって、国民の祝日をあらためる作業が国会で行われるようになったことなんですね。そこで、この八月十五日についても祝日とするのかどうかという議論になったんです。

面白いのは、八月十五日の呼称について、国会が当時の各界の知識人たちを招いて意見を聞いているんですね。昭和二十三年二月の参議院文化委員会の議事録によると、委員長が小説家の山本有三、婦人運動家の山川菊栄や物理学者の藤岡由夫、哲学者の谷川徹三など、そうそうたる顔ぶれです。ちなみに委員長の山本有三は、「平和記念日」にしたいと考えていたんだそうです。

彼らのやりとりを見ると、「更生祭」とか「反省日」にしたらという意見や、名称はいらないという意見、谷川徹三さんにいたっては日本人が末永く反省するために「敗戦記念日」にしたらどうかと、議論百出といったところです。それで、なかなかこれというのが国会でも決まらなかったそうです。

その理由は、国民の感情の底流にあった、つらい記憶を思い出したくないというものなんです。当然でしょうけど、昭和三十年代までというのは、戦争で息子や父親、兄弟を亡くした人、戦災で肉親を亡くした人がその体験を非常に生々しいものとして共有していました。だから、思い出したくない、思い出させないでくれという心情は、誰もがよく理解できます。

そういったことで、八月十五日を祝日にするのは見送られます。でも、ちょうどこの日はお盆の期間で、先祖の霊を祀る慣行がありますから、それに合わせるかたちで戦没者の追悼、平和の祈念が一つのものとして認知されていくんですね。

政府による全国戦没者追悼式も昭和二十七年から始まりますが、最初のころは五月とか三月に行われていたんです。八月十五日に催されるようになるのは、昭和三十年代に入ってからです。

終戦記念日は、正式には「戦没者を追悼し平和を祈念する日」といいます。昭和五十七年に当時の鈴木善幸内閣で閣議決定されています。先にあげた『東アジアの終戦記念日』の著者である佐藤さんは、この名称について、政教一体じゃないかと指摘しています。

つまり、追悼というのは宗教的行為で、平和祈念は政治的行為に該当するからなんです。その上で、八月十五日を「戦没者を追悼する日」に、そして降伏文書に調印した九月二日を「平和を祈念する日」として二つに分けるべきではないかと提案しているんですね。

僕はこれを読んで、なるほどなあと思いました。こういう指摘が六〇年生まれの世代から出てくるということが、とても興味深いんです。

なぜこの本を紹介したかというと、昭和三十年代までの新聞の論調を見ると、追悼と祈念というのはセットで当たり前のこととして論じられていたんです。でも佐藤さんがいうように、追悼と祈念が一体のままだと、正確な歴史が日本人の頭に植え付けられないんですね。

というのは、前にもお話したように八月十五日を終戦の日としているのは日本だけで、国際的に第二次世界大戦の終わった日は九月二日だからです。

僕らの世代の感覚だと、あの日を二つに分けるという発想にはどうしてもなりません。もっと先の世代になって、そういうことが定着していくんじゃないかと僕は思うんです。

確かに、思い出したくない、忘れてしまいたいという感情は、あの戦争のメカニズム、なんであんな無謀な戦争をしてしまったのかということへの追及まで含めて、棚上げしてしまうことと裏腹の関係だったのかもしれません。

だから、六〇年代生まれの佐藤さんは、思い出したくないということは結局歴史の忘却ではないか、という視点で八月十五日を捉えているんだと思います。

僕らの世代は、まもなく消えていく世代です。こうした新しい世代の研究者たちがあの戦争のこと、八月十五日の問題も含めて、新しい視点を提示するようになってきました。だから彼らと僕らはおおいに議論しながら、僕らの世代なりの考え方を伝えていくことが大事なんですね。

本当に、歴史というのは人がつくるとでもいいましょうか、自分でもああ、時代が変わったんだと、つくづく考えさせられることがあります。

五・一五事件で逮捕された農本主義者の橘孝三郎（一八九三〜一九七四）という人がいました。水戸藩の染物屋の息子として明治半ばに生まれ、第一高等学校（東大の前身）へ進んだのですが、こんなことをして生きるのが人間か、人間は土と交わって生きるべきだと故郷の茨城に帰って農業生活に入り、変わり者扱いされながらそこで大正九年、文化村というのを立ち上げます。そこでみんなと賛美歌を歌ったりクラシックを聴いたり、彼は英語もラテン語もできましたから、原書を読み聞かせしたりするわけです。

僕は彼に興味を持っていて、昭和四十九年ごろに一年間ほど彼の自宅に通いまして、どうして五・一五事件なんかに参加したのか、詳しく聞いたことがあります。当時の橘は思想右翼の元締めのような存在でした。恐る恐る手紙を出して取材を申し込んだら、自分の考えを話そうということになったんです。

でも、よくお前の質問は民主主義的だといわれて、今度来る前にはベルグゾン（フランス哲学者アンリ・ベルグゾン）を読んでこいとか、あの本を読んで勉強してこいといわれたことを思い出します。まあ、橘も当時はもう八十代でしたから、会えたこともラッキーといえばラッキーだったんです。

なんでこんな話をするかというと、今の若い三十代四十代の研究者と話すときに、僕が橘孝三郎に会ったというと、みんな一様に「え、あんな人に会えたんですか」と驚かれるからなんです。その感覚というのは、僕にしてみたら例えばあの北一輝に会ったことがある、という人にその話を聞かされたようなものかもしれません。思い返せば自分が若い頃はそういう人がいて、同じようにびっくりしていたんでしょう。

世代が代わる申し送りみたいなもので、橘孝三郎に会ったことでそんなに驚かれるのかと思うと同時に、もう自分も年なんだなあと寂しくなります（笑）。

新しい世代による、新しい視点の八月一五日論が登場してくるということに、あの戦争が歴史になりつつある、その事実を実感させられるんですね。

第8章

高度成長時代の八月十五日

今回は、昭和四十年代の八月十五日論というお話です。とりあえず、この時代を思い出していただくために、まず年表からご覧ください。

昭和三十九年　東京オリンピック
　　四十年　アメリカ軍の北ベトナム爆撃開始（北爆）
　　　　　　国産旅客機YS11就航
四十二年　第一次羽田事件（佐藤栄作首相ベトナム訪問反対運動）
四十五年　日航機「よど号」ハイジャック事件
　　　　　三島由紀夫割腹自殺
四十六年　ドル・ショック（変動相場制へ）
四十七年　浅間山荘事件

田中角栄『日本列島改造論』
日中国交正常化
四十八年　オイル・ショック

毎度毎度、私事で恐縮です。この十年間、僕は二十五歳から三十五歳の若かりし時代でした。まだまだ、マイホームを持つといった、世間の豊かさの恩恵を受けていた状態ではありませんでした。

僕が大学を卒業して、最初に就職したのは電通PRセンターという広告会社でした。アメリカなどから、パブリシティという新しい概念が入ってきた広告宣伝の黎明期です。三年ほど、そこで働きましたね。

企業が広告費なるものを本格的に使い始め、その額がうなぎ上りに増えていった頃でした。ですから給料は、他の会社と比べてもかなりよかったんです。一般的な同年代サラリーマンの月給は当時、二万五千円ほど。僕は、いろんな手当てもつきまして、その一・五倍はもらっていました。

広告会社で働いて、パブリシティというのはこういうことかと驚かされたのが、バレンタインのチョコレートです。製菓会社は、日本人にまだなじみのないチョコレートをどうやって大量に食べさせようかと考えるわけです。相談を受けた広告会社は、チョコレートを食べるということを日本人の生活習慣に持ち込んでしまえばいいと。これが、パブリシティの発想です。

そんな広告戦略のなかで出てきたのが、バレンタインデーなんですね。この習慣が日本で根付けば、チョコが毎年飛ぶように売れる。実際にこの戦略は成功します。みなさん、五月九日って何の日か、ご存知ですか。それは「アイスクリームの日」なんだそうです（笑）。これも、アイスクリーム協会が昭和三十九年からイベント化していったものです。

女性からチョコをもらったお返しにお菓子を返答しなきゃいけないというホワイトデーなる文化も、製菓会社の戦略で昭和四十年代に生まれたんですね。

僕らが気づかないうちに三百六十五日、何とかの日になっているのかもしれません。そんな新製品が様々な企業から次々に持ち込まれまして、じゃあ消耗期間を短くさせて回転を早くしようとか……。今でも、どの業界でも行われていることでしょうけれど。

僕はどうしても、広告業になじめなかったんですね。所詮はお客さんから企業に入る利益から、マージンをとる仕事じゃないかと。それがいいとか悪いの話ではなくて、自分がこの仕事を一生続けていくのはしんどいなあと思ったんです。それで思い切って辞めまして、出版社に転職しました。もちろん、給料は半分に下がりました。

今思いますと、昭和四十年代とは、経済的な指標を次々に更新していくため、日本人みんなが一丸となって突き進んだ時代だったのかなあと。それを私たちは、ある意味で達成したんですね。

そんな時代にマスコミという世界に入って、ひたすら右肩上がりの世界を体験させてもらいました。この頃、大手出版社の発行する週刊誌がまさに日の出の勢いで、部数も広告収入もどんどん増えていきます。このころある週刊誌の編集長をやっていた方に話を聞きましたら、とにかくテーマは金と女、出世であると。それで雑誌をつくれば必ず売れると豪語されていました。そんな時代だったんですね。

「コインの裏表」としての昭和十年代と四十年代

実はこの昭和四十年代、僕は前々から思ってきたんですが、他の時代と比べてもちょっと特異な十年だったのではないかと。

時代を大きく転換させた出来事を基点に、昭和史というものをいくつかに区切ってみると面白いんです。例えば、こんなふうにです。

昭和　二年　昭和金融恐慌

十一年　二・二六事件
二十年　終戦
三十九年　東京オリンピック
四十八年　オイルショック
六十四年　昭和天皇崩御

こうやって見てみると、終戦から東京オリンピックの間は約二十年ですけど、ほぼ十年周期に時代が変わっていくんですね。平成はまだ二十年余りですし、何を区切りにするのかはもっと時間が経ってみないと正確にはいえないかもしれませんけど、例えば平成三年のバブル崩壊、そして平成二十三年の東北大震災などは間違いなく基点になるんじゃないでしょうか。

さっきの昭和四十年代の特異性という話に戻ると、この時代が別のある時代と非常に対照的なんですね。コインの裏表、陰と陽とでもいいましょうか。

それは、二・二六事件があった昭和十一年から日米開戦、そして終戦までの十年間なんです。いってみれば、日本が国家を挙げてアメリカとの戦争に突き進んでいった時代です。

戦後になって、どうして日本はアメリカに負けたのか、という分析や議論がかなりありました。それは、銃剣白兵突撃一本槍の陸軍の発想がいけなかったんだとか、いや海軍は戦艦中心主義で航空戦略への切り換えが遅れたのだとかいう、軍事的な戦略戦術論にとどまりません。ところが、今にいたるまで最も語られてきた理由とは、「あの戦争はアメリカとの圧倒的な物量の差で日本が負けた」というものなんですね。

太平洋戦争論ということでも、物量の差で負けたという捉え方が昭和四十年代に特にクローズアップされるようになります。そのことが背景にあって、アメリカの物量を生み出す国力の強さはどこにあるのか、アメリカに学ぼう、アメリカを見倣おうということになっていくんです。

つまり、東京オリンピックからの十年間とは、物量の差による敗北という意識を日本人が共有しながら、それをバネとして物量、豊かさを求めて高度成長という時代を突き進んでいった……。そんな時代だったのではないかと思うのです。

日本人は「最短距離で目標に到達する名人」?

象徴的なのは、その期間の大半は佐藤栄作内閣でしたけれど、昭和四十七年に田中角栄が首相の座についたことです。

田中の角さんにとっても、昭和四十年代はまさに龍が天に向かって登っていくような時期なんですね。池田、そして佐藤内閣で大蔵大臣を続けたあと、昭和四十年には四十七歳の若さで自民党の幹事長に就任。四十六年には再び佐藤内閣で通産大臣となり、日米間でくすぶっていた繊維交渉を決着させます。その翌年、佐藤派を割って田中派（七日会）を立ち上げ、総裁選に出馬するんです。

このときに彼が出版して一大ブームを巻き起こしたのが、『日本列島改造論』でした。日本各地を高速新幹線と高速道路で結んでしまえば、貧しい地方の工業化が進んで豊かな都市との格差が解消され、欧米並みの生活水準を日本人全体が享受できる……。その計画に基づいて、ほとんど車も通らないようなところに高速道路を次々につくったり、年金の資金を使ってあちこちにグリーンピアという保養施設を建てたりしたわけで、まさか田中も自分の死後、それらがムダと判定されるとは思いもよらなかったでしょうけれど。

ある意味で田中角栄とは、日本人のなかにあった、もっと食べたい、もっと便利で豊かな生活を味わいたいという欲望をすくいあげ、それを政策として具現化していったリーダーでした。

逆に考えると、あの戦争で負けたのは物量の差だったと日本人が理解するようになったのも、実際に豊かになりはじめ、日常生活に充足感を得たことが理由だったのかもしれません。

とても興味深いデータがあります。今とても増えていて社会問題にもなっている自殺者の数に関する統計があって、それを見ると、昭和四十年代は他の時期に比べてその数が少ないんです。

経年のグラフにして眺めると、昭和期ではもう一ヵ所、自殺者の数が少ない時代があります。それがさっきコインの裏表だとお話した、終戦までの十年間なんですね。このことを知ってピンときました。この二つの時代は国家的、全日本人的な目標があって、それに向かって国民がエネルギーを注いだ時期ともいえます。そこはある種の充足感があるから、自殺をする人が減っているのかなと。勝手な推測ですけれど。

国際情勢、世界における日本の立ち位置を含めて、もうこの道しかないという選択が昭和十年代の軍事至上主義であったとすれば、軍事を否定して貧困のなかから立ち上がった四十年代のそれは、経済至上主義ともいうべきものだったのではないでしょうか。

この時代の日本人の、豊かさへの邁進ぶりはまさに国家一丸、国家総力戦ともいえるほどで、ある意味で戦前とそっくりなんですね。イギリスのある文明批評家が、面白い指摘をしています。日本人には、特定の哲学や理論があるわけではない。ある目的を見つけると、そこに最短距離で到達する名人のようなものであると。目的をもってそこに最大のエネルギーを傾け、最小の時間でたどり着く日本人の直線的な集中力、というのが二十世紀の最大の特徴なんだと。なんとなく当たっているかもしれません。

それを象徴するのが昭和三十五年十一月、池田勇人首相が打ち出した所得倍増計画なんでしょうね。月給を二倍にするという「目標」を与えられた日本人は、まさにまっしぐらにそこへ進んで、アメリカに次ぐ経済大国となって世界を驚かせました。

ところがこの勢いに水を差したのが、第四次中東戦争の影響で起こった昭和四十八年十一月のオイルショックでした。昭和十年代の軍事至上主義が破局的な戦争に至った理由が「油」なら、昭和四十年代の経済至上主義、高度経済成長を止めたのも「油」……。皮肉な話ですが。

「護送船団方式」の源は戦前にあり

四十年代の我が身を振り返ると、そのころの仕事場は東京・有楽町にある日劇の裏側にありました。仕事を終えると有楽町駅のガード下に密集していた安酒場へ繰り出したものです。

僕の記憶に今でも強く残っているのは、この時代に酒場の雑踏のなかで耳にした、元兵士たちの会話なんですね。肩が触れるぐらいぎゅうぎゅうの狭い店で、隣で年配の客同士が戦地の話なんかをしているのが聞えてくるんです。たまにそんな人たちから「おい若いの、お前いくつだ」と年を聞かれて、「二十六です」などと答えると「若いなあ。俺はニューギニアに行ってたんだ」と、そこから戦争の話が始まることも珍しくありませんでした。

戦地に行っていた人に共通するんですけど、みんな一様に歯が何本か欠けているんです。なかには抜けた歯の隙間にタバコを挟んでる人もいました。食べ物が不足して栄養失調になると、歯が弱くなるんだそうです。

でも五十年代になると、そんな光景を見かけることがなくなっていきました。だんだん、会社などをリタイヤする時期に入っていったんでしょうね。同じ部隊だった者同士がぞろ集まり、家ではできない戦場の話をして酒場で慰め合いながら、彼らも戦後の日本社会を支えているんだな……と思ったりしたものです。

この時代に、「護送船団方式」「日本株式会社」という言葉がメディアなどでよく使われるようになりますね。護送船団というのはもともと海軍用語で、輸送船の速力にあわせて護衛する軍艦がゆっくり進んでいく船団のことをいいます。官庁や銀行、企業が文字通り一体になって、体力の弱い企業などが落伍しないような産業育成手法を戦後の日本経済が採用したことから、それを護送船団になぞらえていうようになったものです。

この護送船団方式が、実は戦前の海軍の遺産だったという説があるんですね。まあそれがすべてということではないけれど、面白い指摘でもあります。

それは、海軍の短期現役士官という制度のことです。略して、短現と呼ばれました。昭和十一年にロンドン海軍軍縮条約を日本が破棄しまして、それから世界の海軍はどんどん軍艦をつくる軍拡の時代に入ります。そうすると、当然ですが人員も増やさなくてはいけなくなります。特に士官の数が足りないという問題が起こったんです。

陸海軍には主計将校（士官）というのが置かれていました。主に予算編成や武器の補給業務にたずさわる仕事で、例えば海軍なら海軍経理学校の卒業者を任官する仕組みでしたが、それではまったく足りない。そこで、大学や専門学校の卒業生を二年間の期間限定で主計士官として採用する短期現役士官制度を昭和十三年からはじめたんです。

要するに、海軍は陸軍よりも要領が良くて、大学出の人材を陸軍に先んじて確保してしまおうという狙いだったんですね。短現には大学を出て官庁や銀行、商社に勤めはじめたくらいの層が応募するのが一般的で、二年間が終わるとまた元の職場に復帰できました。

この制度は終戦の前年まで続きまして、任官されたのは総勢約三千五百名、うち四百名が戦死しています。この短現出身者たちが戦後、どうなったのかという点が重要なんです。

一番有名なのは、総理大臣だった中曽根康弘さんです。彼は開戦の年に内務省に入ってすぐ短現を受けています。終戦時は海軍主計少尉でした。他にも、大蔵省事務次官だった谷村裕や日銀総裁の澄田智、あの鳩山由紀夫元首相の父、威一郎さんなどもそうです。

この短現出身者たちが戦後、政界にはじまり中央官庁に銀行、商社などに入って、三十、四十年代の高度成長期に部長や局長といった実権を握るポストにつくわけです。一時期、大蔵省の局長ポストの大半が短現出身者で占められていたこともあったほどです。僕もある短現出身者に話を聞いたことがあります。海軍時代に一緒に働いた同期仲間とは戦後もずっと、戦友会をやったりしてよく集まるようになります。すると、みんな銀行やら大蔵省、大企業の幹部になっていて、その集まりが気軽に情報を交換し合える、強い団結力で結ばれる一種の横のサークルになっていったそうなんです。

ですから短現のつながりが一つの核のようなものになって、護送船団方式ができたともいえるんですね。このことも、昭和十年代と四十年代の「コインの裏表」の関係になるかと思うんです。

僕の「全共闘世代」観

この時代を語る上で忘れてはいけないのが、昭和四十二年ごろから全国の大学へと拡大していった、全共闘運動でしょう。早稲田大学で起こった授業料値上げ反対運動や東大医学部での反インターン闘争、日本大学の使途不明金問題などに端を発します。昭和四十四年の東大安田講堂事件が象徴でしょうけれど、あちこちの大学で全学共闘会議を組織した新左翼の学生たちがバリケード封鎖を展開して授業がなくなったり、一気に全国へと拡大していきましたね。

ベトナム戦争が激しくなっていくのもちょうどこのころで、日本人の生活が豊かになっていく背景には戦争特需がありました。加えて、水俣病が工場の廃液によるものだと国が認めたのが四十三年、各地で公害が大きな社会問題になっていった時代でもあります。

日本人が享受しつつある豊かさとは、八月十五日に涙を流して反省し、否定したはずの戦争(ベトナム戦争)によるものではないか。そして、豊かさの代償をまだ貧しい農村や漁村の人々が負わされているのではないか……。戦後社会が抱え込むことになった負の側面に対して、戦後生まれの新しい世代がラディカルなかたちで異議申し立てしたのが、全共闘運動だったんでしょうね。

僕なんかは世代が違ったからかもしれませんが、どちらかというと全共闘運動を批判的に見ておりました。彼らがよく使った言葉で、「内なる解体」というのがあります。要するに、戦後の大人たちは自分たちをあの戦争の被害者のように誰もが語っているけれど、実際は加害者じゃないかと。だから、自分たちの内面にある帝国主義的な意識こそを解体するべきだ、という意味なんですね。そういうこの世代の感性を、ずいぶんナイーブなんだなあと思ったものです。

彼らがヘルメットに自分たちのセクトの名前を書き込んで、タオルで顔を隠しながらゲバ棒を振るうお決まりの行動パターンにも、違和感がありました。

まあ、僕らだって六十年安保闘争を経験していますけれど、当時は顔だって隠さなかったし、考えの違うセクトどうしで暴力を振るいあうなんてことがなかったものですから。どうせやるなら徹底的にやってやれと、暴力に純化していったのが彼らの運動に特徴的な点です。僕には、そのエネルギーの向かい方というのがどこか戦前の、日本が中国大陸に出て行って暴力を増幅させていった姿と重なって見えてしまうんです。全共闘のセクトが出している機関紙を読むと、かつての大本営発表のような趣きすらあります。

彼らのエネルギーの源泉は何だったのかといえば、革袋に入る水の話なんじゃないでしょうか。つまり、僕らの世代は革袋にちょうどよく収まる量の水だったけど、団塊の世代は僕らの二倍近い量で、収まりきらない。だから、徹底した切り捨てを受けたんですね。その不満があのような格好で爆発したんじゃないでしょうか。怒られるかもしれませんけど、そんな気がします。

東大医学部教授陣の「軍人精神」

僕も当時、大学闘争のことを取材したことがありました。そのときに、これは一種の世代間闘争、つまり戦前的な価値観と戦後のそれとの衝突のようなものじゃないかと思ったことがあります。

東大医学部の反インターン闘争に触れましたが、そのなかでも医学部生たちの勢いに火をつけた一件というのがありました。

東大闘争の発端になったのは、東大医学部の学生らがインターン制度の待遇の改善などを求めてストを起こしたことです。教授会は学生らとの団交に応じたんですが、その際に医局長を学生たちが取り囲んで軟禁しちゃうんですね。いわゆる医局長缶詰事件です。このことを教授会が問題視して、それに関わったとされる主要メンバーの学生十七名に対して、停学などの処分を発表したんです。

ところが、処分を受けたある自治会の幹部だった一人が、実際はその団交の場にはいなかったんです。これは誤認による処分じゃないかということで学生側が処分の取り消しを求めても、教授会はそれに応じませんでした。そこから東大での運動はより過激に、他学部にも拡大していったんです。この騒動に僕も関心を持っていて、どうしてそういうことになったのかと、取材を始めたんですね。

その過程でとても興味深いことがわかりました。東大医学部の教授、助教授というのは当時でも四百名余りいましたが、そのうちの六、七割が、戦前の陸軍士官学校もしくは海軍兵学校出身者だったんですね。要するに、彼らの大半は戦前、軍の教育機関に在籍していて、戦後に医学部を受験して教官になっていたんです。

彼らの医者としての技術や能力の話とは別に、人間形成の期間を通して徹底した軍人教育を叩きこまれて育ったという背景があったのです。

どうして誤認だとわかっているのに教授会が処分を取り消そうとしなかったのか、当事者である東大医学部の教授の何人かに実際に会って、話を聞いてみたんです。すると、一度処分を決定したものをどうして取り消す必要があるのか、と仰られるんですね。

僕はそれを聞いて、この発想こそが処分問題の最大の本質なんじゃないかと直感したんです。要するに、彼らにとっては決定したということが一番重要で、それが誤認だと後でわかっても、再調査するなどということはまったく別問題である、つまり決定は決定だという考え方なんですね。

悪しき官僚主義、とでもいいましょうか。硬直したそんな物の考え方が、愚かな戦争へ日本を導き、多くの兵士を死にいたらしめる作戦指導が行われた一つの要因です。戦前から引きずられてきた官僚主義的な教育観が東大医学部の教授会にも色濃く存在していることを知って、戦後生まれの学生たちが反発した理由が少しわかった気がしたんですね。

反戦自衛官と日本人捕虜のこと

全共闘の話になったついでに、といったら失礼かもしれませんけど、この時代でとても印象に残っているのが、反戦自衛官という人たちの存在です。自衛官、自衛隊というのは支配階級の意志に基づいて帝国主義的な戦争を遂行する組織であってはならない。人民や労働者階級に立脚した存在であるべきだ……という考えで反戦を標榜した自衛官のことですね。七十年安保闘争を警戒した当時の政府が、自衛隊に治安出動の訓練をさせたことに反発する格好で昭和四十四年に新聞紙面を賑わせました。

反戦自衛官の出現は一見、新しいように感じますけど、実はこれも昭和十年代を見ると非常によく似た存在があります。日中戦争期に中国で捕虜になった、日本軍兵士たちです。彼らは戦後になって仲間で会をつくっていて、そのうちの何人かに話を聞いたことがありました。

当時は中国軍の捕虜になると、延安にあった捕虜収容所に連行され、そこで彼らは徹底した思想教育を施されます。お前たちのやってきたことは帝国主義的な戦争で、完全に間違っているのだと、収容所でひたすら叩き込まれたそうです。僕は彼らの話を聞いたとき、これって、反戦自衛官が語っていた論理とよく似ているなあと思ったんです。

思想教育を受けた後、彼ら捕虜は前線に出されて、宣撫工作に従事させられるんですね。自分たちが属していた日本軍部隊に向かって、マイクで「〇〇大隊長、私は捕虜になった××です。この戦争は間違っています」などと呼びかけるわけです。つまり、捕虜を使って日本軍の厭戦気分を高めようとする、中国軍の心理作戦でした。

どうやって思想教育したかというと、日本軍兵士を捕虜にしたらまずいたわるようにやさしく接するのです。中国軍には日本に留学していた人が大勢いたので、日本語が話せる者で宣撫班をつくり、捕虜に精神的ケアを施しながら少しずつ思想教育に入っていきます。そこで中心的な役割を担ったのが、あの野坂参三さん、当時は岡野進と名のっていました。戦後のシベリア抑留者に対するソ連軍政治将校による思想教育も、それと良く似ています。

とても興味深かったのは、日本人捕虜というのは大半が雪崩を打ったように思想転向する傾向があった、という点です。中国でも旧ソ連でも、当時の捕虜が書いた反省文というのが公開されています。それを読むと、ほとんどが反省していて自分たちが間違っていた、という内容になっています。転向したふりをしないと生き残れないから偽装したという人も、もちろんいたんでしょうけれど。

中国側も、いきなり天皇を否定させたりはしません。マルクス主義をひもときながら戦争のあり方を理論的に教え込むんですね。捕虜の兵士たちがどうそれを理解したのか、僕も現地で資料を見せてもらって驚いた憶えがあります。

彼らが、「戦争が理詰めで理解できた」とか、「戦争の意味がわかった」と書き残しているんです。ソ連崩壊後にロシアへ行って、シベリア抑留者たちの反省文というのを現地で見せてもらったときも、「スターリン万歳！」「人民の英雄、スターリン閣下に永遠の忠誠を誓います」と恭順の意を示す内容が大半でした。

もちろん、同じ思想教育でドイツ軍兵士や他の国の兵士たちが転向したことも事実ですが、彼らに比べても日本人捕虜の方が圧倒的に洗脳されやすい傾向があるんです。七割から八割はそうなってしまう。前にお話した、アメリカ軍が拷問という手法をとらずに、日本人の心理を分析してどんどんしゃべらせていったやり方にも似ていますね。このあたりなんか、もっと研究されてもいいテーマだと思います。

面白いことに、彼らの証言や手記などがどっと出るようになったのも、昭和四十年代に入ってからなんです。私は中国で何人も中国人を殺しました、と元兵士が告白したり、中国やアジアでの日本軍の蛮行といった報道が集中的に出てきたのもこの時代なんですね。これも、全共闘運動の先鋭的な動きに、ある意味で同調するかたちで大きく広がっていったように思います。

ただ、この時代の反戦、平和というものが、すべてマルクス主義的な考え方によるものばかりではなかったということも、忘れてはいけないことなんです。

僕はこのころ、とても面白い人物と知り合いました。横浜国立大学の前身だった横浜工業専門学校を出て、戦前のプロ野球界に入って巨人軍でキャッチャーをしていた人です。でも召集されて中国戦線に動員されてしまい、戦後は再びプロ野球でやろうとしたけどうまくいかず、昭和二十七年頃、大手広告会社に入るんです。

この方は昭和三十年代、自分たちが中国戦線でやってきたことをもっと考えなくてはいけないんじゃないかということで、彼のような元幹部候補生らを集めて「日中友好元軍人の会」を結成します。

彼らの集まりに招かれて話を聞いていると、思想的には完全に自民党だし、企業などに身を置いて日本の経済発展に邁進している人たちなんです。毛沢東や共産主義もあまり好きではありません（笑）。でも、それは置いといて中国人が困っているときにはみんなでカンパしてお金を集めたり何かしてあげたい、という団体でした。

後でわかったことは、彼らがかつて戦場で見た光景、そこでの経験は頭に刻み込まれていて、それは絶えず日常生活にフィードバックしてくるものなんだということです。

あまりにも強烈な記憶だったために、忘れたくても忘れられず、精神的な重圧に負けないようにするには反省して、こういう会でもつくってみんなで当時のことを思い出しながら語り合うしかないんですね。そういう人たちも、当時たくさんいたんだということです。

タブーだった「ナショナリズム」

ではこの十年間、少しずつ遠くなりつつある八月十五日は、どのように語られていたんでしょうか。朝日新聞の社説から見てみたいと思います。

とりあげるのは、三つの年の八月十五日の社説です。

朝日新聞の社説というのは、ある意味で知的な階層の考え方を最大公約数的に代弁しているところがあります。そのことを念頭に置きながら読んでいくと、戦前に対する批判のあり方にパターンがあることが見えてくると思います。

まず、この十年の皮きりである昭和三十九年ですね。いわば、日本の戦後復興の象徴的なイベントとなる東京オリンピックの開催を二ヵ月後に控えた、八月十五日です。社説は『八月十五日の思い』と題し、こんな書き出しではじまります。

「あれから十九年。戦争中のことを知っているものにとっては、はるけくも来つるものかなの感慨が深い。戦線に銃後に、国のため死んでいった愛する人びとへの追憶に、涙あらたなるものがある。それは、かれらの犠牲をムダにしないという誓いであり、現状に対する反省の機会でもあるのだ……」

日本の物質的繁栄を背景にしたオリンピックの開催というテーマに絡めながら、社説の筆者は国家主義的でもあり国際主義的でもある行事をこの国で開催しようとしているのに、戦後の日本にはあまりにも国という意識が希薄ではないかと論じます。その上で次のように指摘します。

「個人の自覚は普遍的な価値を持つ。同様、ネーション(国家・国民)としての自覚、すなわちナショナリズムも、普遍的な価値をもっている。だからアジア・アフリカのナショナリズムが善とされるのである。ところが、現在わが国では、日本の国家主義は悪、国際主義は善と、頭からきめてかかっている。いわば国家主義観の分裂である」

「国とか、社会公共という発想法がなければ、福祉国家は最初から問題にならないのだ。自分も生き他人も生きさせるという平和的共存・協力の考え方が、平和憲法の根本であり、福祉国家の構想ともなる。このようなハッキリした国としての目的意思をもって行動して、はじめて、ナショナリズムのもりあがる世界のなかで、日本として他のナショナリズムに対抗し、世界平和に貢献することができるであろう」

ここで興味深いのは、戦後を通してほとんど使われることのなかった「ナショナリズム」という言葉が社説で登場したことです。

つまり、当時の日本でナショナリズムというと、どうしても戦前期の十年における国家主義とイコールに受取られるおそれがあったんですね。だから、一般的なナショナリズムという概念はそれとは違うんだよ、ということをわざわざ説明しているわけです。

次は昭和四十五年。この年は、戦後二十五年という節目の年でした。『戦後二十五年』と題した八月十五日の社説は、こんなはじまりです。

「二十五年目の八・一五を迎える。この四半世紀を生きてきた国民の一人ひとりにとって、抱く感情はさまざまであろう。満目、焼け野原と化した二十五年前を思いかえして、今日の経済復興の巨大さと、それをなしとげた国民的活力のすばらしさに、自信と誇りを大きく感ずる人もおろうし、逆に、その成果をみとめながらも、われわれをとりまく精神的、社会的状況が、戦前とくらべ一体どれだけ進歩したのか、思いなやむ人もあろう……」

そのうえで、いろんな感慨があるだろうけど、そこには「われわれは、先進国に追いつき追いこせ、ということで、がむしゃらに経済規模の大きさを目指して努力してきたのであるが、はたしてそれで十分であったか、という内省」という共通点があるとしています。

経済至上主義のなかの八月十五日

この二年前に、日本はアメリカに迫るＧＮＰ（国民総生産）世界第二位の経済大国にのし上がったんですね。そんな高度経済成長期の象徴として、東京オリンピックに次ぐ国家的一大事業となったのが、この年の三月から始まった大阪万国博覧会でした。半年間の開催期間で入場者数六千四百万余という記録は、上海万博に塗り替えられるまで一番だったんですから。

社説では、体制に反逆しようとする全共闘世代の出現や海外から日本が再び軍事大国化するのではという懸念の声があがっているとしながら、こう結びます。

「戦後の経済発展を軍国主義へのみちにつながらせないようにするためには、戦前、戦中派は、今なにをすべきかが問われていると思う。沖縄返還までの過程にみられた、そして政府、与党によって過度なまでに強調されたナショナリズムが、他人も生き、われも生きるという憲法のインタナショナリズムにつながるどころか、他国をかえりみない大国ナショナリズムの偏狭におちいる危険の現存していることを憂えずにはおられないのである」

この部分がとても象徴的なんですね。つまり、戦後の民主主義憲法を守るために、戦前・戦中派は、かつての軍国主義の時代がいかに酷いもので、その悲惨な結果が八月十五日なんだということをもっと語りなさい、という意味なんでしょうね。恐らく当時五十代と思われる、新聞社の経営の中枢に近い立場の人が書いたものだと思います。

ちなみにこの年には、よど号ハイジャック事件（三月）や三島由紀夫の割腹自殺（十一月）もあり、いろんな意味で昭和史における分岐点のような年だったように思います。

もうひとつ重要なのが、それから二年後の昭和四十七年でしょう。この年は田中内閣の下で中国との国交を回復し、アメリカの施政下にあった沖縄が日本に返還された年なんですね。この年の八月十五日の社説『八・一五に思う』も、そのあたりに絡めた書き出しになっています。

「二十七年目の八・一五を迎えた。日本と中国との国交正常化の歩みはようやく軌道に乗り、近い将来に実現を期待される。これは、一九五二年の連合国軍による占領解除いらいの最大のできごとである。むろん、それで戦後が終わったわけではない。占領中の痕跡《こんせき》を多分に残し、それゆえに従属的な一面をもつ日米安保条約が改廃されなければ、主権国としての自主性は本当に回復されたとはいいがたいからである……」

論調は比較的、四十五年時の内容と似ています。例えば短い文章のなかで、

「日本はこれまで、外交的にはアメリカのかげにかくれ、ひたすら経済拡大のみちを歩んできた」

「経済の巨大化が海外諸国との間にひきおこす摩擦や緊張を、どうして回避し、共存のみちを歩んでいくか……」

「場合によっては、日本自身の経済成長の速度を遅らせなければならないこともあろう」

と、経済至上主義が再三にわたって指摘されています。

これが、今度は物量で追いつこうとした昭和四十年代の日本人の姿なんですね。あの戦争は物量で負けたという意識の裏返しとして物量で追いつき追いこせ、と遮二無二やってきたけれど、そこで何か置き忘れたものがあるんじゃないか、という論の立て方がこの時代に見られる大きな特徴、といってもいいでしょう。

僕も含めて同時代史的に多くの人が経験してきたこの時代ですが、右肩上がりの十年間に私たち日本人がどんな自覚や自信を持ったか、またこの時代に生きた人びとの心理状態や文化といった観点で考えてみたら、意外に面白いんじゃないかとも思います。

戦後、アメリカから様々な考え方や思想、概念が日本に入ってきました。なかでも日本人にもっとも受け入れられたのが、デューイのプラグマティズムではなかったかと思うんです。プラグマティズムとは日本語で「実用主義」とか「実際主義」と訳されまして、要は現実に役に立つものにこそ存在価値があって、役に立たないものには価値がない、という考え方ですね。非常に現実的かつ合理的で、二十世紀のアメリカ社会を貫いてきた考え方でもあります。教育などの分野にも、これはかなり影響を与えたと思います。例えば、実証主義的な歴史観でものを見るということになったのも、このプラグマティズムの影響が背景にあるからですね。

でも、僕なんかは思うんです。物量で負けた、物量で負けたというけれど、あの戦争に負けた理由をそれだけで語ってしまっていいものだろうかと。本来は、もっといろいろな要因がからまりあってあのような結果になったはずなんです。なのに、それらを除外して単に物量で負けたと結論づけておしまい、というのは物ごとを多面的に見ていないことと同じじゃないでしょうか。

まあ、物量で負けたんだといわれると、ストンと胸に落ちるというか、納得しやすいんでしょうけれど。でもそれだけでは本当の意味での内在的な問いかけになっていないし、かなり本質を歪曲した見方なんじゃないかとも僕は思うんですね。

光クラブ事件と奥崎謙三のこと

昭和四十年代に僕らの仲間がよく通っていた東京・有楽町の小さな酒場に、ある保険会社の営業マンの常連さんがいましてね。その人からよく「おいお前、光クラブって知ってるか。山崎っていう東大出が金貸しやって自殺したあの話だよ」と、光クラブの話を聞かされました。

山崎晃嗣という東大生が戦後、東京の中野に光クラブという名前の貸金業をはじめ、派手な宣伝を打って急成長したんです。ところが山崎自身が物価統制令違反で逮捕されたことで一気に資金が底をつき、負債を返しきれなくなって昭和二十四年、山崎本人は自殺。これを光クラブ事件と称しまして、昭和史の年譜などに登場します。

第一次大戦後のフランスで起こった、道徳などにとらわれない運動をアプレゲールといいましたが、日本では戦後の若者による無軌道な行為をアプレゲール犯罪などと世間で呼ぶようになり、光クラブ事件はその象徴のように受け止められたものなんですね。

山崎という男にはドライともいえる哲学がありました。それは契約こそがすべてで、感情は関係がないというものです。彼の商売は出資者から金を集めて、その金を中小企業や商店主に高利で貸すというものでした。債務者が約束の期日に金を払えなくなると、学生のアルバイトを使って取り立てをさせるんです。川崎や蒲田のあたりに顧客が多かったんですが、山崎は「金を借りたら返すのが当たり前」ということに徹底していて、もし返せなかったら相手の家の鍋釜など家財道具まで容赦なく取り上げる、債務者を監禁するということを平気でやったそうです。

僕も、山崎という男がどうしてそんなことをやったのか興味を持っていて、事件のことを調べて自著『真説　光クラブ事件』(角川文庫)としてまとめたこともあります。

彼は戦争中の昭和十七年に東京帝国大学に入るんですけど、学徒出陣でまず経理将校の教育を神奈川県の相模原で受けた後、北海道旭川の部隊に配属されます。この間、彼は軍隊生活で人間が信じられなくなるほどの経験をしたんですね。例えば終戦になって、上官から物資の横流しを命じられるんです。最初は分け前をもらえるということで協力するのですが、要領が悪かったために彼に責任が押しつけられて逮捕され、服役しています。このときに、山崎は人間というものに心底、絶望してしまったのではないかと思うんです。

彼のことを詳しく調べてみてわかったんです。実は彼が貸金業をする際の「契約がすべて」という考えというのは、さほど重要ではないんです。

人間の醜さ、日本人の醜さに対する、心の底からの憎悪。それを、彼は金を貸してくれとやってくる中小企業の社長たちに向けたんですね。つまり、あの戦争に含まれていた絶望や偽善に対する、山崎なりの異議申し立てだったのです。

それに似た例として、奥崎謙三という人がいましたね。ニューギニア戦線に送られて仲間の死や絶望を体験して生還した彼は、昭和四十四年の皇居一般参賀の場で天皇に向かってパチンコを打ち、逮捕されます。

そのとき奥崎が叫んだといわれる言葉があって、それは「ヤマザキ、天皇を撃て」というものです。そういう題名の本を彼も書いていまして、ヤマザキというのはニューギニア戦線で一緒だった戦友の名前です。彼の著書によると、その山崎上等兵はとても親切な人で、マラリアにかかって歩けなくなった部下を日本へ連れて帰ろうとがんばった人なんだそうです。

奥崎自身も餓死する手前までいっていたそうですが、投降して日本に帰国します。そして戦後、兵庫でバッテリー商などを営んでいたときに、不動産業者とトラブルになって相手を刺し、傷害致死で十年間服役するんです。そのときに、一種の妄想といいましょうか、ニューギニアから帰らなかった戦友のことに執着するようになって、彼らがこんな目にあったのは天皇が悪いんだと考えるようになるんですね。

俗に天皇パチンコ狙撃事件として知られるもので、奥崎はそれ以外にも昭和五十一年にポルノ画に天皇の写真をつけたビラを新宿などのビルからばらまいたいわゆる「皇室ポルノビラ事件」でも逮捕されたりしています。彼の主張にはかなり突飛なところがあって、行動も一匹狼的なものだったことは、彼を主人公にしたドキュメンタリー映画『ゆきゆきて、神軍』(原一男監督)や彼の著作を見るとわかります。

奥崎にしても光クラブの山崎にしても、彼らの戦後の行為とは一種の自己表現だったんでしょうね。戦争で味わった矛盾や絶望への怒りを、奥崎は天皇へ向け、山崎は金貸しという手段でそれを表現しようとしたんじゃないでしょうか。

昭和四十年代というのは、そんな戦争体験からくる生々しい感情に触れた元兵士たちの思いが社会の底流にあった、最後の時代だったのかなあと、思ったりもするのです。

第9章

八月十五日と靖国、昭和天皇

少し前の話なんですが、あるテレビ局のプロデューサーから僕のところへ電話がありましてね。高齢化して数自体が少なくなっている太平洋戦争の体験者たちに話を聞いて、その証言を集めて番組をつくりたいと。ついては、一連の取材制作に関わるディレクターに、取材の仕方も含めて一度講義してもらえないか、という依頼でした。

高齢の戦争体験者を取材するのは、二十代、三十代の若いディレクターたちでそのポイントがわからないから、ということでした。僕もそういった取材をずっとしてきたものですから、何かのお役に立てるならと思いまして、お引き受けしたんです。

単に僕がこうだああだと話をするだけじゃないんです。実際に若いディレクターが戦争体験者に取材している様子を収めたビデオテープまで見せられまして、彼らの取材の仕方について意見をいってくださいと。意気込みは、とても真剣でした。

それを見て、印象に残ったことがありました。三十代ぐらいの若いディレクターが、かなりお年の元兵士に話を聞いていくのですが、相手の話が終わると、「そうですよねえ。戦争って嫌ですよねえ」と、調子を合わせるような相槌を打っている。いくつも取材テープを見ての印象ですから、一人のケースじゃないんですね。

これが危ないんです。僕の取材経験からの話ですけど、安易な同調を相手に示すと、今まで聞き出していた話の筋が、ガラっと変わってしまうことが少なくないのです。

戦争体験にまつわる取材というのは、四十年も五十年も前の体験を、相手に正確に言葉で再現してもらう必要があります。当然、僕らが投げかけた質問に、相手は記憶をふり絞りながら、訥々と語ってくれるわけですね。そんなときに、「戦争って本当にいやですよねえ」と返されたら、相手は急に頭のなかが過去から現代へ引き戻されてしまいます。するとああ、やっぱりいうのはよそうと、心理的にブレーキがかかっちゃうんです。これは取材者として、一番ダメなパターンなんですね。

それよりもっと驚いたのは、取材すべき証言者の家族も交えて、そのお宅の居間でコーヒーなど飲みながら、話を聞いている取材風景のビデオを見せられたときです。さっき一番ダメといいましたけど、これはそれよりダメですね（笑）。

子供や孫もいるなかで、平気で語れる戦場体験などというものが、あるわけがありません。生涯消えることのない、同じ体験をした者同士の間でやっと話せるような心の傷を、彼らは負っているのです。家族を交えてしまったら、それこそ家族に話せる程度の、オブラートに包んだような思い出話ぐらいしか、聞き出すことはできません。

それでは、本当の意味での取材にならないのです。

僕なりの経験で申し上げますと、戦争の証言というものを本気で相手から聞こうというときは、まず自宅の居間ではいたしません。自宅の外で、近くの川でも公園でもいいんですが、とにかく二人きりの状況をつくってから聞く、というのが鉄則です。

家族にも話せない、本人も思い出したくないことを聞きとるには、まずその人の自宅という空間を出なくてはいけないんです。そして、一対一の状況が必要になります。そうでないと、相手だって本当のことは話してくれません。老人が若者に小言をいうようで嫌ですけど、それは変わらないと思うからです。

元軍人の取材で思ったこと

胸に手を当てて考えると、そんな偉そうな話をいえた義理ではありません。思い返すと、僕にもお恥ずかしい体験があります。

昭和四十年代、五十年代というのは、僕も二十代後半から三十代、そして四十代にさしかかる期間でした。多くの旧軍関係者たちを訪ねながら、物書きとして自分なりにあの戦争を検証してやろうなどと血気盛んに（笑）やっていた時代です。

年配の元軍人さんたちに取材するときに、意味が理解できない用語がいくつもありました。例えば「承詔必謹」。これは「しょうしょうひっきん」と読みまして、天皇の言葉をかしこまって聞く、受けいれるという意味なんですけど、取材相手が「東條さんは承詔必謹の人でね…」と話したとき、僕にはそれが初めて聞く言葉だったのです。

僕は「承詔」というのを「詔書」と勘違いして、そう原稿に書いてしまいました。ところが、それがそのまま活字になって雑誌に載ってしまったんです。

もちろん、校正の方や編集長が僕の原稿をチェックしてくれていました。でも、編集長だって当時四十代でしたから、気がつかなかったんですね。文字通りの「素通り」です。いや、お恥ずかしい限り……。後で元軍人さんたちからも、かなりお叱りを受けました。

そういう恥を積み重ねて物書きは鍛えられていくものですが、例えば自分より二まわりも年が上の人の話を聞くときに、これだけは心がけようと思ったことがあります。

それは、事前にできる限り予備知識や相手に関する情報をこちらも持った上でないと、きちんとした証言は得られないということです。上の世代が下の世代に何かを語るときに、どうせこいつに話してもわからないだろう、という意識が働く場合があって、本当のことをいわないこともあるんですね。裏を返すと、体験を次の世代に伝承していくことが、いかに難しいかということにもなるかと思うんです。

昭和四十九年から六年間ほど、東條英機という人物に僕はとても興味を持ちまして、東條を知る当時の秘書官や副官、陸軍関係者に片端から手紙を出して取材をしていったことがありました。

僕らの世代にとって東條のイメージというのは、「悪人」とイコールなんです。学校の先生から彼は悪魔よりも悪いなどと教えられたぐらいですから、そんなイメージになっちゃったんですね。それを自分なりに確かめたいというのがひとつの動機でもあったわけですが、相当取材してみた結果、指導者としてはそのイメージが実際とかけ離れているとは正直思いませんでした(笑)。

そのとき、東條の憲兵政治の実態というのも一つのテーマでした。彼は関東軍の憲兵隊の司令官をやっていたことがあり、その組織を使って自分に敵対する人物を政治的に抹殺するという恐怖政治的な手法をとっていました。石原莞爾を予備役に追いやったときもそうですし、もっとも有名なのは、戦争中に東條を批判し続けた衆議院議員の中野正剛を割腹自殺に追い込んだ事件でしょう。

この取材は困難を極めました。なにしろ元憲兵だった人たちは特に口が固くて、けんもほろろに断られるのが普通でしたから。でも何人か取材に応じてくれた人がいまして、その一人が東京憲兵隊長だった大谷敬二郎という人なんです。

大谷は終戦後、戦犯容疑をかけられ、女中さんを連れて地下に潜ります。それから三十年後、僕はこの大谷に東條のことを詳しく聞こうと手紙を出しまして、彼がＯＫだというので会いにいきました。彼はそのころ佐賀県の嬉野温泉に住んでいて、好々爺然としていました。家にあげてもらって、居間のこたつに入りながら取材したのを憶えています。

彼のいい分は結局のところ、悪いのは全部東條で、自分たち憲兵はいわれたことをやっただけだ、という話に尽きました。その口調には、明らかに僕のことを何も知らない若造ぐらいに見ている感じがありましたね。まあ、適当に都合のいいことだけ話してやればその通り書くだろうということだったんじゃないでしょうか。聞いていて、僕はだんだん腹が立ってきましてね。

実は、事前に東條の秘書だった人から、陸軍省の軍人について東條がつけていた考課表というのを、こっそり見せてもらっていたんです。これは省の人事課がつけていたものとは別に、東條本人が軍内の評判などをもとに個人的につけていたものです。いかにも東條らしい話ですが。

僕は大谷にその話を意図的に切り出して、考課表を僕は見たんですよ、それによると大谷さんは東條にとても信頼されていたようですね、と聞いたんです。すると、彼の表情が一変しましてね。「どうしてお前はそんなものを見たんだ！」と。それからはもう、好々爺どころか憲兵そのものでした(笑)。「お前は何者だ」「何の目的で来たのか」と、ほとんど取調べです。その豹変ぶりがあまりにもおかしくて、よく憶えているんです。

今考えると、こういった取材を通じていろんなことを学んだなあと思うんですね。僕よりはるかに年配の元軍人さんたちのなかには、お前の考え方は間違ってるぞ、戦後の教育で騙されてるんだぞと露骨に説教する人もいました。僕はもちろんそれに反発して、自分はそうは思いませんと反論したこともしばしばでした。でも、そんな経験があって、自分の歴史に対する見方というものがずいぶん鍛えられたんですね。

「八月十五日」が変質していく時代

昭和五十年から、天皇が崩御して昭和が終わる六十四年までの十四年間は、どんな時代空間だったんでしょうか。どんなことがあったのか、簡単に振り返ると……。

昭和　五十年　ベトナム戦争終結
　　　　　　　天皇初訪米
五十一年　田中角栄前首相逮捕

五十二年　ダッカ日航機ハイジャック事件
五十八年　大韓航空機撃墜事件
六十一年　国鉄改革法案成立
六十四年　昭和天皇崩御

昭和史の戦後編を語るうえで忘れられないのが、ロッキード事件による田中角栄さんの逮捕でしょうね。この事件は昭和二十三年の昭和電工事件、二十九年の造船疑獄事件と並んで、「昭和の三大疑獄事件」とよく並び称されます。

ロッキード事件が象徴したものとは、自民党による長期一党支配が必然的に生むことになった「政治とカネ」の問題です。このときは雑誌も負けじとがんばって、立花隆さんが『文藝春秋』で「田中角栄研究」を発表し、反響を呼びました。

数々の政界汚職を手がけてきた東京地検特捜部にとっても、この事件は検察史に残る「巨悪を眠らせない」という正義の代表的なものだったんでしょうね。

でも最近、特捜部の検事が証拠データを改ざんして逮捕されるという、正義の検察史を揺るがす事件が起きました。そして、田中角栄の秘蔵っ子と呼ばれた民主党の小沢一郎さんも、「政治とカネ」で世間を騒がせています。こうして見ると、昭和五十年代と、平成二十年代が深いところで地続きになっているんだなと、今さらながら思うわけです。

ある意味でこの昭和五十年代というのは、異常ともいうべき高度成長のひずみが目に見えるかたちで出てきた時代だったように思います。経済面でも、四十九年のオイルショックを契機に安定期に入り、後半から今度はバブル経済へと突入していく時期ですね。昭和十年代とコインの裏表である四十年代から日本人が突き進んだ経済至上主義の到達点、その敗戦ともいうべきが、バブル経済の崩壊だったのかもしれません。

そういう時代の八月十五日とは一体何だったたか、ということですね。それはいくつか柱があるんですけれど、とりあえず、もうひとつの年表を見てください。さっきのものとは違う、昭和五十年代の八月十五日にまつわる年表です。

昭和四十九年　衆議院で靖国神社法案を可決（後に廃案）
　五十年　三木首相が八月十五日に靖国参拝（現職総理として初）
　　　天皇が靖国参拝（戦後八回目。以降途絶える）
五十三年　福田首相が八月十五日に靖国参拝
　　　靖国神社が東條英機らA級戦犯十四名を合祀
五十四年　共同通信が靖国神社のA級戦犯合祀をスクープ

五十五年　鈴木首相及び閣僚十八名が八月十五日に靖国参拝
五十六年　国会議員による集団参拝
五十八年　靖国違憲訴訟全国連絡会議結成
六十年　中曽根首相が八月十五日に靖国参拝（初の公式参拝）
　　　　中国外務省が非難声明
六十一年　中曽根首相、参拝を見送る

僕がこれから何をいいたいのか、これでおわかりになったかもしれません。昭和五十年代のひとつの特徴は、戦争体験者の中心的な層が社会から引退する一方で、戦後世代が社会の中心になってくる時期なんですね。その意味では、大きな世代交代のうねりによって八月十五日に対する考え方も変わっていく端境期に当たります。生々しい体験としての戦争が無機質化、つまり歴史になっていく時代、とでもいいましょうか。そういう時代に、ある特異な事象が八月十五日の終戦報道を支配していくようになるんですね。それは、靖国神社への参拝にまつわる問題です。

A級戦犯はなぜ合祀されたか

靖国神社の歴史を簡単に振り返っておきますと、戊辰戦争が終結した明治二年に、明治天皇の意志で東京招魂社が創建されたのがはじまりです。戦争などの国事で命を失った人びとの霊をまつるための神社で、十年後の明治十二年に靖国神社という名称に変更されたんですね。

以降、天皇が主宰し、陸海軍が管轄する特殊な立場の神社として、戦没者や国事殉難者たちを鎮魂する場になったわけです。明治維新から戊辰戦争を経て西南戦争、日清・日露に満州事変と日中戦争、そして太平洋戦争……。靖国神社がまつってきたその御霊の数は、二百四十六万柱にのぼります。

戦後になると、GHQの意向もあって国家神道が否定されます。そして新憲法で政治と宗教の分離がうたわれると、靖国神社は宗教法人法に基づく一宗教法人という位置づけに置かれるんですね。

戦没者の遺族にとって、それが大変に不満であったことはわからなくもないんです。自分の夫や息子は国のために命を落としたのに、その慰霊に国が関らず、あとはそっちでやってくださいとは何事か、ということにもなりましょう。

ですからその声に呼応するように、昭和四十年ごろから靖国神社を国が管理するかたちにしようと、自民党のなかで検討がはじめられるんですね。政教分離の原則に配慮して、宗教法人ではなく一般の法人格とし、その宗教活動を禁止するかわりに、国の監督の下で戦没者の慰霊を行うという主旨の靖国神社法案を国会に提出するんです。

はじめてそれが提出されたのが昭和四十四年。以降何度も提出されながら、廃案にということが繰り返されます。四十九年には強行採決で衆議院を通過させますが、結局参議院で審議されぬまま、これも廃案になってしまうんです。

これが四十年代までの流れです。この時代までは靖国神社について海外から意見が出たり、八月十五日のテーマになるということもそれほどありませんでした。昭和天皇も、毎年ではありませんでしたけど普通に参拝していました。

そんな流れがガラっと変っていくのが、五十年代なんですね。まず世間の注目を集めたのは、三木武夫首相が戦後、現職首相としてはじめて八月十五日に参拝したことです。

このときに、三木さんは公用車を使わず、記帳の際も内閣総理大臣という肩書きを書かず、玉串料もポケットマネーから出すという、「私人」の立場で参拝したということがクローズアップされました。要するに、公用車を使ったり公職名を記帳したりすると「公人」として参拝したように受け取られるわけで、あえてそれを避けたんですね。

このこともずっと尾を引く話なんです。今でも八月十五日に閣僚が靖国神社を参拝するたびに、記者が取り囲んで「公人としての参拝ですか？　それとも私人としてですか？」と聞く、おなじみの光景のことです。

そして昭和五十四年四月、ある事実について共同通信が放ったスクープ記事をきっかけに、靖国をめぐる問題はより複雑になっていくことになります。その事実とは、靖国神社が五十三年十月、東條英機らA級戦犯十四名の合祀を行っていたというものでした。

実は、A級戦犯らを合祀しようとする動きは、それ以前にもありました。でも、当時の筑波藤麿宮司は慎重な人で、そういう声をうまくかわして先送りにしたんですね。

ところが、この筑波宮司が昭和五十三年三月に急逝してしまうんです。神社側はすぐに次の宮司の人選に入るわけですが、白羽の矢が立ったのは、幕末の福井藩主松平春嶽の孫で、最後の宮内大臣だった松平慶民の長男、松平永芳という人物でした。

松平が正式に靖国神社の宮司に就任したのがその年の七月で、それから三ヵ月後の十月に彼の主導でA級戦犯らの合祀が行われたんです。ちょっと驚くような早わざです。

その背景を繙くと、松平という人の思想、つまり、東京裁判史観を否定したいという考えがあったようなんですね。

彼の考え方はこうです。まず、戦争とは軍事（戦闘）と政治（外交）の両輪で行われるものであると。つまり、軍事としての戦争は八月十五日ないし九月二日に終わったが、政治としての戦争はそのときまだ続いていて、それが終わったのはサンフランシスコ講和条約が発効した昭和二十七年四月二十八日だ、という考え方なんです。

その論理に従うと、東京裁判で死刑となったり獄中で亡くなったA級戦犯も同じ戦争の犠牲者ということになるわけですね。こういう主張をする人は松平に限らず、東京裁判史観を否定する保守層にもいます。

矛盾を孕む靖国神社の歴史解釈

ここで一つ、僕の靖国問題に対する考え方というのをあえて述べておきましょう。僕は、個人の方が靖国に参拝することはもちろん何ら問題があるとは思っていません。僕自身、何度か参拝していますし。でも、中曽根さんが内閣総理大臣として参拝したような、公人としての立場によるそれは控えるべきだと考えます。

もっとも問題だと思うのは、靖国神社に併設されている「遊就館」の展示についてです。そこで説明されているあの太平洋戦争についての捉え方が、日本にとって都合のいい解釈、すなわちあの戦争は正しかったというものになっていて、史実として客観性がないからなんです。例えば開戦の経緯について、「遊就館」ではこう説明したパネルをちょっと前まで掲げていました。

「ルーズベルトの大戦略　ルーズベルトに残されていた道は資源に乏しい日本を禁輸で追いつめて開戦を強要することだった」

「参戦によって米経済は完全に復興した」

ところが二〇〇六年でしたか、その記述にアメリカから強い批判が寄せられまして、そのことが新聞などで騒がれるとすぐに修正したんです。

アメリカに文句をいわれても、逆に問題ないと突っぱねたのなら、ある意味確信犯でまだ評価できます。信念があるならそうすべきでしょう。でもそんなにすぐ訂正してしまうような内容なら、最初から書かなければよかったんじゃないかと……。

靖国神社が展開する歴史解釈には、実はいくつもほころびがあるんです。例えばさっきの、松平宮司がA級戦犯を合祀した考え方をとってみても、そこには重大な欠陥が生じてしまうんです。

あの戦争が昭和二十七年四月の講和条約発効まで続いていたという解釈に基づきますと、その間の天皇という立場はどういうものだったのか、という疑問が当然ですけど浮上してきます。

松平さんはA級戦犯らが「戦闘状態のさ中に敵に殺された」に等しいと考えたそうですけれど、そうなると天皇はそれを見て見ぬふりをしていた、ということにもなりかねません。もしくは、満州国の皇帝溥儀と同じように、「敵」の手中にある傀儡のような存在だったという見方だって出てくることになるでしょう。

だから彼のような考え方というのは、史実の一部をつぎはぎして便宜的にこしらえたようなところがありまして、そうした矛盾をいくつも孕んでしまうんですね。

松平だって、A級戦犯の合祀が非難を浴びることはわかっていたんです。当然、遺族の多くは東條らが決断し、指導した戦争の犠牲者ですから、同じ場所に祀ってくれるなという声だって出てくるでしょう。まあ、自民党の靖国神社法案も見込みがなくなって、あとは自分たちで何とかするしかないところにまで追いつめられてしまったのか……。

でも、そもそも合祀をするときに、その理由、論理を明確にして国民に説明しておかなければいけなかったんじゃないでしょうか。松平はそれをせず、宮司を辞めた後になってその理由を説明していますけど、そこがまずかったように思います。その心理には後ろめたさがあったということでしょう。

中曽根首相の靖国参拝に忠言した後藤田官房長官

このA級戦犯合祀の問題、そして首相や閣僚の靖国参拝という二つがセットになって、昭和五十年代の八月十五日が論じられるようになっていくのです。その頂点ともいうべきものが、中曽根首相によるはじめての公式参拝(昭和六十年)でしょう。

それがきっかけとなって、さらに二つの新しい動きが加わってくるようになります。一つは、政教分離という憲法上の観点から、靖国神社に公人として参拝することや、慰霊の意味で奉納する玉串料を公費から支出するのは憲法違反ではないかと、全国各地で集団訴訟が起こされるようになったことです。

それ以前は、例えばどこかの地方自治体が戦没者の慰霊祭に玉串料を公金から支払うということは、割と当たり前に行われていたんですね。でも時代の流れもあって、よく考えてみれば、慰霊というのは宗教的な行為で、憲法には政教分離が明記されているじゃないかと。戦没者という存在をどこか天災にでも遭って亡くなった人たちであるかのように考える向きもあるけれど、もっと本質的なことを考えるべきではないか、という新しい問いかけでもあったと思います。

もう一つの動きというのは、それまで特になにもいわなかった中国や韓国が、中曽根さんの公式参拝を契機に公式な非難をするようになったことです。それがあってから、閣僚の参拝は八月十五日ではなくてその前後にずらしたりするようになりましたね。

この話で思い出すのは、中曽根内閣で官房長官を務めた後藤田正晴さんのことです。中曽根首相が靖国神社を参拝するということは、当然ながら政権運営にも大きな影響を与える事柄です。だから、事前に首相の女房役である官房長官の後藤田さんと、かなりそのことで議論したそうなんですね。

そのとき後藤田さんは中曽根首相にこう忠言したそうです。「あんたがどういう考えをもって参拝にいくのかはあんたの自由だ。だが、一回だけなら許すがそれ以上は絶対にダメだ。それも首相としては絶対に参拝してはいけない」。

中曽根さんが首相として参拝したときはすでに、靖国神社がA級戦犯を合祀した後です。後藤田の念頭にあったのもそのことなんですね。もしそこに日本の首相が公人として参拝することがどういう意味を持ってくるのか、という懸念なんです。

東京裁判でA級戦犯が戦争犯罪人として裁かれたわけですけど、日本はその後サンフランシスコ講和条約を結んだ際に、その東京裁判の結果を国家として受け入れているんですね。これはもう、動かしようがない歴史の事実なんです。そのことを、後藤田さんもよく認識していたわけです。

後藤田さんの忠告というのは、公人と私人を使い分けろという意味ではなしに、もし公人として参拝すれば講和条約にまで遡る問題に発展するぞ、そこまでの覚悟があってあんたは参拝するのか、という意味なんです。僕も、後藤田さんの考えには納得できます。

後藤田さんとは取材で知り合いまして、それからよくお会いするようになって親しくさせてもらいました。あるとき、雑談かなにかをしていたときに「君は一度も警察に捕まったことがないみたいだね」というんです。どうやって調べたんですかと僕が聞いたらうまくはぐらかされてしまい、「そりゃ人と会うのにまったく白紙じゃ会えないだろう」と。やっぱり警察出身の人というのは、そうやって相手のことを調べるんだなあと、ちょっと恐かった思い出があります（笑）。

『富田メモ』が突きつけたもの

靖国神社を語る上で忘れてはいけないのが、昭和天皇のことなんです。さっきもお話ししたように、昭和天皇は戦後、靖国神社に参拝（親拝）してきました。昭和二十年から数年おきに八回。でも五十年十一月二十一日を最後に、それ以降は崩御するまで、一度もいくことはありませんでした。

その理由について、やはりA級戦犯の合祀が行われたからだろうとはいわれていたんです。昭和天皇の側近だった徳川義寛という人がいます。彼は昭和十一年から侍従として仕え、六十年から三年ほど侍従長だった人物ですね。彼の回想録や証言で、靖国神社側が合祀したことを宮内庁に伝えたときに徳川が問題視して、「そんなことをしたら陛下は行かれなくなる」と神社側に伝えた、としていましたから。

でも、例えば保守層などには、五十年の三木首相の参拝が原因だとする説もありましたね。つまり、三木さんが参拝したのをきっかけに公的参拝か私的参拝かの問題が起こったので、昭和天皇がいけなくなってしまったとするものです。というのは、天皇には「私人格」はありませんから。

昭和天皇自身もそのことについて公に語ることがありませんでしたから、真相はよくわからなかったという状態だったんです。

そこに出てきたのが、『富田メモ』なんですね。ご存知の方も多いと思いますけれど、富田というのは昭和五十三年から十年間、宮内庁長官を務めた富田朝彦のことです。この富田が生前つけていた、天皇とのやりとりも含めた三十冊ほどのメモ帳というのがあって、遺族が保管していたんですね。

その存在を知った日本経済新聞の記者が内容を分析して、一部を二〇〇六年七月にスクープ掲載しました。朝刊一面トップ記事の見出しは「A級戦犯靖国合祀　昭和天皇が不快感」という衝撃的なものでした。

そこで紹介された、天皇がA級戦犯合祀に不快感をあらわした発言というのは次のものです。もちろん、それは富田さんによるメモ書きですけど。

私は　或る時に、A級が合祀され
その上松岡、白取（保阪注・白鳥の誤り）までもが
筑波は慎重に対処してくれたと聞いたが
松平の子の今の宮司がどう考えたのか
易々と
松平は　平和に強い考があったと思うのに
親の心子知らずと思っている
だから、私あれ以来、参拝していない
それが私の心だ

このメモが公開されたことで、徳川侍従長の証言などにあった、昭和天皇がどうして靖国神社へ行かなくなったのかという理由がくっきりとわかるようになったんです。

そもそも靖国神社というのは天皇が主宰する神社ですから、靖国側としては、天皇が参拝に来てくれなかったら存在理由に関わるということで何とか参拝してもらおうといろいろな手を使ったようですが、結局天皇は靖国に行かれることはありませんでした。

おそらく天皇は、松平宮司によってA級戦犯が合祀されるまでの経緯について、かなり詳しく報告を受けていたんじゃないでしょうか。例えば、メモに出てくる松岡、白取というのは松岡洋右元外相、白鳥敏夫元イタリア大使で、二人ともA級戦犯容疑をかけられながら、途中で病死しています。徳川侍従長の証言のなかでも、「松岡洋右さんのように、軍人でもなく、死刑にもならなかった人も合祀するのはおかしいのじゃないか」と徳川が松平に反論したことが出ているんですね。

ですから、天皇は靖国神社側の動きを聞いて、徳川侍従長に暗に自分の考えを松平に伝えようとしたんでしょうね。天皇が松平のことを「親の心子知らずだね」と話したというのは、松平永芳の父・慶民はとてもそんな考えを持っていたわけではないのに、ということだったのではないかとも読めます。

和歌に表れた昭和天皇の心境

昭和天皇の気持ちや考えを忖度するためには、四つの方法があるんです。つまり、天皇がどのように情報を発信したか、それが四種類あるということですね。ひとつずつあげるとこうなります。

一、勅語（戦前）

二、側近たちによる回想録、証言

三、記者会見、お言葉（戦後）

四、御製（和歌）

天皇の記者会見というのも今ではすっかり定着しましたが、実はこれも昭和五十年代に入って間もなく恒常化したものです。

きっかけは、五十年に昭和天皇が初めてアメリカを訪問したときです。この訪米中に、天皇がアメリカ人記者を前にした記者会見へ行ったんですね。そこで天皇は戦争への反省の言葉をかなり述べてもいます。日本の新聞やテレビ局にしてみたら、どうしてアメリカでは会見したのに日本ではダメなのか、ということになりますよね。それで宮内庁の方が押されて、年に二、三回という記者会見のスタイルが確立していくんです。

天皇が詠む和歌というのはとてもよく知られていますけど、昭和天皇が生涯で詠んだ和歌の数というのをご存知ですか。なんと、全部で一万首もあるというのです。

昭和天皇は非常にまめな方で、例えば一首つくるときに、枕詞などの修辞をいくつか変えたものを五、六首ほど遺しているんだそうです。それらも数に含めると、ということです。ちなみに、宮内庁がこれまで公開しているのはおよそ八百首だけです。

昭和二十年までは年に一首だけ、つまり年始の歌会始に詠むものだけが公開されていました。それが昭和二十一年以降、どっと数が増えるんです。全国への巡幸など国民と接する機会が増え、その折に詠んだ和歌が公開されるようになったからですね。つまり、八百首のほとんどは戦後に詠まれたものなんです。

二〇一一年に、僕と歌人の辺見じゅんさんとで、昭和天皇の八百首の和歌をすべて読むことでそこから天皇のどんな意思が伝わってくるか、という対談をして本にまとめたことがあります。

例えば昭和五十年代から晩年までの間の天皇の和歌には、どんなことが多く詠まれていたと思いますか。それは、あの戦争のことなんですね。このことには僕もあらためて驚きました。もしかすると宮内庁が意図的にそういうものを公開しているのかもしれませんけど、本当に戦争をテーマにした和歌が多いんですね。

例えば、国民はあの戦争で大変な犠牲を出したのに、自分が訪れたときには心暖かく歓迎してくれた、という歌だったりします。僕はそれらを読んで、昭和天皇自身の戦争に対する姿勢について、非常に内省的な印象を受けましたね。どうしてあのような戦争をしてしまったのか……という思いが、数々の和歌に色濃く出ているのです。

戦争についての天皇の心情を理解するための必須資料としては、『昭和天皇独白録』があります。そこではずいぶん人物について天皇が話をしています。昭和二十三年頃に、東條ら七名が東京裁判で死刑になると聞いて、彼らがかわいそうだと天皇が涙を流したというようなエピソードも語られていますが、戦後のある時期からの和歌には、その類いの内容のものが一切見られなくなるのです。

団藤重光さんという東大の法学者で、昭和天皇と年も近くて御進講役も務めたことがある人がいました。その団藤さんがあるとき、天皇が話したことを本にして出版するということになりましてね。版元の出版社から僕のところに依頼があって、差し支えがある記述がないかどうかチェックしてくれとそのゲラを読ませてもらったことがありました。結果的にいくつか修正し、コンパクトなかたちで世に出ましたけど。

団藤さんが天皇から聞かされた話のなかで、僕が今でも強く記憶しているエピソードがあります。それは、天皇が「私も当時の政治が円滑にいっていなかったことはわかっている。軍人には私も結果的にだまされていた」と、あの戦争について話しているくだりです。ちょうど、それも昭和五十年以降の天皇の言葉なんですね。

その団藤さんが聞いた話もあわせて考えると、昭和天皇には軍人たちに自分はだまされたという強い思いがあって、靖国神社でのA級戦犯合祀を聞いたときに、天皇のなかにもうだまされないぞ、という思いがあったのではないか……。

天皇のために死んでいった軍人たちを祀る、しかも天皇が主宰するはずの靖国神社に五十年以降、一度も行かなかった天皇の気持ちを忖度すると、そういうことなのかなあと僕は思っています。

靖国問題がくすぶり続ける理由

昭和五十年代の八月十五日で大きなウェイトを占めるようになった靖国問題というものを、もう少し俯瞰して考えてみると新しい視点も出てきます。

朝日新聞の論説主幹だった若宮啓文さんが、とても面白い指摘をされているんです。それは、政府がアジアに対してあの戦争を謝罪すると、その翌年には必ず復古的な法案が制定されるというパターンがあるんだと。それを彼は「翌年の法則」と名付けているんです。ネーミングも面白いので、ちょっと紹介したいと思います。年表にすると次のような流れです。

昭和四十年　日韓基本条約締結

椎名悦三郎外相が訪韓し、植民地時代について謝罪

▼四十一年　「建国記念日」の制定（戦前の「紀元節」）

四十七年　日中国交正常化

田中角栄首相が訪中し、戦争で中国国民に与えた重大な損害を反省

▼四十九年　靖国神社法案、衆議院を通過

五十三年　日中平和条約締結

鄧小平国家主席が来日、天皇が会見して戦争への謝罪の意伝える

▼五十四年　元号法制定（公文書などで元号表記を義務づけ）

平成　十年　小渕内閣が中国、韓国それぞれと共同声明、戦争の謝罪

▼　十一年　国旗国歌法制定

こうして見ると、確かにそれが偶然ではないような気がしますね。アクションとリアクションの関係のように、政府がアジアに対して謝罪の意を表すと揺り戻し的にそういうことが持ち上がってくるのか、それともあらかじめそういう法案を通すことを見計らいながら、前もって露払いとして謝罪しているのか……、僕もその相関関係を調べていないのでわかりませんけれど。ただ、この関係がある意味で、日本の戦後史の陰影を象徴している

んじゃないかとも思えるんです。

繰り返しになるようで恐縮ですが、やっぱりこの国ではあの戦争を、日本人の歴史のなかにどう位置づけたらいいかという、国民的な合意がまだできていないんですね。昭和が終わって平成に入り、二十余年が過ぎた今なお、それはできていません。

どうしてあの戦争で兵士二百四十万を含む国民三百十万、戦後の戦病死も含めれば五百万以上の人びとが命を落とす結果になったのか。その戦争はどのように始められ、誰がその開戦責任、結果責任を負うべきなのか。そこで死んでいった人びとに対する償いというのはどうあるべきなのか……。これらの課題がいまだに突き詰められていないからこそ、靖国問題もくすぶり続けることになるんだと思います。

そのことでひとつ申し上げますと、戦前から戦後にいたるまで一貫して流れてきた論理があるんです。極めて日本人的な、情緒的な論理、とでもいいましょうか。

日中戦争（支那事変）で行き詰まって、日本は対米英戦争に突入してゆきます。昭和十六年十月、アメリカから日本軍の中国からの撤兵を要求されるなか、天皇の意思を汲んで外交交渉を続けようとする近衛文麿首相と、中国からの撤兵は敗北だ、断固まかりならんとする東條英機陸相との間で激しい議論が交わされました。その結果、近衛は政権を放り出してしまい、戦争内閣としての東條内閣が誕生するわけですけれど。

そのときに、東條が口にした殺し文句があるんです。「支那事変で死んだ十万人の英霊に申し訳が立たないから、ここで引くわけにはいかない……」。

ここでやめて、死んでいった英霊にどう申し訳するのか、というもののいい方が、戦争をするべきか踏みとどまるべきか、戦争を継続するべきかやめるべきかという究極の二者択一の場面で繰り返し出てくる、一つの論理なんです。

でも一方で、これ以上犠牲者を出さないために戦争はやめよう、そのことを死んだ英霊たちが教えてくれているのではないか、という論理だってあるはずなんですが。当時の東條にそれはなかったんですね。

要するに、「死んだ英霊に……」の論理に縛られてしまうと、一度はじめた戦争が誰にも止められなくなって、果てしなくエスカレートしていってしまうんです。その発想から生まれたのが、「玉砕」であり、「特攻」なんですね。

戦争末期に陸軍がまだ本土決戦があると、戦争継続を強硬に主張した理由のひとつも、それだったんですね。最初は十万人の……ではじまったものが、戦死者が増えれば増えるほど、英霊への申し訳なさも比例して増えていく、そういう思考のパターンです。

この軍人特有の発想は、今でも靖国神社問題の背後に流れているんじゃないでしょうか。例えばさっきお話した、靖国神社の松平宮司の論理、つまりA級戦犯だって戦争の犠牲者なんだから、きちんと合祀して彼らの名誉を何としても回復してやらなければ、彼らに申し訳がない……というのもそれに通じるんですね。ただ、この考え方を押し広げていけば必然的に、東京裁判を否定し、あの戦争は正しかったという解釈をとらなくてはならなくなるでしょう。

東京裁判が見のがした事件

昭和史研究の大御所である秦郁彦さんが、この靖国問題についてよく研究されています。彼は以前、東京裁判で裁かれた東條英機について、東條が関与した戦争犯罪行為で裁かれずに済まされたものがあることを実証的に突き止めたんです。

それは、当時の中華民国にあったチャハル省（現在は内モンゴル自治区）への出兵の際に起こった「陽高事件」（昭和十二年）というものです。日中戦争の初期のころですが、関東軍は内モンゴルへの侵出を目論んでチャハル作戦を実行し、次々に占領していきました。

その際に山西省の北にある陽高で、日本軍によって非戦闘員も含めた数百人の中国人が殺害される事件が起こったんです。ちなみに、そのチャハル兵団を率いていたのが、関東軍参謀長だった東條英機でした。結局この一件は東京裁判で証拠が出されずに不問とされましたが、秦さんはこの作戦にこそ東條という人物の本質があると指摘しているんですね。

中国での虐殺事件というと、中国側だけが主張してこちらには証拠がないというケースも少なくありませんけど、この事件はそうじゃないんです。なんと、東條さん本人がそのことを自慢げに話しているんですね。

それは、東條の秘書官らがまとめた『東條総理大臣機密記録　東條英機大将言行録』（東大出版会、一九九〇年）という、いわゆる東條言行録にも出ています。僕はたまたま東條の評伝のために取材していたときに、ある関係者から聞かされて知っていました。

要するに東條が首相だったころ、官邸で秘書官らを前にして「いやあ、討匪作戦をやるのに日本人は甘いんだよ」というんですね。討匪作戦というのは、ゲリラ相手の戦いのことです。続けて東條曰く、そういうときはみんな殺してしまえばいいんだ。ただ全員ではなくて三、四人生かしておいて食事を与え、最後は金を与えて町に放せば、その連中が味わった恐怖を仲間に話すだろう。そうすれば日本軍に歯向かおうというやつはいなくなる……。

こうした東條の証言もあり、秦さんなどによる調査に基づいて僕も調べてみたら、実際に当時の新聞にこの討匪作戦が成功したことが載っていたんですね。もしこの話が東京裁判に出ていたら、十分に戦争犯罪として認定されただろうと秦さんは指摘されています。

例えば南京事件の責任を問われて東京裁判で処刑された、松井石根という司令官がいます。松井はあの事件を指示した当事者ではなくて、その麾下にあった連隊がやったことなんですが、結果的に断罪されています。でも、松井という人は軍の規律にとても厳しかったそうで、軍が起こした不祥事を報告されたときに、泣いているんです。

もちろん、結果責任としては松井も東條も同じなんでしょう。ただ、松井と東條を比較してみたときに、自分では指示していないことで涙を流し、部下を叱った松井と、自分で指揮したうえにその自慢話までしている東條と、どちらの責任が重いでしょうか……。

あの戦争の実態をきちんと見抜く目というものを僕らが持つようにしないと、「八月十五日」報道がともすれば非常に表面的な話だけに終始してしまいかねないんですね。

戦犯を自ら裁けなかった日本

そういえば、野田佳彦首相が、A級戦犯のことを戦争犯罪人であるとは考えていないという所見を述べたことがありました。菅直人さんが首相を辞めることになって、民主党代表選に野田さんが出馬したときのニュースでしたか。

野田さんがそのとき、どういう意味でそう発言したのかがよくわからなかったんです。例えば、殺人を犯して裁判で懲役二十年の判決を受けた人が刑期を終えて出所してきたら、もうその人のことを殺人犯とは呼んではいけないというような、つまりもう名誉が回復されたんだからA級戦犯は戦争犯罪人ではないという意味なのか。

それとも、サンフランシスコ講和条約では対外的に東京裁判の結果を受け入れたけれど、国内的には彼らは「法務上の死」と定義されていることをいっているんでしょうか。確かに、A級戦犯たちは「法務死」であって国内法における犯罪者という扱いではありませんし、彼らの遺族には恩給も出ています。

僕は、彼がA級戦犯を戦争犯罪人だと思わないことに文句をいいたいんじゃないんです。それよりも、そういう重要なテーマについて所見を述べるんなら、そんな舌足らずないい方ではなく、歴史をふまえた上できちんとした理路を持って、もっとはっきりとお話しなさい、ということなんです。

そうでないと、また軽量級の総理大臣の登場かと、みんなに思われてしまいます（笑）。

平成に入ってからの首相と靖国神社といえば、小泉純一郎さんの印象が強いですよね。彼の場合はある意味で開き直りといいましょうか、「なんで外国からとやかくいわれる必要があるのか」というういい方をされていましたが、彼の姿勢にもどこか釈然としないものがあったんです。参拝することは「心の問題」だとか、「行く行かないは個人の自由」と発言していたのは憶えているんですけど、やはり歴史をふまえて参拝する理由を明確にのべたことはなかったんじゃないでしょうか。

Ａ級戦犯合祀をめぐる靖国神社問題が、国民が知らないうちに行われていた、太平洋戦争の歴史観をめぐる一種の政治闘争であったとするなら、それを世間に引っ張りだしてみせたのが小泉首相だったんでしょうね。ただ、どこまで本気で考えていたのか、僕にはよくわかりませんけど。

あの戦争から七十年も経つのに、首相ですら靖国問題について明確に説明できないというのはやはりおかしなことなんでしょうね。こうなってしまった原因を考えると、やはり戦争責任というものを東京裁判にのみ付託して、日本人が自らの手で調査して結論を出すという作業をしてこなかった、という点に尽きるような気がします。

念のために付言いたしますと、終戦当時に、日本人の手で戦犯を裁判にかけようとする動きがあったのは事実なんです。それは、大きくいって三つありました。

ひとつは終戦の際に、最高戦争指導会議などで戦犯については自分たちで裁くという方針を出していたんですね。これは第一次世界大戦で敗北した、ドイツの例を念頭に置いていたんです。いわゆるライプツィヒ裁判というもので、戦勝国側がドイツに戦争裁判をまかせる格好のものだったんです。

ドイツはそれをうまく骨抜きにしちゃったんです。戦勝国の顔を立てながら、やることはやったんですけど、ほとんど服役すらしていません。当時の日本軍上層部は、それを真似しようと考えたわけです。いってみれば、本気で自分たちが戦争責任を明らかにして戦犯を裁くというものではまったくなく、八百長で逃げ切ろうという程度の話です。

それとは別に、もうひとつの動きが起こります。戦後最初の東久邇宮内閣から幣原喜重郎内閣になったときの司法大臣・岩田宙造や、外務大臣の吉田茂、書記官長の次田大三郎らが中心となり、緊急勅令案というものを出して天皇の裁可をもらおうとします。要するに、アメリカが乗り込んできて戦争裁判を始める前に、先にやってしまおうという考えだったんですね。近代刑事訴訟法の基本原則でもある一事不再理を利用したのです。

しかし昭和天皇は、昨日まで臣であったものを、自分の前で裁くなどということはできない、と裁可しませんでした。

このことは、牧野伸顕の日記にも出てきます。牧野は昭和天皇が即位したときの内大臣（戦前にあった天皇を補佐する内大臣府の長。宮内省の外局）で、天皇が信頼していた側近の一人ですね。その牧野の日記によると、吉田茂などが牧野のところへ相談にきて、戦犯処罰のための条文の草案を見せた節があります。十三条ほどのもので、最高刑は死刑又は無期、戦犯容疑者は国民百人以上の署名をもって審査する、という内容でした。

つまり、軍人らによる八百長的な戦犯裁判構想と、幣原喜重郎内閣の閣僚たちによるそれの二つがあったんですが、結局どちらも実現することはありませんでした。

吉田茂らがつくった戦犯裁判の概要を読むと面白いんです。いかに戦時下の軍人たちが横暴だったか、それに腹が据えかねていた官僚たちのうらみつらみがにじみ出ています。

もうひとつ、戦犯裁判の動きというのがあるんですね。昭和二十一年十一月、日本共産党が日比谷公会堂で集会を開きます。戦時下は非合法だったので、ようやく活動を再開することができ、収監されていた宮本顕治などが一斉に釈放されたんです。その大集会で、一千名以上の名前を列挙してこれが帝国主義戦争の戦争犯罪人だとやったんです。

もちろん、その筆頭は昭和天皇でした。ただこれは裁判を提起するということではなく、人民による弾劾集会といった性格のものでしたが。

残念ながら、日本人が自分たちで提起した戦犯裁判に類する動きというのはこれだけです。本来なら、遺族会などが中心になって本格的な戦争責任を明確にするための模擬裁判でもやっておくべきだったと思うんですね。あるいはジャーナリズムの側が、あの戦争の責任者は誰だったのかということを、もっと国民的な運動としてやるべきだったのかなあと。

それがなかったから、総理大臣ですらはっきりと説明できず、日本人が統一された公式の見解を持てないでいる原因でもあるんですね。だから、村山談話を出してみたり、後でそれは失敗だったという声が出たりと、ちぐはぐな対応に終始する結果を招いたんじゃないでしょうか。

靖国問題がおおい隠すあの戦争の本質

こうやって考えてみると、昭和五十年代以降の終戦報道が靖国問題にかなりの比重をおくようになったことで、かえって本質が見えにくくなっていったようにも思えます。最近の八月十五日の恒例行事のようになってしまった、「公人としてですか、私人としてですか」というのも、本当に考えなくてはならないことを覆い隠してしまう、表面的なやりとりに過ぎません。そして、あいまいな格好のまま時間だけが過ぎていきます。昭和天皇が亡くなり、平成になって小泉さんが感情論で靖国参拝を使い……。

ああ、小泉さんでそうそう、思い出しました。彼の靖国参拝がメディアでも盛んにとり上げられていた頃でしたけど、ある年の八月十五日のNHK番組でそれをテーマにするから出演してくれと頼まれましてね。僕は基本的にテレビには出ません。でも、ある程度は自分の意見を述べる時間もあるというので出ました。討論番組で、パネラーの後ろに学生さんが大勢座っていまして、彼らも発言することができるわけです。

僕は小泉さんの靖国参拝には反対で、東條英機の戦争責任を非常に大きいと考えているので、それを抜きには語れない、というような主旨の話をそのときしたんです。すると学生と思われる若い人が発言を求め、マイクを前にしてこういったんです。「そういう東條さんを総理大臣に選んだのは、国民じゃないですか」と。

僕はそれを聞いて、腰が抜けるぐらい驚きました（笑）。要するにその若者は、東條さんが今のような選挙で選ばれたと思っていたんですね。司会の人がそのまま流して他の学生の意見を聞こうとしたので僕は制止して、戦前の日本は議会制民主主義ではなかったことなどを説明しました。

自分だって若いころ、承詔必謹を知らなかったんですから人のことをいえた義理ではないけれど、世代の交代で認識のズレというのもどんどん拡大していくんだなあと。同時代に生きてきた世代の間では、基礎の部分で共通の認識が存在していて、そのうえで東條さんについてどう思うかということが語れるわけですが、その共通認識そのものがなくなってしまうとある種無茶苦茶な話がまかり通ってしまうという恐さがありますね。

靖国問題で本当に問われるべきは、あの戦争は何だったのかということなんです。公人とか私人とかという話ではなく、日本の近代史における矛盾をどう私たちは総括し、未来の世代に語り継いでいくのかということなんだと思います。その矛盾が、たまたま靖国神社をめぐる問題のなかに、まとまって噴き出したようなものでしょう。

実はそれを一番理解していたのも、昭和天皇だったのではないかと思うんです。むろん、僕は天皇崇拝主義者でも反天皇主義者でもありませんが、天皇は自らがA級戦犯の合祀された靖国神社に参拝するということが、過去のサンフランシスコ平和条約すら否定し、ひいては天皇の存在そのものを問われることになると考え、参拝をやめたのかもしれません。

今後は靖国神社のあり方ということも、真剣に考えていく必要があるでしょう。A級戦犯の分祀という問題についても、靖国側は、一度祀った御霊は分祀できないという理屈で押し通そうとしていますけれど、本当にそれでいいんでしょうか。

自民党代議士の古賀誠さんは日本遺族会の総代も務めた方です。僕は以前、古賀さんと話をしたことがあります。彼のお父さんはニューギニア戦線で亡くなっているんです。

僕は古賀さんに、A級戦犯が合祀される靖国神社でどう拝むのか聞いたことがあります。すると彼ははっきりと、二つの心で拝む、といいました。そのひとつとは、ニューギニアで戦死した父、父と一緒に亡くなった兵士たちやあの戦争の犠牲者のためだと。もうひとつの心とは、合祀されているA級戦犯には拝まないという、「心」なんだそうです。彼は実際、靖国神社からA級戦犯を分祀しようと長年活動しています。

分祀はできないという意見もあるようですが、グアムで生存が確認されて帰国した横井庄一さんは、生きているのに靖国神社に祀られていたんですから、合祀を取り消すことはできるわけですよね。そこは、考えようというものではないでしょうか。

第10章

平成時代の八月十五日

いつでしたか、知り合いの中国人の方が「あなたのことが中国語のインターネットで紹介されているよ」と教えてくれましてね。要するに、中国のインターネットで僕の名前を検索すると、保阪正康というのがどんな人物か、どんな考えの持ち主なのかということが紹介されているというんです。誰がそんなものをつくったのかはよくわかりませんけど。

そこで、僕が中国に対してどういう姿勢なのかということも、僕の発言や著書などから引用してご丁寧に解説してくれています。例えば日中戦争について保阪は日本の侵略性を認めているけれど、日清戦争についてはまったく反省していないと（笑）。いや反省どころか、当時の中国は朝鮮を侵略していたなどと主張しているから、この男は顔で微笑みながら我々の腹にピストルをつきつけるようなやつだ（笑）、そんな風に書かれているわけです。

教えてくれた中国人の方と一緒にその書き込みを見ながら、彼はゲラゲラ笑いながら日本語に訳してくれましてね。僕はそれを聞いて、落胆するわけでもなく、むしろ嬉しかったといいますか（笑）。

もちろん僕は日中戦争については日本の国としての謝罪があってしかるべきだと思いますけど、日清戦争までさかのぼって謝れといわれたら、それは違うんじゃないかと思います。だって、当時の中国は朝鮮を属国といわんばかりに扱っていたわけで、ある意味で日本と同じ帝国主義的な土俵の上にあがっていたともいえるでしょうから。

戦後六十年以上経った今でも、日本とアジア諸国との間では歴史認識を巡ってくすぶり続けています。過去への真摯な反省を土台として、その先には国と国の「和解」がなされなければいけないと思いますが、これがなかなか一筋縄ではいかない問題だということもこれまでの経緯からわかります。

徳富蘇峰の一大懺悔

長い話におつきあいいただきまして、ありがとうございました。今回で最終回となりますが、戦後の各時代のなかで八月十五日がどのように位置づけられてきたのか、ここでは裕仁天皇が崩御して昭和が終わり、明仁天皇が即位して元号が「平成」に代わってからの終戦報道、八月十五日論ということを考えてみたいと思います。

終戦の日の報道そのものでみると、平成に入ってからのそれは表面的に昭和後期とさほど違いはないんですね。ただよく目を凝らしてみると、とても小さな、将来に向けた芽が内蔵されているといいましょうか、歴史のなかに地雷のように埋め込まれていくような動きがあることに気がつきます。

例えば、長年ずっと埋もれていた歴史的事実が平成の世になってから突然私たちの目の前に飛び出してくるようなことがしばしばありますね。こうしたことが起こるのは、一つには当時の関係者がほぼ亡くなってしまって、その解釈に遠慮する必要がなくなった場合と、二つにはあまりにもひどい史実解釈であるがゆえに表面化したケースというのがあります。

明治から昭和期の言論界の大物として知られた徳富蘇峰という人物がいます。上からではなく民衆を主体とする近代化を主張した平民主義を唱え、雑誌『国民之友』、新聞『国民新聞』を創刊してジャーナリスト、言論人として頭角を現しましたが、日清戦争後の三国干渉を契機に国家主義色を強めていき、太平洋戦争開戦後に大日本言論報国会の会長に就任したことは前にも触れました。そのため、戦後はA級戦犯容疑にかけられるんですけど、いろいろと裏がありまして、結局戦犯にならずにすんだ人です。それで蘇峰の代わりに戦犯に擬せられたのが大川周明だろうともいわれています。

蘇峰は昭和三十二年に亡くなりますが、終戦直後も日記をしたためていたんですね。それが二〇〇六年、全四巻の『徳富蘇峰　終戦後日記』（講談社）として世に出ます。戦後になっていろんな事実が明らかになってくるなかで、蘇峰が自分の見通しの甘さを反省するくだりがありまして、こんな書き出しで始まっています。

「予は今ここに一大懺悔をする。それは我が皇軍を買被っていた事である。（中略）予は相当に世間一体の市価よりも、割引して、皇軍を買っていた。しかし乍ら、これ程迄とは思わなかった。実に我が皇軍は、骨の髄まで、腐っていたではないかと、思わるる程の事実が、随所から暴露されつつある。……」

そうして蘇峰は、日本軍の行状について書いた終戦直後の新聞記事を引用しています。例えば南方の軍司令官が、当時の言葉でいうところのお妾さんを連れて歩いていたことが新聞で暴露されていて、そんなことが戦場で日常化していたんだと。軍人たちは現地女性らと逢い引きし、なかには物品の横流しまでして遊興費をつくっていた猛者もいた……。

蘇峰はそうした実態を戦後に見聞し、続けてこう記しています。

「今日に於て、国民の多数を挙げて、軍閥を攻撃するに至りたるは、必ずしも米国の進駐軍に対しての、迎合ばかりでなく、多年鬱屈したる憤慨が、ここに至って爆発したるものと、見るべきであろう。……」

軍の疲弊の状況というのがいかに酷いものだったか、これは蘇峰の視点で捉えられた一つの史実の表面化ともいえます。つまり彼は、日本の軍隊に対してある種の純化したイメージを持っていたんでしょう。ところが実際はまったく違っていて、それを知った蘇峰は絶望感すら抱いたと告白しています。

終戦直後の数年間というのは、言論・出版の自由という権利が急に与えられたものですから、書き得というような状況が生まれます。『真相』とか『自由』などというカストリ雑誌とよばれた出版物が相次いで創刊され、戦争中のスキャンダルなどを次々に暴きたてる一方で、新聞記者が戦前・戦中に取材などで見聞きして書けなかった話が戦後になってどんどん出るようになります。例えば後者の例では『旋風二十年　解禁昭和裏面史』という本がありまして、毎日新聞社会部長だった森正蔵という人が戦前・戦中に公表できなかった政治や事件の真相をまとめて大ベストセラーになったんですね。そこには蘇峰がいうようなことははっきりとは書かれていませんけど、似たようなニュアンスの話があります。蘇峰が恥ずかしい、懺悔するといっていたのはそういうことなんです。

余談になりますけど、当時の『真相』などにはそれこそ「えっ?」と驚くような内容の記事がいっぱいありました。僕の印象に残っているのは、長崎県の佐世保に昭和天皇の隠し子だと名乗り出た青年がいた、という凄い記事で、昭和二十一年ごろの『真相』にセンセーショナルに取り上げられています。

『真相』の記事によれば、記者がその青年を佐世保に訪ね、その記者いわく天皇にとても似ていると(笑)。でも、どこでどういう関係でできた子なのかというと、九州で行われた軍の大演習や巡幸で天皇がきたときにできた子だとしています。『真相』の記者というのは共産党系でしたから、天皇などの権力に対してかなり批判的な書き方なんですね。『真相』の天皇の隠し子の記事を読んでもらえばわかりますが、途中で吹き出してしまいます。というのも、その青年が隠し子であるとする根拠が、本人とその周囲の人たちがそういっている、ということだけなんです。例えば青年の母親と昭和天皇の関係などを厳密に調べて書いたものではないんですね。そういう類いの記事なのでさして話題にもなりませんでしたが、この手の話が次々にカストリ雑誌には登場したわけです。

徳富蘇峰の話に戻しますと、彼が憤慨した、妾を連れて歩いた司令官に似た話というのは実はいくつもあるんです。玉砕した司令官や参謀長の傍らで和服姿の女性が死んでいたという話ですね。これはあの戦争中に起こった玉砕ということの裏面的な話で、これまであまり語られてこなかったことでもあります。

僕がかつて高級軍人と話をしたときに、あの司令官は神楽坂の何々という芸者を連れて……と女性の名前まではっきりと聞いたこともありました。まあそれほど有名な話だったんでしょうけど、その類いの話が徳富蘇峰のこの本が出たことで、ある意味で解禁になったようなところがあります。高級将校の戦場と性の問題とでもいいましょうか、これまで囁かれてきた話があからさまに史実として表面化してきた、ともいえるんじゃないでしょうか。

平成になって浮上した従軍慰安婦問題

変な話ですけど、それはあの従軍慰安婦の問題とも絡んでくるんです。この従軍慰安婦という問題というのも、特に平成に入ってから前面に出てきたものなんですね。

これも史実の表面化のひとつになりますが、この問題の端緒は韓国の女性で日本軍の従軍慰安婦だったという人が名乗りをあげて、補償を求めるなど国際的な場に持ち出されるようになったことで、日本の軍の性の問題として表出してきたわけです。それ以前にも元日本軍兵士だった人が慰安婦のことを証言したりすることはあったのですが、それが日本と韓国の国際問題になっていったのは、平成に入ってからということになります。簡単に時系列でみると、次のようになります。

平成　三年　元「慰安婦」と称する韓国人女性らが補償を求め東京地裁に提訴

四年　日本政府による調査開始

加藤紘一官房長官が談話「軍の関与は否定できない」

宮澤喜一首相、訪韓時に慰安婦問題について謝罪

五年　河野洋平官房長官が慰安婦に対する軍の関与を認め、謝罪（河野談話）

七年　アジア女性基金発足

以前、僕もある雑誌に書いたことがあります。従軍慰安婦問題をめぐる視点のひとつに、戦場と性という見方があり、その背景には兵士の性病の問題ということがあります。例えば百人で構成される部隊があったとしましょう。そこに三、四人の性病患者が出ただけで、この部隊は戦闘集団としての機能を保持できなくなるといわれるほど、軍にとって性病というのは怖い病気なんですね。軍隊というのは長期間、集団生活を共にしていますから、誰かが性病に罹るとあっという間に感染が広がってしまうのです。だから性の管理は、戦場においてかなり重要な部類に入る問題で、いかに性病患者を出さないようにす

るかということが、軍にとっても大きなテーマだったんですね。

そういうことをきちんと踏まえて考えていくと、従軍慰安婦の問題について、軍が一切関与しなかったなどということは基本的にありえないわけです。戦地を移動する軍についていく慰安所の業者がいまして、それを管理しているんですね。

慰安所で働く慰安婦を直接管理しているのはその業者になりますが、業者が女性を集める際に仕事と割り切っている女性だけでは足りなくて、騙して連れてくるというケースが発生するわけです。それが問題になってきたということです。

従軍慰安婦をめぐっていつも議論になるのは、女性たちが集められ、慰安所が設置されるというプロセスにおいて軍がどのように関与していたのか、という点です。それでいうと、確かに女性を集めることについては業者に委託しているわけですから、軍の関与は間接的なものと考えるべきでしょう。でも僕が思うに、本質的な意味においては軍は関与していた、ということになるんじゃないでしょうか。当時の政府や軍部が、女性たちを騙してでも連れてこいなどと命令したわけではないという主張を従軍慰安婦否定派の人たちはよく主張されますけれど、そんなのはいわずもがな、当たり前のことなんですね。

ジェンダー論で割り切れない「戦場の性」

もう少し、社会構造論的な視点からつけ加えてみたいと思います。例えば、中国戦線で「強姦部隊」というとんでもないあだ名がつけられた部隊がありました。まあ、部隊名を挙げると差しさわりがありますからあえていいませんが、それはもう無茶苦茶なことをやって、他の部隊からあいつらはなんでそんなことをするんだということで有名な存在になっちゃった部隊なんですね。一方で、兵士たちにそういったことを決してさせない、しない部隊もありました。それは東北出身者の部隊に多いんですが、この違いというのは部隊の指揮官の人格の違いでもあったのです。

インドネシア戦線に、馬淵逸雄という師団長がいました。馬淵晴子さんという女優さんのお父さんですね。この馬淵師団長はとても潔癖な人物で、兵隊思いなタイプですが、あるとき兵士たちに今欲しいものは何かというアンケートをとったことがあります。食料、時間、性、欲しいものに丸をつけろと。そうしたら、一番少なかったのが性だったのです。

要するに、非日常的な緊張状態におかれる戦場では、性欲はむしろ減退するものなのだそうです。だからよく従軍慰安婦の誤ったイメージで、ドンパチやっている前線に慰安婦を連れていっていたような描かれ方をされることがありますが、それはありえない話なんです。そうではなく、性が必要になるのは後方の、本部や司令部といった日常生活があるところなのです。だから、戦闘が終わってつかの間の日常が戻り、何日か経ったころに兵士たちの性の問題が出てきて、性的な事件が起こったりするようになるわけです。

それをわかっている指揮官は、危ないと思ってきちんと管理するのです。アメリカ軍だって同じで、なぜ彼らは前線の部隊を定期的にローテーションさせるかというのもそれなんです。例えば一カ月間、前線に部隊を置いたら彼らを後方に戻して性欲や心理的抑圧を解放させる期間を持たせるわけです。そういう場所が、例えば日本でいえば長崎の佐世保や神奈川の横須賀なんですね。

意外に思われるかもしれませんが、二十代ぐらいの若い兵隊というのはそもそも性体験が少ないものがほとんどでしたから、戦地で性的な事件を起こすことは稀だったといいます。それよりも、再招集された三十代以上の兵隊というのがそういう事件を起こしやすい傾向があって、先ほどの強姦部隊というのもそういうことなんですね。丹念に調べていけばすぐわかることでもあるんですけど。

だから慰安婦問題の本質とは何かということをきちんと見抜かないと、単に女性差別だということで批判するのはちょっとピントがずれている気もします。

自衛隊のPKOが始まったころでしたが、旧軍の軍医だった人が自衛隊に呼ばれて、話をして欲しいということになったんですね。その方は某大学医学部の名誉教授で、仮にAさんとしておきましょうか、要するに今の自衛隊は海外にいった経験がないから、将校クラスの幹部が外地に部下を連れて出た際にどんな点に気をつけなければならないか、アドバイスを頼まれたわけです。

Aさんが自身の軍医体験を踏まえながら気をつけるべきこととして力説したのは、こういうことです。当時の日本軍がフィリピンやインドネシアなどに駐屯すると、どこからともなく業者たちがやってきて駐屯地の近くに売春宿を開設するのが常態化していたと。軍としてはそういう場所での性行為は性病の危険があるので決して立ち寄らないよう指導したんだけれど、我慢しきれずにどうしても行ってしまう兵士がいたんだそうです。

それで一人が性病を持って帰ってくると、それこそあっという間に感染者が広がってしまい、大変なことになった、という話なんですね。そのAさんは、自衛隊の人たちは自分の話を一生懸命メモしてたけど、そういうことを知らないんだねえと仰っておられました。

ちなみにこのAさんは、初期のころのPKOから帰ってきた自衛官たちを大学病院で検査したそうなんです。すると、やはり性病の疑いありの隊員がいたというんです。これは国家機密なのでそれ以上詳しいことはいえないとも仰られていました。やっぱり人間ですから、仕方のない部分があるんでしょう。その意味では、従軍慰安婦にまったく軍の関与がなかったというのもありえないといいますか、関与しなかったという方が逆に不自然ではないでしょうかね。

慰安所の話で思い出すことがあります。召集された学徒兵の話なんですが、例えば戦地に行ってしまうと自分の時間を持つなんてことはできなくなるんですね。そんなときに彼らはどうしたかというと、慰安所に行って女性にお金を払い、女性に何もしなくていいからといって、そこで限られた時間、読書をしたり文章を書いたりとつかの間の自由を味わったという人も多かったんです。唯一、彼らにとってそんな私的な時間が持てるのが慰安所だったんです。

こういう慰安所の使い方をするケースも少なくありませんでした。ただ、こんな話をするとジェンダー論者の人たちはご立腹されるんですけれど、そういうことも踏まえたうえでこの問題を論じなくてはいけないんじゃないかと、僕なんかは思うんですね。やはり戦場と性の問題には、ジェンダー論で割り切れないものがあるのです。

あえていえば、慰安所の業者が朝鮮の田舎にいって、いいお茶くみの仕事があるよなどといって女性を騙して連れていったという問題がありますね。確かにそれは業者による行為で、軍は命じてないから関係ないという論法も成り立つかもしれませんけど、僕はその人たちに対して日本は一切関係ないという態度をとるべきではないと思います。もちろん、そういうケースというのは常識的に考えても非常に微々たるものですから。

そういったことをもっと立体的に論じていかないとジェンダー論的な構図だけで語られ

るようになってしまい、戦争の風化とともに本質がより見えづらくなっていく恐れがあるんじゃないかと思うんですね。

例えば慰安所を利用していたのは一般の兵士たちでしたが、一方でさっきの話のように高級将校たちは芸者さんを連れて歩いていたという、まことにおかしな二重構造があったわけです。徳富蘇峰ですら批判する、不届きわまりない高級将校らの行状にはほとんど触れられずに、末端の兵士たちはコンドームを持たされて性を管理され、あげくに彼らだけが戦後批判されるというのも、実に不公平な話ではないでしょうか。ジェンダー論者の人たちも、兵士よりも高級将校の実態をもっと追及したらと思うんですけれど。

マイナス効果が目立つ日本の戦争謝罪

平成時代の八月十五日報道の一つの特徴が、今お話ししたような史実の表面化ということなんですね。それからもう一つ、この時代の特徴があるんです。何だかわかりますか。それは、「謝罪」です。それは過去の歴史において侵略、植民地化したという意味での、加害国の日本による、被害国のアジア諸国に対する謝罪を指します。そんなの、昭和のころも田中角栄首相や中曽根康弘首相だって謝っていたじゃないかといわれるかもしれませんけど、平成になってからの方が圧倒的にその回数が増えているんですね。そのことをここで少々、考えてみたいと思います。

二〇一一年に出版された、『歴史と和解』(東京大学出版会)という本があります。世界の歴史を見渡せば、侵略した国、侵略された国、そして植民地支配した国された国がたくさんあるわけですけど、みんなどうやって歴史認識を共有したり、和解しようとしているのか……。日本を含めた複数の国の研究者や戦争体験者などが、様々なその事例を紹介している、とても興味深い本です。

防衛省のなかに防衛研究所という機関がありまして、そこの戦史研究センターのセンター長をされている庄司潤一郎さんという方がいます。防衛省の研究所だからといって偏っているわけでもなく、史実をきちんと検証されている方です。友人でもあり尊敬しているこの庄司さんが『歴史と和解』に寄せている論考を紹介させていただきます。

「『和解』にとって謝罪は不可欠である、としばしば指摘される。他方、世界的にみて、植民地支配や戦争に対して、謝罪した例はほとんどなく、後述するようにドイツも例外ではない。日中戦争に関しても、日本の中国に対する謝罪と反省は不十分であるとしばしば指摘されるが、他方実際には、日本は二〇回以上に及ぶ謝罪と反省をおこなったといわれる」

確かに、イギリスがインドに対して植民地支配について謝ったという話は聞きませんし、ドイツもナチスが行なったホロコーストのような行為については謝罪しましたが、過去の戦争で侵略した相手国に対して国家として謝罪したことはほとんどありません。つまりその意味でいえば、日本は謝罪の回数においては例外的に謝罪している、という特徴がみえてくると思います。庄司さんはさらに続けてこう指摘しています。

「『侵略』に関しては、中曽根康弘首相が、一九八五年一〇月、日本の首相として初めて日中戦争を侵略戦争と認めて以来、その後の首相は一貫して侵略戦争と認識しており、もっとも鮮明に表明したのは、細川護熙首相で、一九九三年八月、『私自身は侵略行為であったと、間違った戦争であったと認識している』と発言していた……」

昭和期の歴代の首相が「多大な損害を与えた」「多大な苦痛を与えた」とぼかした表現をしていたのに対して、細川首相は「侵略戦争」という言葉をはっきり使って謝罪しましたね。そして細川首相の後の村山富市首相は、

「わが国は、遠くない過去の一時期、国策を誤り、戦争への道を歩んで国民を存亡の危機に陥れ、植民地支配と侵略によって、多くの国々、とりわけアジア諸国の人びとに対して多大な損害と苦痛を与えました……」

とする、戦後もっとも踏み込んだ謝罪といわれたいわゆる村山談話を発表しています。靖国問題で中国と相当こじれたあの小泉純一郎首相にしても、かなり突っ張った印象ばかりが残りますけど、中国に対してはきちんと謝罪しているんですね。最初の靖国参拝の後、中国の盧溝橋にある「中国人民抗日戦争記念館」を訪れた際に、「侵略によって犠牲となった中国の人々に対し、心からおわびと哀悼の気持ちを持って展示を見た……」と、きちんと相手の国の名前も出しているんです。

こうしてみると、やはり平成に入ってからの方が日本の国としての謝罪がより突っ込んだものになり、回数も増えているんですね。ただ、首相が代わるたびに記者が「村山談話を踏襲するんですか」と聞くから数が増えているのかもしれません。前にお話しした、靖国神社に参拝する閣僚に「公人としてですか、私人としてですか」と聞くあれとよく似ていますけど。

でも、ここで問題になってくるのは、国としての謝罪というものを一体いつまで続けていったらいいのか、その謝罪がどういうかたちで両者の間で決着がつくのかということなんだと思います。ところが日本と中国のことでいったら、そこがどうもかみあっていません。中国にしてみたら、日本の首相は謝罪をするのに別の政府関係者から「あの戦争は侵略戦争ではない」という主張が飛び出したりして、首相の謝罪は本心からのものではないのではないかとなるでしょうし、日本にしてみたら何度も謝罪を要求されることに逆に反発する向きも出てきます。もう中国なんかにペコペコするなどという論調が幅をきかせるようになったのも、その一つでしょう。

先の庄司さんもその点について言及されていて、こうした一方的な謝罪が繰り返されると謝罪する方の国では世論の分裂や反発が高まり、相手国の不信感もそれに応じて高まってしまうという双方へのマイナス効果をあげておられます。なぜ謝罪するのかといったら、それは過去を詫び、反省し、和解して未来の友好的な関係を築きましょうということなんですが、そうなっていないというのがこの東アジアの現実なんですね。

日本の国旗を焼いたイギリス人元兵士の「和解」

そうそう、この『歴史と和解』という本に、とても面白いといったら失礼ですけど、ある戦争被害者が加害国、加害国の人びとと時間をかけて和解にいたったケーススタディが載っています。書いたのは恵子・ホームズさんという、あの戦争についての和解を活動にされている若い世代の女性です。

その戦争被害者というのは、ジャック・カプランというイギリス人です。このジャックという人は元イギリス軍兵士で、シンガポールで日本軍に降伏し、捕虜になった一人です。その後、泰緬鉄道の建設に従事させられ、そこで受けた日本の軍人による暴力やひどい扱いがもとで、戦後は徹底した反日活動家になるのです。

一九九八年に現天皇が訪英した際に、元日本軍捕虜のイギリス人が日本の国旗を焼くデモンストレーションをしたニュースをご記憶の方もいるでしょう。そう、このジャックという人がその張本人なのです。イギリスでは、ある意味で有名な人物なんだそうです。

恵子・ホームズさんたちはこのジャックと交流を持つようになり、ついにはジャックを日本に招待し、広島の原爆資料館などを見てもらうんですね。対日戦勝記念日や八月十五日に日の丸を燃やして日本への怒りを表明していた彼が、それほどまで忌み嫌っていた日本への訪問を決意し、広島にまで足を運んだのか、というところがとても重要なポイントなのです。

そんなイギリス人が日本へ来れば、どこか美談めいて日本のメディアに取り上げられるんでしょう。でもそれは、本質ではありません。注目するべきは、日本に対する憎しみから日の丸を焼き続けたイギリス人の心象風景が、どう氷解していったのかというそのプロセスについてです。

これを読むと、とてもシンプルなことがわかります。人が過去の体験からくる他者への憎しみを生涯抱き続けることほど、エネルギーを消耗することはないのかもしれません。だから、憎む一方でその相手と和解できないかという心理が、どこかで働くんでしょうね。このジャック老人も若い日本人グループと交流するうちに、自分の日本への怒りとは何だったのかということを自問自答するようになっていきます。そして彼がたどりついた結論とは何だったか。それは、自分たち捕虜を庇い、自分たちの名誉を守ってくれた日本軍将校もいた、という事実なんです。

もちろん、彼らを殴ったり蹴ったりする将校がいたから日本人を恨むようになったんでしょうけれど、真摯に向き合おうとする恵子・ホームズさんたちとのやりとりを通じて、彼の頑くなな気持ちが氷解していくのです。つまりは、悪い日本人もいたけれど、日本人全員が悪かったわけではない、ということなんですね。

僕はこの話を読んで、人間というのはおおざっぱにいって二つのタイプに分かれるのかなと思ったんです。ひとつは、感情が大きくささくれ立ったり興奮したりするタイプの人ですね。もうひとつは、感情ではなく理性で行動するタイプとでもいいましょうか。

先のイギリス人男性、ジャックというのはその前者に入る人なんでしょうね。自分たちにあんなひどい仕打ちをした日本人は許せないと、感情のおもむくままに日の丸を焼いたりして行動に移していったわけですから。

イギリス人だとか日本人というのは関係なくて、こういうタイプの人がどちらかというとマスコミに注目され、ニュースに取り上げられやすいんですね。ジャックもイギリスでは有名人だったそうですし、日本でも日中戦争の南京攻略戦に従軍したときに中国人にひどいことをしたと、後になって彼らに土下座した人がいます。それが悪いとはいいませんけれど、ある意味でジャックととても似ているところがあります。

南京といえば、日中間で今なおくすぶっている南京事件、中国の主張によれば南京大虐殺の問題が横たわっています。ここではその問題に深入りするつもりはないのですが、例えばそこでも、中国人捕虜を殺せと命令されて、それに従わなかった日本兵もいるんですね。自分は当時南京にいたけれど、南京事件とされたものには参加していないし、もし参加させられていたら自分は止めた、という兵士たちがいたということです。そのことを苦しそうに話した元兵士もいるのです。

いわゆる「南京大虐殺」というイメージからすると、当時南京に駐留していた日本軍全体がその行為に加担していたかのように思われがちですが、実際はそうではなく、そのような行為があったことすら知らない兵士も多かったんですね。

別の例をあげますと、戦争中に敵兵を捕虜にしますね。その捕虜に対して、上官からお前が軍刀で試し切りしろと命令され、やってしまった。そんな告白を最近になってされた元兵士のご老人を、八月十五日のテレビで見たことがあります。そのお爺さんの証言を聞いて、お孫さんたちも一緒に涙するシーンがありました。

それはそれで、戦後長い間誰にも打ち明けられなかったことでしょうし、戦争がこんな人も狂気に変えてしまった、という話になるのかもしれません。しかしここで忘れてはいけないことがあります。上官からそう命令されても「できません」といって、だからお前みたいな日本人がいるからダメなんだと罵倒され、殴る蹴るの制裁を受けながら、理不尽な命令に従わなかった兵士もいた、という事実です。そういう人は何人もいました。彼らの様なタイプの人たちが、八月十五日の報道に登場してくることはほとんどありません。

もうひとつ、これも最近の終戦記念日の新聞記事でしたが、九十歳近い元兵士の方の告白なんですね。どういうことかというと、戦争中に国内に駐屯していて終戦を迎えます。そのときに、未使用のまま基地に保管されていた爆弾を、学校施設の敷地にこっそり埋めちゃったんですね。戦後、ずっとそのことを黙ってきたけれど、良心の呵責に耐えかねてようやくその事実を話した、という記事でした。その告白に基づいて敷地を掘ったら爆弾が出てきたんですが、不発弾で被害はなかったということでしたが。

ぼくはそれを読んで、何ともいえない違和感を覚えました。良心の呵責というのは、六十年も七十年も持ち続けられるようなものなんだろうかと。まあ、上官の命令だったのでしょうし、不発弾で何事もなかったから良かったものの、本当に良心の呵責があったのなら何でももっと早く公表しなかったのかと、疑問を感じるのです。それをあっけらかんと美談調にして大きく取り上げる新聞もどうかと思いますけれど。

一九九〇年代の終わりごろだったと記憶していますが、中国戦線に出征していたある師団の師団長だった人が、中国の新聞で大きく紹介されたことがあります。というのは、その師団長は戦闘が終わるたびにその戦地へ木の種を植えさせたんですね。いつかこの地にも樹木が育つだろうとの思いからです。その種が戦後になって芽生え、一帯が見事な林になったそうです。こういう日本の軍人もいたんだ、という意味で取り上げられたわけです。

その人とは別の師団長で、戦後、中国奥地の村が貧しくて子どもが学校にいけない状況にあることを知り、部下だった元兵士たちと協力してその村に教材などを送る活動を続けていた人もいます。こうした人たちというのは、一時の感情で行動が左右されるジャックのようなタイプではありません。この師団長のような人たちにとっての謝罪や和解とは何なのか、という視点も忘れてはいけないことだと僕は思うのです。

原子爆弾とジェノサイド

話がいささか飛ぶようですけど、ジェノサイド、大量虐殺という行為が人間の歴史のなかに少なからずあります。ある民族や集団を、意図的かつ計画的に根絶やしにしようとする行為のことです。最近ではセルビアやユーゴスラビア、アフリカのルワンダなどで起こりました。

日本軍による南京事件についても、あれがジェノサイドに該当するという研究者もいれば、そうでないという人もいます。広島や長崎の原爆についても、ジェノサイドに該当するかどうか、研究者の間で議論があります。

日本でこのジェノサイドという問題について本格的な研究がなされるようになったのはごく最近、二十一世紀に入ってからです。欧米ではかなり以前から研究対象になっていて、例えばイギリスの研究者たちがアメリカはなぜ日本に原爆を投下したのかということを執拗に追いかけてその責任を問うてみたり、ドイツの戦後生まれの研究者たちがナチスによるホロコースト、ユダヤ人に対するジェノサイドをなぜ行ったのかを追究したりといった、新しい世代、新しい視点による研究がかなり広く行われてきています。その意味では、日本は何十年か遅いんですね。

南京事件などは、客観的にみてジェノサイドと定義されるべきものなんでしょうかね。中国の研究者などからは、あれはジェノサイドだという指摘がしばしばなされます。でも私たち日本人の側からしたら、計画的な大量殺戮を行う意志を持ってああいうことが起こったのかというと、かならずしもそうとはいえないと思います。

そのことでいうなら、私たち日本人はアメリカによる原爆投下について、あれはジェノサイドであったとはっきり主張しなくてはいけないんじゃないでしょうか。対日戦争の最後のケリをつけるというアメリカの目的は別にして、意図的かつ計画的に数十万の人びとを殺害したという意味においては、原爆は立派なジェノサイドだったはずです。

ただどうしても遠慮があってそういえずに、普遍性のある核問題の範疇に入れて扱ってきたという経緯があります。やはりそろそろ、国と国の問題として原爆はジェノサイドだったかどうかということを真剣に論ずる必要があるんじゃないかと、僕なんかは思います。「被爆国」という言葉でくくり続けても、広島や長崎の問題の本質はいつまでたっても明らかにならないのではないでしょうか。

もちろん、私たちの国も当時、原爆をつくろうとしていた事実があったことは忘れてはいけませんね。日本の陸海軍で原爆研究が進められていた話は前にいたしましたので繰り返しませんが、東條首相が、仁科芳雄博士の提言を受けて原爆製造に必要なウラン十キロを大至急集めるよう命令を下します。そこで陸軍の将校たちが、岡山県の人形峠をはじめ、朝鮮半島にまで技術将校を派遣して調査しても、そんな量のウランなんてどこにもない。海外にまで手を伸ばしてナチスからウラン十キロの提供を受けて二度ほど潜水艦などで本土に運ぼうとするも、途中でアメリカの潜水艦にやられて失敗に終わっています。

もし日本が原爆製造に成功していたら、どうなったでしょうか。東條首相の言動から考えると、僕は間違いなく、サイパンに投下したと思います。だから当時の研究者たちにも、日本が結果的に製造できなくてよかったと話す人もいたほどです。アメリカによる原爆がジェノサイドであったということをいう時に、日本も同じことをしたかもしれない危うさがあったことを、肝に銘じておくべきでしょう。

いずれにしましても、ジェノサイドの問題にしろ原爆のことにしろ、戦争が抱え込んでしまった不条理、言い換えるなら二十世紀を生きた人たちがその時代に抱えてしまった不条理を、人類史的な観点でもう一度考え直す。そういう営為こそがこれから必要なのではないかと思うんですね。八月十五日に報道すべきは、その点に尽きると思います。

戦争を知らない世代に磨いてほしい想像力

このことは、謝罪についてもいえることです。ただすみませんでした、過去に与えた被害をおわびしますと謝罪を繰り返せばいいというものではなく、大事なのは、何のために謝罪するのか、ということなんじゃないでしょうか。その大前提がないから、平成になってどれだけ言葉をあらためて首相が謝罪を口にしても、相手国の不信感を逆に広げる結果になってしまったんだと思うんです。

実はその点をもっとも明確にしているのは、今の天皇なのです。もちろん天皇が歴史観を披瀝するわけにはいきませんから公式な話ではありませんが、側近などに語った話などを総合すると、明仁天皇は近代日本は誤った道へ進んだという考えを持っている節があるんです。天皇家というのはもともと武ではなく文なのに、近代に軍事主導体制のなかで祭り上げられてしまったためにあのようなことになった……という理解ですね。

今の天皇がまだ皇太子だった昭和三十、四十年代に、父である昭和天皇に対してかなり批判的な物言いをしていたことがあり、側近たちが心配して昭和天皇とも何度もそのことで相談したといわれています。それで側近たちは皇太子に『西園寺公と政局』やら『木戸幸一日記』といった基礎文献を読むことを勧めて、昭和天皇は平和を愛していたけれど立憲君主制という体制に位置づけられていたからこうなったんですよと、その実像を理解させようとするんです。

いわば、年表のようにできあがった史実としての天皇制像に対する、息子の父や祖父への批判的なまなざし、とでもいいましょうか。

でも私たちが納得できるのは、天皇は臣民をいたずらに死に追いやった、天皇はあんな悲惨な戦争を止めることができなかった、という批判に対して、本当はそうではないという理解に、今の天皇が至ったことだと思うんです。父である昭和天皇は英米との戦争を望んでなどおらず、日本の当時の選択が戦争へと狭められていくなかで平穏を希求しながらも、軍官僚たちの思惑に制度的にも反対することができなかった、という理解なんですね。それが、今の天皇が辿り着いた結論ではないかと思うのです。その結論は、その見方が正しいかどうかは別にすれば、実は戦後の価値観や教育で育った僕たち日本人の考えと、完全に合致しているということ、それがとても重要なんです。

私たちは、過去の悲惨な歴史について、何のために謝罪するのか。中国や朝鮮、そしてアジア諸国に対して、何のために謝罪するのか……。僕が新聞の八月十五日の社説を戦後を通して読んできたことは前にお話ししましたが、ここ数年の社説には何一つ建設的なテーマが見当たりません。これも、時間的な形骸化なのかもしれませんけど、そうであればこそ、何のために過去を謝罪するのかを考えてみることの方が、少しは建設的なんじゃないかと思ったりもするんです。

とにかく日本人はあの昭和二十年八月十五日以降、戦争を放棄してきました。その一方で、次の若い世代にあの戦争の悲惨さが十分に伝わっていないのではないか、戦争経験者も少なくなりその体験がきちんと継承されていないのでは、という危惧の声も耳にします。

　僕は最近、考えを改めたことがあります。戦争を知らないから風化するとか、戦争体験者がいなくなったら戦争の悲惨さが伝わらないということではないのではないかと。平和な日常のなかからでも、戦争の実態を想像することはいくらでもできるはずです。

　あの三年八カ月の戦争の間にだって、多くの国民には日常がありました。その日常が終わるのは、出征した夫や父、息子が突然、白木の箱になって帰ってきたときだったと思います。戦争と言う非日常空間のなかに存在した日常のことを、私たちはもっと考えて見る必要があると思うんです。

　例えば、アフガニスタンに派遣されているアメリカ軍兵士たちのその苦悩、家族たちの不安を想像してみる。そのことによって、私たち日本人は戦争という選択をしない、戦争によらない解決方法を考え出すことができるのではないでしょうか。

　そのためにも我々世代には、子や孫の世代の想像力を鍛えるべく、自分たちの記憶や体験を伝えていく務めがあるんだなと、あらためて強く実感するのです。

太平洋戦争の開戦（昭和十六年〔一九四一〕十二月八日）と敗戦（昭和二十年〔一九四五〕八月十五日）の日への道筋、あるいはこの二つの日はどのような日であったのか。それをエッセイ風に語ってみようというのが本書の狙いである。史実そのものを真正面から実証していくというのではなく、この二つの日について、私自身がどのようなエピソードで理解しているか、という言い方をしてもいいのだが、とにかく「八月十五日」と「十二月八日」について片意地を張らずに見つめてみようということである。

ただ断っておかなければならないのは、私たちは「八月十五日」を敗戦の日とするのだが、現実にはこの日は大日本帝国がアメリカ、イギリス、中国の名によって発表されたポツダム宣言を受諾するとの意思表示を行った日である（この意思表示という意味では八月十四日に海外に向けての短波放送で伝えたために連合国側は日本側の意志を確認したのはこの日だとの見方もある）。さらに法的に日本が敗戦を認めた日は九月二日、ミズーリ号での調印の日ともいわれている。

欧米の教科書などはこの日を第二次世界大戦の終わった日、ともいうのだが、日本ではこの見方はまだ充分にされていない。いずれ日本でも同時代史から歴史への見方に移行していけば、「九月二日」が太平洋戦争の終結した日ということになるのではないか。私自身、「八月十五日にポツダム宣言を受諾するとの意思をもって敗戦を認め、九月二日に降伏文書に署名することで終戦に至った」との説明を行っている。自分でもこのような見方が正しいのではないかと思っている。

ただこの意見を口にすると、ロシア（旧ソ連）との戦争終結について不利ではないかとの声もあがる。講演などで私のような意見（九月二日を終戦の日として認めるということだが）について、ロシアに乗ぜられるだけではないかと問う人たちもいる。これは何を意味しているかといえば、日本はポツダム宣言を受諾するとの意思表示のあと武装解除に応じることになったのに、ソ連はそれをいいことに千島列島（ソ連ではクリール諸島といっているのだが）を占守島から順に入ってきたではないか、それは日ソ間は戦争状態だから認めざるを得ないにしても、色丹島、歯舞諸島までの北方四島には九月五日まで戦闘を続けて制圧したではないか、すでに九月二日にミズーリ号上で降伏文書に調印しているのに、これはおかしいではないかとの論を土台に据えている。

実は私も、この論は当たっていると思う。実際にソ連の共産党史や第二次世界大戦の歴史に触れた書では、色丹、歯舞諸島にまで入ってきたのは九月二日までであると書いて、辻褄合わせを行っているのである。

軽々に九月二日をわれわれが口にするのは、ロシアに乗ぜられるだけという見方は、このロシアの歴史改ざんに対する抵抗という見方もできる。しかしそのような理由はともかくとして、私はやはり私の主張のように、「八月十五日に敗戦を認め、九月二日に法的に終戦という状態となった」と見るべきではないかと考えている。

本書はそのような歴史的経緯には深入りしていないが、私たちは「十二月八日」と「八月十五日」を、この国のある時代の政治的、軍事的誤りといった視点で捉えておくべきではないかと思う。むろん何から何まで誤りだったなどというのではない。二十世紀の帝国主義の時代に、日本が戦争を選択するという事態を一面的に誤りというわけではない。あの時代、軍事が政治や外交の閉塞状況を打ち破るための一方法であったのは事実であり、それを単に良い悪いだけで論じるのは素朴なヒューマニズムの領域にとどまっているのにすぎない。私自身、あのころの歴史を分析していて日本が軍事で解決しようとしたこと自体は、あの時代にありえたと思う。

だが「(昭和十六年)十二月八日」から「(昭和二十年)八月十五日」までの三年八ヶ月に及ぶその間の軍事指導者たちの発想と現実に対処するその姿勢に、私は強い疑念と不信を覚えている。なんとお粗末な人たちがあの戦争を担ったのかという怒りである。むろんそれは主に東條英機を首相とする軍人、政治家への疑問、怒りである。幾つもの不満、疑念があるが、その主要点は大きく分けて次の三点に絞られる。
(一)陸海軍内部には優秀な人材が多数いたのになぜそのような人物が指導部に入れなかったのか。
(二)戦争とは戦闘と外交の両輪によって進められるはずなのに、なぜ戦闘しか考えられなかったのか。

（三）客観的現実と主観的願望の区別がつかないほどの思考形態になぜ埋没していたのか。

この三点は、私にとって常に疑問とするところであった。簡単にいえば、国家（それは昭和前期の日本という国といいかえてもいいのだが）は、戦争という選択肢を選ぶのであれば、それにふさわしい識見や能力、それに歴史観、人間観をもっていなければならないのに、それに見合うだけの資質をもった人材がはたして戦争指導を行ったのか、と問いたいのである。

確かに十二月八日の真珠湾攻撃による開戦決定への道筋を歩んだ軍事指導者たちは陸海軍という、いささか偏頗な組織で軍事という視点では成績が優秀なタイプだったのだろう。だがその分だけ人文科学や文学、思想などにまったく無頓着で、「人間はなぜ生きるか」などという命題のもとで討論など行ったことがなく、ただひたすら〈命令〉〈服従〉だけでしか発想しない。そういうタイプのみが戦争を決定するという愚を犯したわけである。

陸海軍の将校の中には、駐在武官としてアメリカ、イギリスなどの政治システムを研究してシビリアンコントロール（文民統制）の仕組みに通じている者もいた。軍人は政治家の差配のもとで軍事行動を起こすべきであり、軍人が戦争政策を決定してはいけないと固く信じている者も少なくなかった。統帥権を政治家や文官に口を挟ませないための「伝家の宝刀」として使うことに疑念を持つ軍人とて少なくなかったのである。ひとたび戦争を始めたとしても、一方で外交交渉によって和平を進めるという政略も必要であった。

しかし昭和十年代に指導部に入った軍人たちの中には、そういう幅広い考えを持つ者はほとんどいなかった。彼らはひたすら戦闘に勝つということのみを考えつづけ、その枠から一歩も足を進めようとはしなかった。和平を考えたり、外交交渉を主張する者は、敗戦主義者であり、和平主義者そのものとされた。それゆえに憲兵隊にマークされるという状態が続いたのだ。しかしこういう主張を行った者こそ、もっともバランスがとれていたのではないか、戦闘のみに国の存亡を賭けるなどという権利を、昭和十年代の軍事指導者たちに誰が与えたのか、と私は問いたいのである。国民の生命と財産をこれほど自在に操れる権利を誰が与えたか、と考えてもいい。

昭和十年代にもバランスのとれた思考を持つ陸軍軍人の名を挙げると、例えば、山内正文、辰巳栄一、磯田三郎といったアメリカ、イギリスに駐在した武官たちがいる。省部にあっては石原莞爾のような軍人もいた。石原は満州事変の張本人ではないかとの論があるが、彼が昭和十年代にもっともバランスのとれた軍人であったことはその考えを分析していくとよく分かる。さらに今村均、本間雅晴などもそうした系列の軍人といっていいであろう。

本書は、くり返しになるが歴史エッセイの趣を織り込んでいる。もともとはこの二年ほどの間、東京・新宿にある朝日カルチャーセンターでの昭和史講座での話や、そのほか幾つかの講座での話をもとに、山川出版社第三編集部の萩原宙氏がまとめたのが骨子になっている。私はこうしたカルチャーセンターや文化センターなどで、肩の凝らない歴史講座を続けているのだが、その趣旨というのは、「歴史（とくに近代史）的体験」は日本人の重要な財産だとの認識から出発している。とくに、太平洋戦争にはそれがいえる。

私たちの四代、五代先の日本人は、いずれにしても昭和という時代に、人類史が体験した史実をほとんど体験した日本人は、本来の日本的発想から価値観まで大きく変容したと捉えるだろう。そのときに自分たちの先達は昭和という時代、とくに太平洋戦争（つまり十二月八日から八月十五日まで）の間にどのような変容を遂げたのか、そのことを冷静に分析するだろう。その分析を想定して、実はわれわれはこのような生き方をしたのだ、という記録は残しておかなければならない。

本書はそのような時代を想定して、ひとりの男が自らの生きた時代を幾つかのエピソードを交えて語ったという意味で、読んでもらえたらとも考えている。そう思うことによって、私はこの書を手にした人たちと会話を交わし、そしてその会話を次代の子孫たちに託していきたいと考えるのだ。それゆえこの書の感想をいただけたらとも思う。

このような歴史エッセイという書を編んでくれた萩原宙氏にあらためて感謝したい。

平成二十四年（二〇一二）六月

保阪正康

保阪正康（ほさか・まさやす）
ノンフィクション作家。一九三九年北海道生まれ。同志社大学卒業後、出版社勤務を経て著作活動へ。『東條英機と天皇の時代』『昭和陸軍の研究』『瀬島龍三―参謀の昭和史』など昭和史を中心とした著書多数。「昭和史を語り継ぐ会」を主宰し、『昭和史講座』を独力で刊行し続けている。一連の昭和史研究で第五十二回菊池寛賞受賞。

昭和史、二つの日
語り継ぐ十二月八日と八月十五日

二〇一二年七月二十五日　第一版第一刷印刷
二〇一二年七月三十一日　第一版第一刷発行

著者　保阪正康
発行者　野澤伸平
発行所　株式会社 山川出版社
〒一〇一-〇〇四七
東京都千代田区内神田一-一三-一三
振替　〇〇一二〇-九-四三九九三
電話　〇三（三二九三）八一三一［営業］
〇三（三二九三）一八〇二［編集］

企画・編集　山川図書出版株式会社
印刷所　半七写真印刷工業株式会社
製本所　株式会社ブロケード
装幀　マルプデザイン（清水良洋）
本文デザイン　マルプデザイン（佐野佳子）

造本には十分注意しておりますが、万一、乱丁・落丁本などがございましたら、小社営業部宛にお送りください。送料小社負担にてお取り替えいたします。
定価はカバーに表示してあります。

ISBN 978-4-634-15025-6